Olavo de Carvalho

Edmund Husserl
contra o psicologismo

Olavo de Carvalho

Edmund Husserl
contra o psicologismo

Preleções informais em torno de uma leitura
da introdução às Investigações lógicas

Organização e preparação de Ronald Robson

Edmund Husserl contra o psicologismo: preleções informais em torno
de uma leitura da introdução às *Investigações lógicas*
1ª edição — abril de 2020 — CEDET
Copyright © Olavo de Carvalho

Os direitos desta edição pertencem ao
CEDET — Centro de Desenvolvimento Profissional e Tecnológico
Rua Armando Strazzacappa, 490
CEP: 13087-605 — Campinas, SP
Telefone: (19) 3249-0580
e-mail: livros@cedet.com.br

Editor:
Silvio Grimaldo

Organização e preparação:
Ronald Robson

Gestão editorial:
Thomaz Perroni
Verônica van Wijk Rezende

Revisão:
Letícia de Paula
Kauane Mendes
Juliana Coralli

Capa:
Mariana Kunii

Diagramação:
Virgínia Morais

Conselho editorial:
Adelice Godoy
César Kyn d'Ávila
Silvio Grimaldo de Camargo

FICHA CATALOGRÁFICA

Carvalho, Olavo de.
Edmund Husserl contra o psicologismo: preleções informais em torno de uma leitura da introdução às *Investigações lógicas* / Olavo de Carvalho — Campinas, SP: Vide Editorial, 2020.

ISBN: 978-85-9507-117-9

1. Filosofia 2. Lógica
I. Olavo de Carvalho II. Título
CDD — 100 / 160

ÍNDICE PARA CATÁLOGO SISTEMÁTICO
1. Filosofia — 100
2. Lógica — 160

VIDE Editorial — www.videeditorial.com.br

Reservados todos os direitos desta obra. Proibida toda e qualquer reprodução desta edição por qualquer meio ou forma, seja ela eletrônica, mecânica, fotocópia, gravação ou qualquer outro meio de reprodução, sem permissão expressa do editor.

Sumário

Nota sobre critérios de edição ✺ 11

Introdução ✺ 13

Preleção I
1. A origem da lógica ✺ 15
2. As condições essenciais do conhecimento científico, ou: a idéia pura de ciência ✺ 21
3. Condições existenciais para a idéia de ciência pura ✺ 29
4. Evolução e transformações da idéia de ciência ✺ 36
5. Caracteres gerais da obra de Edmund Husserl ✺ 50
6. Início da leitura das *Investigações lógicas* ✺ 53

Preleção II
7. Três concepções de razão ✺ 59
8. Como ler filosofia ✺ 61
9. Em busca de uma ontologia geral ✺ 62

Preleção III
10. A finalidade da educação ✺ 65
11. Os quatro discursos como filosofia da cultura ✺ 69
12. A consciência como morada da evidência ✺ 72

Preleção IV
13. O sistema objetivo de divisões da realidade ✺ 77

Preleção v
14. Ciência teórica e ciência prática ✺ 89

Preleção vi
15. A lógica é uma ciência independente e *a priori* ✺ 97
16. Indução e homogeneidade do real ✺ 100

Preleção vii
17. Conhecimentos científicos e fundamentos metafísicos ✺ 113

Preleções viii e ix
18. Revisão de percurso ✺ 131

Preleção x
19. A fundamentação geral das fundamentações particulares ✺ 139

Preleção xi
20. A técnica contra a evidência ✺ 153

Preleção xii
21. A contigüidade de ontologias regionais ✺ 161
22. A filosofia perante a herança cultural ✺ 168

Preleção xiii
23. Objetividade privativa e ciência moderna ✺ 173

Preleção xiv
24. Retórica e dialética ✺ 191

Preleção xv
25. A vontade perante o formalismo lógico ✺ 201

Preleções XVI e XVII
26. O que é compreensão filosófica ❋ 213
27. A ciência normativa ❋ 217
28. A verdade, norma fundamental da ciência pura ❋ 224

Preleção XVIII
29. A causalidade humana ❋ 229

Preleção XIX
30. Norma e teleologia ❋ 239

Preleção XX
31. Da objeção cética à consciência transcendental ❋ 249

Preleção XXI
32. Consciência transcendental e fenomenologia ❋ 261
33. Finalidade da fenomenologia ❋ 268

Preleção XXII
34. Sacrificar-se pela vida teórica ❋ 279

Preleção XXIII
35. Do processo simbólico à dialética ❋ 293
36. Uma aporia da tese psicologista ❋ 297

Preleção XXIV
37. Mais aporias da tese psicologista ❋ 305

Preleção XXV
38. A disparidade entre leis científicas e realidade concreta ❋ 313

Preleção XXVI
39. Formalidade das leis e sucessão dos fatos ❋ 323

Preleção XXVII
40. Um erro psicologista: a confusão entre "origem" e "fundamento" ✳ 329
41. O testemunho humano ✳ 332
42. A primazia do senso de identidade ✳ 337

Preleção XXVIII
43. A resistência do objeto perante o sujeito ✳ 341

Preleção XXIX
44. Pensamento ideal e pensamento real ✳ 349

Preleção XXX
45. A impureza formal do pensamento real ✳ 357

Preleção XXXI
46. Missão de uma nova intelectualidade brasileira ✳ 371

Não basta crer em Deus; é preciso acreditar também no Diabo. Em nosso tempo, o Diabo substitui a lógica por uma falsa psicologia.

Frithjof Schuon

Nota sobre critérios de edição[1]

O PRESENTE TEXTO, originariamente um arquivo de aproximadas 750 laudas de transcrições de aulas ministradas por Olavo de Carvalho em 1992 e 1993 no Rio de Janeiro, é resultado de uma edição que se orientou pelos seguintes critérios:

1. *Conservação da oralidade.* Foi deliberada a opção por deixar transparecer no texto sua origem oral. Giros de linguagem muito comuns à fala de Olavo em aulas (em especial o endereçamento ao interlocutor por meio de "você") foram preservados sempre que não implicassem agramaticalidade ou impropriedade de estilo.

2. *Conservação da ordem expositiva.* São várias as passagens em que a substância dos argumentos do autor requereu, para melhor compreensão, o transporte de blocos de texto; essas intervenções, contudo, não alteraram a ordem dos argumentos e o sentido geral mais patente da exposição. Foram mantidos os excursos, naturais à discussão oral, que não comprometessem demais o cerne de cada Preleção, e excluídos os que trouxessem repetições, exemplificações reiteradas ou tratamentos de assunto da ordem do dia que não pudessem com proveito, no formato de livro, ser remetidos aos temas conducentes do curso. Considerou-se apropriado reunir as Preleções VIII e IX num texto único, assim como as Preleções XVI e XVII noutro respectivo texto condensado, em razão da complementaridade dos

---

[1] O texto final desta edição mantém a fidelidade à exposição do autor com base nos critérios listados aqui, mas faz-se necessário apontar que não houve uma revisão final do autor, que mesmo assim autorizou a publicação. – NE

temas tratados nos dois casos. Manter separadas essas Preleções, pela só razão de que nasceram separadas, pareceria uma artificialidade e empobreceria muito seus textos.

3. *Economia de notas*. As notas de rodapé acrescidas, bem poucas, são quase todas de natureza bibliográfica, e não explicativa. Tiveram por finalidade principal transformar o presente texto em uma via de acesso às demais obras de Olavo de Carvalho. Quanto às notas de fim, estas se referem ao texto de Husserl comentado. Vejam-se no próximo item informações a respeito.

4. *Sobre o texto de Husserl*. O autor comenta trechos de variada extensão dos cinco primeiros capítulos da "Introdução" das *Investigações lógicas* de Husserl. Essa porção de texto, que é reproduzida ao longo do livro, resultou de uma livre versão de Olavo, feita ao curso das aulas, da tradução espanhola de José Gaos e Manuel García Morente ainda hoje em catálogo da Alianza Editorial. Essa versão parafrástica e indireta foi assim mantida, e nem faria sentido substituí-la por uma tradução original — o que importa é o texto efetivamente comentado pelo autor. No máximo, o que se fez no curso da presente edição foi aclarar umas poucas passagens problemáticas tomando por parâmetro as lições de um meritório trabalho: Edmund Husserl. *Investigações lógicas*: prolegômenos à lógica pura: vol. I. Trad. Diogo Ferrer. Rio de Janeiro: Forense, 2014. Em nenhum momento, contudo, se copiou o texto e nem sequer a terminologia rigorosa aí definida para a tradução de termos-chave da obra. As citações feitas por Olavo com freqüência apresentam saltos, embora nunca com prejuízo do argumento de Husserl, os quais foram indicados, segundo a notação usual, por meio de reticências entre parênteses: [...]. Interpolações, raras, surgem entre colchetes, [assim]. As notas de fim apontam os trechos em que houve condensação, adaptação ou paráfrase do texto de Husserl, a fim de que o leitor tenha algum controle sobre o uso feito das *Investigações lógicas*.

Introdução

EDMUND HUSSERL é, para o meu gosto, o protótipo da honestidade intelectual, do rigor fundado na sinceridade de propósitos. Perto dele, quase todos os outros filósofos do século XX parecem um pouco artificiais. Ele surpreende pela absoluta ausência de pose, pela total boa-fé, pelo empenho total naquilo que está fazendo, pela completa ausência de motivos secundários de ordem social, literária, política etc. A leitura informal que vamos fazer de algumas páginas de suas *Investigações lógicas* mostrará a vocês o poder do espírito filosófico. Não há melhor porta de ingresso ao mundo da filosofia; o único obstáculo é que se trata de um texto denso, pesado, que afugenta o principiante por sua aparência temível — algo como o retrato de Husserl que lhes mostrei, um par de olhos perfurantes que parecem julgar com severidade o recém-chegado, lendo na sua alma o teor das suas intenções. Ele é como um guardião na porta do templo da filosofia, pronto a afastar o intruso, o farsante, o beletrista.

O que mais nos surpreende na biografia de Husserl é que de 1933 a 1938, com a Alemanha já sob o domínio nazista, ele, que era judeu, continuasse imperturbavelmente o seu trabalho filosófico, produzindo nesses anos alguns de seus trabalhos mais importantes, sem emitir jamais uma queixa, uma lamúria, inteiramente dedicado à única coisa necessária — o amor à sabedoria. Muitos alemães notáveis, judeus ou não, então se espalharam pelo mundo, representando no Exterior a sobrevivência do espírito alemão aviltado no interior pela tirania. Muitos obtiveram em outros países a glória merecida: Thomas Mann, Einstein, Eric Weil, Eric Voegelin... Mas Husserl, que permaneceu e sofreu calado, foi o maior de todos. Se Deus não destruiu a Alemanha por considerar que lá dentro havia cinco justos, Husserl era certamente um deles.

Quando me pergunto como os nervos desse homem não cederam ante o pavor reinante, só encontro uma resposta: ele era talvez o único, em todo o mundo, que compreendia *realmente* o que estava acontecendo. Ele sabia que o horror do século XX tinha raízes profundas, de ordem espiritual e intelectual, que escapavam à maioria dos observadores. Essas raízes fincavam-se no solo da crise intelectual inaugurada a partir do Renascimento, quando as ciências foram perdendo sua inspiração originária de saber apodítico, para se contentarem cada vez mais com artifícios técnicos e o deslumbramento de resultados práticos sem fundamentação intelectual suficiente. Husserl via nesse processo uma traição à busca da sabedoria, e certamente entendia os males do presente como o efeito inevitável de uma longa demissão da inteligência ante o reino deste mundo. Enquanto outros bradavam contra o presente — às vezes iludindo-se na esperança de poder combater o mal com o mal —, ele, dando o presente por perdido, sondava, no passado filosófico e científico, o mal que corroía as raízes da racionalidade humana, para lançar as sementes de um futuro melhor.

Nestes encontros, que se prolongarão por alguns meses, tentaremos recolher uma parte do seu legado.

Preleção I
18 de novembro de 1992

1. A origem da lógica

OS *QUATRO DISCURSOS*[2] ESTÃO, dentro do processo histórico, em constante interação. É como se os temas da preocupação humana, embora permanecendo os mesmos, passassem por distintos níveis de elaboração, de forma que podemos comparar os quatro discursos a uma árvore da qual o *discurso poético* constitui a raiz, uma raiz que mergulha no mundo da realidade mesma, no mundo dos cinco sentidos, no mundo da experiência mais direta, e dessa experiência, desse fundo, destaca diferentes orientações humanas, que entram em luta através do *discurso retórico*. A imaginação mostra vários objetos, que se tornam objetos de desejo. Daí surge a multiplicidade dos desejos, e os desejos entram em luta através do discurso retórico — o discurso persuasivo. Cada desejo tenta se sobrepor aos demais, expressando sua pretensão por meio de uma representação verossímil da realidade. Dentre vários discursos retóricos, nenhum é mais probante que o outro, embora uns possam ser mais persuasivos. *Persuasividade*, no sentido em que se usa o termo na *teoria dos quatro discursos*, é o poder de obter a concordância de um determinado ouvinte, ou de um determinado número de ouvintes. Ser *probante* é ter condições de provar algo, não para uma platéia em particular, mas,

---

2 Cf. meu estudo *Aristóteles em nova perspectiva: introdução à teoria dos quatro discursos*. 3ª ed. Campinas: Vide Editorial, 2013.

em princípio, para toda e qualquer platéia capaz de pensamento racional. É o mesmo que cogente, ou forçoso.

Quando examinados por uma inteligência mais neutra, nenhum dos discursos retóricos é mais convincente que o outro e nenhum é totalmente cogente ou probante. Daí os discursos retóricos poderem se perfilar uns ao lado dos outros como concorrentes eternos. Existem preferências, é verdade, mas é absolutamente impossível *provar* por A + B que um é mais verdadeiro que o outro. Mesmo porque as bases com as quais se demonstraria a superioridade de um discurso não servem para outro discurso. Eles partem de premissas diferentes — e a decisão racional é impossível. Assim, a competição dos discursos retóricos é interminável, *no plano em que se colocam*.

Porém, os vários discursos retóricos confrontados — de um ponto de vista neutro — revelam determinados pontos comuns. Revelam certas premissas que estão por baixo, e que podem ser comuns a todos eles. Pode-se mesmo, com um pouco de paciência, descobrir que os pressupostos diferentes de que partem se assentam, por sua vez, numas mesmas premissas, só que diversamente enfocadas. É com base nessas premissas que eles poderão ser, se não julgados, ao menos combinados de determinada maneira, que então permitirá encontrar uma verdade para além do confronto de opiniões. E essa verdade se encontra no momento em que, confrontando vários discursos de opinião, várias preferências, vemos que a discussão toda está baseada — de maneira quase sempre implícita e até subconsciente — num certo número de princípios, que por serem auto-evidentes podem servir de critério para a avaliação e correção mútua dos vários discursos. Confrontar discursos retóricos, reduzi-los a um denominador comum, encontrar um princípio de base a partir do qual eles possam ser julgados, essa é a função do *discurso dialético*.

Uma vez, porém, encontrados esses princípios, verificamos que eles dizem respeito a aspectos muito gerais, muito universais da realidade. Mas não queremos conhecer somente princípios gerais, queremos é o conhecimento efetivo sobre determinadas particularidades, nos interessa estender nosso conhecimento *do real efetivo* (não de meras generalidades lógicas), e nesse sentido é que tiramos *conseqüências* mais particularizadas dos princípios dados. E assim estabelecemos critérios para que os princípios possam se transformar em meios de julgamento das várias opiniões, de uma maneira apodítica, infalível, indestrutível. Isso é exatamente o que se chama de *discurso lógico*.[3]

Essa progressão dos quatro discursos corresponde a um movimento histórico. Todos os temas da discussão humana provêm da imaginação poética, da imaginação mítica, simbólica. Desse caldo de imagens e de símbolos é que se formam as vontades humanas opostas e em luta, isto é, a discussão. Da discussão surge, ao longo do tempo, um princípio de arbitragem que se torna, por sua vez, a base de demonstrações científicas. Esse processo mostra também um estreitamento do leque dos temas: dos temas sugeridos pela imaginação poética somente algumas linhas serão desenvolvidas até que se chegue a um conhecimento científico do assunto. O conhecimento científico, por sua vez, fornece uma base sólida para a ação humana, que retroage sobre o mundo existente, real, e o transforma mediante a *técnica*. A técnica, inspirada na ciência, muda a face do mundo e muda a experiência humana; surgem assim novos temas e novas formas imaginativas, e desse modo o ciclo prossegue indefinidamente.

É importante não atribuir a esse ciclo uma duração definida. O mesmo ciclo é percorrido dentro de uma cultura várias vezes e com velocidades diferentes. O mesmo ocorre no microcosmo da mente de um indivíduo. Podemos tomar como exemplo o surgimento de

---

[3] Comento em maior pormenor a passagem do discurso dialético para o discurso científico em minha introdução e comentários à dialética erística de Arthur Schopenhauer. Cf. Schopenhauer, *Como vencer um debate sem precisar ter razão: em 38 estratagemas (dialética erística)*. Trad. Daniela Caldas e Olavo de Carvalho. Campinas: Auster, 2019, pp. 27-73.

uma idéia científica qualquer: é evidente que as idéias científicas surgem no plano da imaginação, como meras hipóteses possíveis, e às vezes sob forma simbólica, alegórica, como no caso de Niels Bohr, que sonhou com a estrutura do átomo. Tendo sonhado com a estrutura do átomo, ele seria um perfeito idiota se imediatamente atribuísse certeza a esta estrutura tal como ela havia se apresentado no sonho. A partir dessa imagem, porém, surge um desejo de saber se ela contém algum conhecimento verdadeiro. Mas surge também um desejo oposto, que é o desejo de não se deixar enganar por uma mera imagem. Esse conflito, em seguida, é elaborado na apresentação das razões pró e contra aquele modelo de átomo, até que finalmente pode ser elaborado numa teoria científica capaz de ser provada ou refutada logicamente. Esse ciclo deve ter sido percorrido na mente de Niels Bohr em questão de minutos. Depois, é repetido ao longo dos dias com uma duração um pouco maior, e assim por diante em elaborações sucessivas até a formulação final da demonstração lógica, que por sua vez pode fracassar ou ter sucesso.

Do mesmo modo, podemos encarar a evolução da teoria atômica no século XX num plano coletivo, histórico, seguindo exatamente a mesma seqüência: uma imaginação coletiva encontrando esquemas hipotéticos, em seguida apostando neles — ou contra eles —, depois os confrontando e discutindo, até achar um princípio de arbitragem. Em última análise, toda investigação científica segue esse ciclo e não poderia ser de outra forma.

Assim, a idéia de que possa haver uma espécie de confronto, uma paridade oposta, entre o mundo poético — o mundo da imaginação — e o mundo científico, só é crível para quem desconhece por completo qual é o processo da descoberta científica, quer do ponto de vista da psicologia individual, quer do ponto de vista histórico, da evolução da cultura como um todo. O discurso lógico, científico, emerge do mito, do símbolo, através da mediação dos discursos retórico e dialético.

Esse dualismo foi criado por uma espécie de decreto oficial, sobretudo na França, a partir da formação das Faculdades de ciências e das letras. Mas o fato de existirem dois organismos que estudem duas coisas distintas não quer dizer que a distinção entre essas duas áreas do conhecimento humano seja tão nítida quanto a distinção espacial entre os dois edifícios que contêm as respectivas instituições.

***

Podemos, a partir disso, nos aprofundar um pouco mais no estudo do discurso lógico.

O discurso lógico surge como uma resposta da mente grega a uma situação criada por três fatores. Um deles é a *proliferação dos discursos cosmológicos incoerentes*. Os filósofos pré-socráticos discutiam todos a mesma questão: de que se compõe o mundo? Qual é a *substância* que está por trás de toda a variedade de fenômenos cósmicos? Eles se perguntam sobre a natureza do cosmos. O que é o cosmos, em última análise? O que seria a *physis*? *Physis* não quer dizer só "natureza", no sentido da coleção dos entes visíveis, mas no sentido dos *princípios* que estariam por trás de todos os fenômenos visíveis; os princípios que unificam todos esses fenômenos através de uma lei comum, fundada também numa substância universal. Os filósofos divergiam com relação a isso e cada um oferecia um discurso que parecia tão persuasivo quanto os demais. A proliferação dos discursos filosóficos divergentes inclina naturalmente a mente grega para o *ceticismo* e o *relativismo*; este se expressa na idéia de que existe uma verdade diferente para cada um, e assim se pensaria, conforme a famosa fórmula de Francisco Sanchez, *Quod nihil scitur*, "que nada se sabe", nem se pode saber.

Nesse mesmo ambiente de ceticismo existe também outro fator, que é a posição de predomínio, de prestígio da atividade retórica, que é a arte da persuasão. Os retóricos praticamente dominavam a educação da classe letrada leiga. Eles eram, sobretudo, educadores, professores, e o jovem estudante grego, sendo um jovem de classe aristocrática, se educava fundamentalmente para a participação na política, para a qual a arte da retórica era o instrumento principal.

A retórica é a arte de persuadir, porém a técnica da persuasão não permite, por si mesma, saber se o conteúdo do que se está dizendo é verdadeiro ou falso. Ela dá simplesmente os instrumentos psicológicos necessários à persuasão, e não aqueles necessários ao julgamento do conteúdo do que foi dito.

Em síntese, no campo científico-filosófico havia, por um lado, uma tendência muito grande ao ceticismo e à equalização, à mútua neutralização de todos os discursos, de modo que a adoção desta ou daquela tese filosófico-científica parecia mais uma questão de preferência pessoal do que outra coisa.

Por outro lado, esse ambiente de subjetivismo era fomentado pelo próprio predomínio da retórica.

O grego letrado do tempo de Sócrates é um sujeito que não acredita em nada, que acredita que todas as idéias são iguais, que todas valem mais ou menos a mesma coisa; é, ademais, alguém que acredita possuir os instrumentos para persuadir os outros do que quer que seja. Era mais ou menos como no Brasil de hoje: as pessoas acreditam numa idéia simplesmente porque gostam dela, e não porque têm alguma prova. A apreciação da retórica, o fato de você admirar o sujeito que fala bem, não implica que você esteja realmente acreditando que o que ele disse seja verdade. Algumas vezes acontece exatamente o contrário: você o admira porque ele consegue persuadi-lo de que $2 + 2 = 5$. Você admira a técnica, mas não acredita no conteúdo. A mentalidade de um povo, de uma comunidade, formada com um padrão exclusivamente retórico, é a mentalidade que, ao mesmo tempo, se oferece para ser fascinada pelo indivíduo retórico e também para continuar não acreditando no que ele disse. Daí ao culto da vigarice é um passo: tanto mais admiramos um sujeito quanto mais ele consegue nos ludibriar. Vivemos num ambiente de leviandade perante a idéia de verdade. Em algum momento isso terá de acabar.

2. As condições essenciais do conhecimento científico, ou: a idéia pura de ciência

A fim de sanar essa situação, Sócrates e Platão criam um método de tirar dúvidas, que formula uma série de exigências para que o saber possa ser considerado verdadeiro, independentemente da persuasividade do orador que defenda a tese, de modo que os vários discursos retóricos pudessem ser reduzidos a um conjunto de fórmulas retoricamente neutras, todas não-persuasivas, restando somente o conteúdo explícito das teses defendidas, cuja veracidade pudesse ser verificada. Se pudéssemos abstrair a eloqüência dos vários discursos, de modo que todos ficassem chatíssimos, e dispuséssemos apenas de suas teses explícitas, com o conteúdo afirmativo formal do que disseram, haveria um meio de confrontá-los e investigar qual disse a verdade e qual incorreu em erro. Essa confrontação, conforme Sócrates e Platão a conceberam, deve obedecer a um conjunto de exigências que formam a idéia pura do que vem a ser *ciência* — ciência no sentido mais universal, no sentido de conhecimento verdadeiro, certo, irrefutável, fundamental.

O que passo a dizer a respeito das condições ou exigências do conhecimento científico não é uma exposição literal do pensamento de Sócrates e Platão, mas uma sua interpretação husserliana, que o mestre deixou disseminada em vários de seus textos, como *Filosofia primeira* e *Lógica formal e lógica transcendental*, e que aqui resumo livremente, acrescentando-lhe por minha conta o que me pareça conveniente; ou seja, é a minha livre interpretação da interpretação de Husserl. A vantagem de entrarmos no assunto por essa via é que, expondo os antecedentes históricos, já entramos assim em cheio no pensamento do próprio Husserl, isto é, damos uma visão husserliana dos antecedentes de Husserl. Husserliana no espírito e na fidelidade interior, entenda-se, já que nestas aulas não tenho um compromisso de exatidão filológica e me permito introduzir onde me pareça bom fazê-lo as minhas próprias idéias, na medida em que sejam fiéis, não digo à letra, mas ao ideal da obra de Husserl.

Evidência direta

A primeira exigência para se alcançar o conhecimento certo é que o conteúdo afirmado seja o mais possível *evidente*, ou seja, que ele não possa ser de outra maneira. Exemplo de uma evidência: "Nós estamos aqui agora". Cada um de nós sabe isto por evidência direta e não precisa de provas.

Se pudéssemos saber todas as coisas com a mesma evidência com que sabemos que estamos aqui agora, tudo seria muito fácil e nem sequer haveria confronto de discursos. Lamentavelmente isso não se dá porque existem muitas coisas que precisamos conhecer mas que estão para além da nossa experiência direta possível. Por exemplo, se alguém comete um crime, só podemos ter uma evidência direta de quem é o criminoso se presenciarmos o crime — não haveria, nesse caso, necessidade de investigar. Não sendo assim, não podemos ter uma evidência direta, mas talvez possamos ter uma evidência indireta. Uma *evidência indireta* é uma verdade que em si mesma não é evidente, mas que é garantida por uma outra que é, esta sim, evidente. Se você está aqui neste momento, para chegar até a escada vai ter de dar certo número de passos. Eu não tenho a evidência de que você está caminhando, não estou *vendo* você caminhar, mas sei que, se quiser ir até a escada, vai ter de dar certo número de passos. O que sei evidentemente é que você está aqui, e que a escada está lá. Com base nessa evidência direta posso acreditar numa outra evidência, menor, mais fraca, indireta, mas que é garantida pela evidência maior.

Transferência de veracidade

Isso nos leva a uma segunda exigência da idéia de ciência, que é a de *transferência de veracidade*. É necessário que *uma verdade possa garantir uma outra verdade menos evidente* — se só ficássemos com as verdades evidentes não iríamos muito longe, não transcenderíamos o círculo da nossa experiência imediata. Portanto, para existir ciência, é absolutamente necessário que umas verdades possam ser garantia de outras verdades que não possam se garantir por si mesmas, pois assim a veracidade das evidências diretas pode ser transferida para as evidências indiretas.

Nexo

Mas o que garante que a primeira verdade garanta a segunda verdade? É preciso que haja um *nexo*, uma *ligação* entre as duas verdades.

Evidência do nexo

Só que não pode ser um nexo qualquer. É preciso que o nexo que estabelece a transferência seja, ele próprio, evidente. Isso porque, se não for evidente, também ele precisará ser garantido por outra evidência. Isto é: se esse nexo não é evidente diretamente, isso quer dizer que ele é uma evidência indireta que depende de uma outra verdade evidente. Só que aqui haverá necessidade de um outro nexo, o qual, se não for evidente, dependerá de uma outra verdade evidente, à qual está ligado por um outro nexo. Se isso não parar nunca, se nunca encontrarmos um nexo evidente entre a verdade direta e a verdade indireta, danou-se a nossa ciência.

O silogismo

Essas são, então, as *quatro condições gerais, ou teóricas,* da ciência: a evidência direta, a transferência de veracidade, o nexo, a evidência do nexo.

Ora, ciência quer dizer conhecimento verdadeiro. A evidência indireta não é evidência em si mesma, senão seria uma evidência direta. Se as duas verdades que queremos conectar são realmente diferentes uma da outra, inteiramente heterogêneas, estranhas entre si, então não haverá nexo evidente possível.

Um nexo só poderá ser evidente na seguinte situação: se entre a primeira verdade e a segunda verdade não houver, na realidade, salto algum. Porém, ao examinarmos retroativamente, notamos que a segunda verdade é igual à primeira, embora não tivesse parecido assim de início. Como se dá isso? Se percebo como verdade evidente que estou aqui e a escada está lá, e se partindo dessa primeira evidência digo que, para chegar até a escada, preciso me mover, baseio-me nas noções de espaço e movimento. O que é mover-se? É deslocar-se no espaço. O que é *aqui* e *lá*? São diferentes lugares no espaço. Então dizer que você está aqui é exatamente a mesma coisa que dizer que para estar lá terá de realizar um movimento, um deslocamento. Eu disse exatamente a mesma coisa, só que com palavras diferentes, e a diferença da proposição me enganou. Dizer que você está aqui é a mesma coisa que dizer que você não está em outro lugar. Qual é a conexão entre dois lugares? É somente o movimento que os conecta. Quando digo que você está aqui, fica implícito que você não está lá, e que a única maneira de você chegar lá é através do movimento. Apenas *explicitei* o que estava implícito. Eu não disse uma coisa nova; não acrescentei um conhecimento novo.

No entanto, perca de vista que estar aqui equivale a não estar lá e que para ir de um ponto a outro é necessário movimento, e você verá que a expressão "você está aqui" fica totalmente destituída de qualquer significado. O que quer dizer a frase "você está aqui" caso não signifique que você não está lá? Não quer dizer nada. De modo que a análise do significado do que falei me leva à segunda verdade evidente. Eu não acrescentei uma segunda proposição, eu apenas desmembrei a primeira proposição, explicitei o seu sentido. Isto significa que, entre a verdade direta e a verdade indireta, existe uma relação de *todo* e *parte*. Aí está o nexo e ele se chama *silogismo*, um conjunto de três proposições em que, dadas as duas primeiras, a terceira decorre necessariamente. Um exemplo disso é o famoso "Todos os homens são mortais; Sócrates é homem; logo, Sócrates é mortal".

Aquilo que eu digo de *todos* evidentemente se refere a *cada um*, porque *todo* e *cada um* são a mesma coisa. A transferência de veracidade equivale à afirmação de que duas frases ditas são na verdade a mesma frase. Quando digo que todos os homens são mortais, e que cada homem é mortal, o que digo de um homem em particular já está incluído na primeira proposição. Eu disse apenas que *todo* é igual a *todo* e que *cada um* é igual a *cada um*. E, se uma coisa é igual a si mesma, essa coisa é uma evidência.

Conhecimento evidente é aquele que não pode ser negado sem que se introduza um duplo sentido nas palavras. Se um indivíduo diz "Eu não estou aqui", ou ele está mudando o sentido da palavra *eu* ou da palavra *aqui*. Se ele diz "Eu não estou aqui; na verdade, estou na minha casa", isso significa que o sentimento dele, ou o seu coração, está lá, porém nesse caso ele se valeu de duplicidade de sentido, porque está utilizando a palavra *aqui* num sentido espacial e a palavra *eu* não no sentido corporal, mas num outro sentido figurado. Quando você nega uma evidência, você está sempre jogando, portanto, com um duplo sentido de palavras.

Vejamos outro exemplo. Dado que $A = A$, então o primeiro A é o mesmo A do segundo lado da igualdade. Mas se digo que $A \neq A$, estou negando a frase anterior? Suponha-se que sim. Isso significaria que o primeiro A não é igual ao primeiro A, e se ele não é o mesmo que o primeiro não é a ele que se refere a primeira sentença (A = A). Se a segunda proposição (A ≠ A) não se refere à primeira (A = A), ela não pode ser a sua negação. A pessoa tem a impressão de que negou, mas não negou. Enganou-se. Para ficar mais claro, podemos enumerar os elementos das igualdades: $A_1 = A_2$ e $A_3 \neq A_4$. Suponhamos que $A_1 = A_3$. Nesse caso, se $A_1 \neq A_4$, então A_4 é um outro A_n, onde $n \neq 1, 2, 3$. Não há como negar A = A — você só pode imaginar que negou.

Tudo o que não é diretamente evidente pode ser negado. Quando você diz "Eu já não sou mais o mesmo", significa que você está atribuindo um duplo sentido à palavra *eu*. Num caso, designa uma individualidade, e aí se trata de você mesmo. Num outro caso, designa uma qualidade desse indivíduo. A individualidade continua a mesma, só a qualidade é que foi alterada. Para que o indivíduo seja primeiro pobre e depois rico, é necessário que ele continue sendo o mesmo. Uma sentença só é negação da outra quando o sujeito é o mesmo, o que não é o caso aqui.

O princípio de identidade

O *princípio de identidade* é imortal. É a própria unidade do real. Isso significa que ele não pode ser escamoteado pelos nossos mesquinhos jogos de palavra. No entanto, há conhecimentos que são verdadeiros, mas não são evidentes. Se você me afirma que tem R$ 1 no seu bolso, isto não é para mim coisa evidente. Eu posso negar isso sem me valer de duplo sentido, existe aí apenas uma *veracidade* contrastada a uma *falsidade*. Pode ser que isso seja uma verdade, e eu esteja dizendo uma falsidade. Ou bem pode ser o contrário, mas nessa contradição não existirá duplo sentido.

De modo similar, um conhecimento qualquer de ordem científica pode ser negado. Toda a física pode ser negada sem que se incorra em contradição, pois as teorias não são evidentes em si mesmas. A negação de uma evidência não é a mesma coisa que uma contradição lógica. *Contradição lógica* ocorre quando se nega alguma sentença anterior cuja veracidade já se afirmou — $A = A$ é uma proposição que se sustenta sozinha, não há necessidade de outra afirmação anterior que a embase, ao passo que $A \neq A$ se impugna a si mesma. Contradição lógica, assim vista, é um falso nexo. Entre $A = A$ e $A \neq A$ não há nexo, são proposições isoladas.

Eu gostaria que vocês fizessem todas as tentativas possíveis para derrubar o princípio de identidade. Quando vocês estiverem definitivamente derrotados e começarem, de alguma maneira, a aceitá-lo, estarão prontos para aceitar a verdade. Percebam que lhes peço para lutarem consigo próprios, o que é muito difícil. Vocês podem dizer "Parece que é verdade...", mas aquilo que *parece* é apenas uma verossimilhança, uma convicção retórica.

Vocês podem ainda se esforçar para provar que $A = A$, embora uma proposição verdadeira não seja um princípio auto-evidente. Vocês fracassarão nesse esforço, pois a própria forma das evidências diretas consiste no princípio de identidade. Ou, dito de outro modo, *qualquer evidência direta é uma repetição do princípio de identidade*, sob uma nova forma, a qual é tão válida quanto o princípio de identidade. Posso indagar se o que vejo à minha frente é uma evidência direta e em seguida concluir que não, pois o sentido da visão pode me enganar. Posso, por outro lado, indagar se a percepção da minha presença atual é uma evidência direta, e só posso concluir que sim. Não preciso de meus sentidos para alcançar essa conclusão. Quando, como Descartes, afirmo que posso duvidar de um inúmero incontável de coisas, mas não posso duvidar de que estou duvidando, alcanço uma evidência direta de minha presença — ou de meu "pensamento" ao menos — porque a forma do meu raciocínio é, nesse caso, o da afirmação de minha identidade comigo mesmo, isto é, $A = A$.

Todo silogismo depende dessa mesma circularidade das proposições garantida pelo princípio de identidade. Se digo que *todos* os quadrados têm quatro lados, isso quer dizer que *cada* quadrado tem quatro lados, como aliás todos os demais quadrados, isto é, como *cada um* deles. Dizer "todos" ou dizer "cada um" tanto faz, pois de qualquer modo estou afirmando que A = A, que *todos* = *todos*, que *cada um* = *cada um*.

Com base no que foi dito anteriormente, podemos tomar vários discursos retóricos e conferi-los uns com os outros para ver se estão dizendo a mesma coisa, ou se estão dizendo coisas diferentes, se são um a negação do outro, ou se são discursos inconexos, como na oposição entre "João está de camisa branca" e "Não, Maria está de camisa azul".

Se, com base no princípio de identidade, eu encontrar dois discursos que efetivamente se negam — descontadas suas diferenças e possíveis erros de interpretação —, então tenho um problema. Tenho duas alternativas, das quais uma terá de ser verdadeira e a outra, falsa. Porém isso não se aplica a todos os discursos que se contradizem. É preciso primeiro reduzi-los a uma significação comum. A negação de "João matou Pedro" não pode ser "João não matou Joaquim", pois é preciso que coincidam sujeito, objeto e ação. Já a frase "João não matou Pedro" contradiz "João matou Pedro", se é que o João é o mesmo, o Pedro é o mesmo e *matar* significa a mesma coisa. Nesse caso, temos um problema que se resolverá pela afirmação de uma das alternativas e pela negação da outra. Não há outra solução possível.

Nas discussões que efetivamente encontramos no dia a dia, contudo, existe não somente uma segunda solução, como também uma terceira, uma quarta, uma quinta, uma sexta, talvez mais. Isto porque o sentido dos discursos é múltiplo e freqüentemente estes não se referem exatamente às mesmas coisas, porém a diferentes aspectos da mesma coisa.

3. Condições existenciais para a idéia de ciência pura

Essas são as condições essenciais da ciência, mas elas não bastam. Para que possa haver ciência, são necessárias algumas outras condições, estas já de ordem prática.

Repetibilidade do ato intuitivo

A primeira dessas condições práticas é que o ato cognitivo pelo qual o homem capta uma evidência *possa ser repetido*. Se não pudermos ter duas vezes a mesma evidência, esta não poderá servir de fundamento para outra evidência. É preciso que haja *repetibilidade* do ato intuitivo.

Quando capto uma verdade por evidência direta, eu a tenho presente à minha atenção. Ao contrário, quando busco alcançar a verdade por evidência indireta, preciso que a verdade que lhe serve de evidência possa novamente se fazer presente pela repetição do ato imaginativo, pois de outro modo não serei capaz de estabelecer nexo entre o que é evidente e o que não é.

Isto é mais grave do que parece: dois atos diferentes, praticados em instantes diferentes, são exatamente o mesmo. Quando digo que A = A, realizo dois atos intuitivos, pois o simples ato de afirmar o princípio de identidade exige que estejam presentes dois atos intuitivos diversos, distintos no tempo, mas que podem se repetir aplicando-se à mesma evidência e ao mesmo objeto, sem que haja mudança substantiva.

Digo que são dois atos, e por serem dois são, claro, diferentes. Mas são atos diversos em razão de suas particularidades, não divergindo, porém, no essencial. Com freqüência se interpreta erroneamente o dito de Heráclito de que não nos banhamos duas vezes no mesmo rio, daí derivando que não podemos ter mais de uma experiência de um mesmo objeto. Mas como então eu poderia saber que me refiro ao mesmo rio — aquele em que entrei numa primeira vez e em que entrei posteriormente —, se não fosse o mesmo rio, só que com águas diversas? Se fosse um rio completamente diferente, não existiria para mim a questão de se ele mudou ou não. Eu acreditaria estar entrando ali pela primeira vez, e assim não poderia proferir a sentença mencionada.

A resposta a essa objeção à repetibilidade de um mesmo ato intuitivo é, em síntese, esta: o fluxo permanente de todas as coisas não afeta o princípio de identidade. Se afetasse, não se poderia proferir a frase heraclitiana senão com emprego de duplo sentido. Sei que entrei duas vezes no mesmo rio. Esse *eu* continua o mesmo. Se o *rio* mudou, é porque sei que *eu* permaneci o mesmo. Ademais, não permaneci o mesmo só *eu*, mas também o *rio*, só que com outras águas. A constatação do fluxo é impossível sem a constatação do princípio de identidade. Qualquer mudança, qualquer alteração, só se torna cognoscível perante um fundo de identidade. Isto quer dizer que o princípio de identidade não é só um princípio lógico nem tampouco só um princípio psicológico, é um princípio do ato real do conhecimento. Assim, podemos dizer que *a repetibilidade do ato intuitivo é o correspondente psicológico do princípio de identidade.*

Dispositivo de registro

A repetibilidade do ato intuitivo, por sua vez, pressupõe que reste do primeiro ato algo na memória através de um registro, ou algo resgatável por meio de um qualquer *dispositivo de registro*, no qual residiria outra condição prática para que possa haver ciência. Seja um registro na memória seja no papel, seja num arquivo de computador seja em qualquer outra coisa, deve haver evocação do conteúdo de um ato intuitivo passado, a qual permita ao indivíduo repetir o mesmo ato sobre o mesmo objeto. Sem registro, não existe repetibilidade do ato intuitivo, e sem este não alcançaremos evidência de nada.

Entendemos, portanto, que o conhecimento geral, o conhecimento científico, requer, além das condições teóricas, também algumas condições práticas, das quais a primeira é a repetibilidade do ato intuitivo e a segunda, o dispositivo de registro. No momento em que dou atenção à evidência indireta, ela é o foco da minha atenção, e não mais a evidência direta inicial; esta, porém, não desapareceu completamente. Está retida sob a forma de um sinal, que me permite refazer o ato intuitivo, o qual no entanto está em suspenso enquanto penso na evidência indireta. A evidência direta torna-se o pano de fundo, e a evidência indireta ocupa a posição principal.

Mas e se eu afirmasse que não existe possibilidade de dispositivo de registro? Digo isso para mostrar a vocês como a negação da possibilidade do conhecimento é absurda, embora argumentos céticos — além da crença tácita nas limitações do conhecimento — gozem hoje de bastante prestígio. Pensemos na memória, este dispositivo de registro fundamental: é possível negar sua fidelidade? A memória às vezes não falha? O que nos impede de concluir que ela falha sempre? Do fato de que ela falha algumas vezes poderíamos inferir que ela é fundamentalmente falha, que não podemos confiar nela sempre. Entre não poder confiar nela *sempre* e não poder confiar nela *nunca*, é apenas questão de grau. Posso dizer que ela falha "de vez em quando", ou "com muita freqüência", ou "quase sempre" — não parece uma questão de grau? Mas dizer que a memória falha quase sempre não é enunciar uma verdade, porque para dizê-lo você precisa guardar a recordação de cada uma das falhas dela. Logo, aquela proposição é uma negação de evidência, porque depende de que seja coisa verídica justamente aquilo que ela nega. Mas isso quer dizer, por outro lado, que nós temos de confiar na memória sempre, pois ela é incapaz de falhar? Não; quer dizer apenas que é inviável uma crítica geral da memória. Podemos corrigir a memória nesse ou naquele ponto em particular, mas nunca a corrigir genericamente. O ser humano é impotente para corrigir a memória em sua essência.

De modo análogo, somos impotentes para corrigir a percepção dos sentidos em sua essência. Muita gente diz que existe uma instância superior, que seria a física ou a matemática, capaz de fazer uma crítica geral dos sentidos e estabelecer a jurisdição para além da qual só há impossibilidade lógica, ou seja, o limite até onde o conhecimento pode avançar. Isso é um erro. A idéia de que o homem possa estabelecer limites para a sua própria memória, por exemplo, é uma absurdidade. É fazer mais ou menos aquilo de que fala o Barão de Münchhausen em seu relato fantástico: puxar-se pelos próprios cabelos para fora da água. Achar que as faculdades superiores da inteligência ou da razão podem retroagir sobre a memória, e assim verificar alguma falha essencial sua e corrigi-la, é crer numa impossibilidade, porque a razão se sustenta na sua memória. Tampouco qualquer aptidão superior da inteligência poderia aferir o acerto ou erro fundamental dos sentidos. Podemos dizer que os sentidos falham às vezes, ou que os sentidos falham muito, mas não podemos dizer que eles falham na maior parte ou na menor parte das vezes. Não podemos quantificar o erro geral dos sentidos. Se eu disser que os sentidos falham quase sempre, já incorro em *nonsense*, porque estou supondo que existe uma maneira de conhecer os objetos sensíveis mais eficiente que os cinco sentidos. Assim, eu conheceria, por meio da razão, qualidades sensíveis melhor do que as conheceria por meio dos meus próprios cinco sentidos. Acontece que a razão não conhece qualidades sensíveis. Isto significa que as faculdades superiores se assentam nas faculdades inferiores e as pressupõe, e que qualquer crítica que delas fizer continuará as pressupondo como fundamentalmente eficientes, capazes de conhecimento certo.

Entendemos que os dispositivos de registros não são somente uma necessidade para que possa existir a ciência, mas também que eles efetivamente existem, e que têm de existir necessariamente, assim como têm necessariamente de existir a repetibilidade do ato intuitivo, o nexo evidente, a transferência de veracidade e as evidências direta e indireta. As condições que fundamentam a idéia de ciência são, elas mesmas, verdadeiras; jamais poderiam ter sido sugeridas a título de mera hipótese. No começo raciocinamos como se fossem hipóteses, ou seja, consideramos que, se existisse o conhecimento científico, este teria de se basear em evidências. Porém, dada a hipótese da inexistência de evidências, a hipótese da existência não poderia ser formulada. Se não existe um conhecimento evidente, essa hipótese não terá nenhuma possibilidade de evidência. Isto significa que o simples ato de questionar-se acerca das condições que possibilitam a ciência já afirma que a ciência, o saber verdadeiro, existe necessariamente. Ela não é apenas uma possibilidade humana; ela existe e não poderia não existir

Até que ponto pode ser absurdo as pessoas acharem que o homem geralmente erra? Que a espécie humana é falha, que ela não consegue conhecer a realidade? Isto só pode ser afirmado tendo por parâmetro de referência o conjunto de tudo aquilo que a espécie humana não conhece. E, se você conhece efetivamente que ela desconhece, então você tem uma idéia da ignorância dela. Só que, para tanto, você se coloca numa posição sobre-humana. Porém o ato de colocar-se hipoteticamente numa posição sobre-humana só lhe permitiria emitir um juízo hipotético sobre o conhecimento humano. Ou seja: *se* eu fosse Deus — digamos —, saberia tudo aquilo que a humanidade não sabe, e eu saberia como ela é ignorante. Mas esse juízo também seria apenas hipotético. Supondo-se que eu fosse como Deus e emitisse o seguinte parecer categórico: "A humanidade nada pode conhecer", estaria *ipso facto* enunciando a negação de uma evidência, porque estaria negando a hipótese da qual parti. Isto quer dizer que qualquer tipo de ceticismo radical é absurdo. Qualquer filosofia que negue a possibilidade de conhecer o que quer que seja é autocontraditória. O que se pode dizer é que existem limites reais, efetivos e empíricos do conhecimento humano. Isto porque eu sei que não conheço tudo, e sei que a humanidade não conhece tudo. Porém não existe nenhuma possibilidade de se fixar limites para o que ela pode vir a conhecer.

A idéia de limitação do conhecimento humano obcecou os filósofos durante os últimos três séculos. Veja-se o caso de Kant. Segundo ele, existem três grandes correntes frente ao problema da possibilidade de conhecimento: o *dogmatismo*, o *ceticismo* e o *criticismo*. Dogmático (não tomar a palavra em acepção religiosa) é aquele que confia na possibilidade do conhecimento humano sem limites. Existiria o *dogmatismo ingênuo*, ou pré-crítico, e o *dogmatismo pós-crítico*. A corrente cética, por sua vez, nega a possibilidade do conhecimento humano, e se divide em *ceticismo total* e *ceticismo parcial*. Por fim, a doutrina crítica, do próprio Kant, não afirma nem nega a possibilidade do conhecimento, mas investiga a sua possibilidade, investiga seus limites.

Sob esse ponto de vista, o kantismo é, ao mesmo tempo, a possibilidade de uma doença e a cura para essa mesma doença, doença essa que se identificava com uma paralisia da filosofia ocasionada pelo ceticismo. Ora, idéia de que antes de julgar um determinado conhecimento será possível conduzir uma investigação crítica é uma idéia ambígua. Porque esse *antes* é apenas lógico, e não cronológico. Na prática, se você está investigando a possibilidade de que uma determinada coisa exista, é porque algo dela você reconhece. A postura, aí, é a de quem não quer investigar o fato, e sim apenas a possibilidade do fato; mas afirmo que isso é coisa impossível, impraticável, pois podemos, num segundo momento, querer investigar a possibilidade de conhecer aquela possibilidade. E assim por diante indefinidamente. Hegel, que era um dogmático persuadido de que somos capazes de conhecer a realidade, fazia precisamente esse questionamento: como posso conhecer os limites do conhecimento sem conhecer coisa alguma? Mais uma vez, afirma-se a necessidade de que o conhecimento certo exista.

Transmissibilidade essencial

Se existe um dispositivo de registro, quer dizer que posso guardar um conhecimento anterior e, mediante um sinal qualquer (papel, memória, pedra etc.), reproduzir um ato intuitivo sobre um mesmo objeto. Se posso fazer isso de mim para mim mesmo, por que não posso fazê-lo para outra pessoa?

Isto significa que *o conhecimento é transmissível não apenas por acaso, mas essencialmente*. Posso transmitir um conhecimento de mim para mim mesmo em momentos diferentes, de modo que, em momentos distintos, fazendo atos quantitativamente distintos — pois os atos não coincidem materialmente —, incido novamente de um mesmo modo sobre um mesmo objeto. E como essa repetição, esse retorno ao mesmo objeto, é uma condição de possibilidade do conhecimento, ocorre que sem essa transmissão de conhecimento de momento para momento não há, afinal, conhecimento algum. Portanto, a transmissibilidade faz parte da essência de qualquer conhecimento. Isso significa que aqueles pressentimentos profundos, aquilo que a gente "saca" às vezes, não são conhecimentos de maneira alguma. São apenas uma possibilidade de conhecimento, já que este pressupõe transmissibilidade, ou seja, *expressividade*. O conhecimento inexpresso não é conhecimento de maneira alguma, porque se ele for totalmente inexpresso significa que você o intuiu num momento e no momento seguinte o esqueceu. Na verdade, mesmo no caso do conhecimento que foi esquecido se nota algum nível de expressividade. Se foi totalmente retirado da memória, se não há possibilidade de sua reposição, como você se lembrará dele?

Como o conhecimento é expressivo, tudo aquilo que permaneça totalmente inexpresso não será conhecimento, e se for expresso tanto faz expressá-lo de mim para mim mesmo ou de mim para um outro. É uma diferença de mera quantidade, e não faz a menor diferença. Você pode dizer que é difícil transmitir um determinado conhecimento, mas a dificuldade de transmiti-lo não é nem um pouco maior do que a dificuldade de adquiri-lo. A dificuldade de transmissão é prática, e não teórica.

Espero que vocês tenham entendido, no que diz respeito ao discurso analítico, que o nexo entre uma evidência direta e uma evidência indireta é, por si mesmo, uma evidência, que nada acrescenta à primeira verdade, mas que apenas a analisa. Analisar significa desmembrar os membros constitutivos de um dado. Quando digo que o conceito de *estar aqui* coincide com o conceito de *não estar lá*, significa que não acrescentei nada, apenas analisei o conceito.

Intuição é *ir para dentro*; intelecção é *ler dentro*; ou ainda: *insight* é *ver dentro*. São várias maneiras de dizer a mesma coisa. Intuí algo, mas digo que nada desse algo se conservou na minha memória. Mas como, então, eu poderia saber que intuí mas esqueci? O que quero dizer, na verdade, é que percebi algo sem muita clareza. Um *insight* é um *insight* quando o seu conteúdo é claro e permanente. Que não se confunda um *insight* com um pressentimento vago, uma imaginação, um sentimento de não sei o quê. Quando você tem um *insight*, você o tem com a mesma clareza com que sabe que está aqui agora. Claro que você pode ter um *insight* de coisas tão enormemente complicadas, que poderá levar um tempo tremendo para expressá-las.

4. *Evolução e transformações da idéia de ciência*

Essa idéia de ciência — que, como disse inicialmente, não corresponde à letra dos textos de Platão e Aristóteles, mas à leitura que deles faz Husserl — nunca foi contestada realmente por ninguém. É a idéia que está presente em todos os esforços científicos da humanidade, desde que alguém a expressou, e mesmo antes. Porém, essa mesma idéia, ao tender a uma realização, assume formas variadas. Se perguntarmos: dadas essas condições para que uma ciência seja verdadeira, quais são os conhecimentos reais e efetivos que as cumprem? As respostas serão muitíssimo variadas, e a primeira delas foi dada pelo próprio Platão, e com ela já não podemos concordar hoje em dia. Isto porque Platão acreditava que somente atendia plenamente a essas condições o estudo dos arquétipos, ou idéias, ou formas, e não o estudo dos seres humanos ou do mundo empírico.

Uma coisa é o conceito de ciência verdadeira, que é a idéia pura de ciência. Outra coisa é a ciência efetiva que alguém desenvolve visando atender às condições necessárias para a ciência pura. Com relação a essa idéia pura, jamais houve contestação. Mas, ao passarmos à realização concreta, chegamos a um assunto tão polêmico que o próprio indivíduo que formulou as condições, ao tentar atendê-las, oferece uma alternativa que já a geração seguinte, com Aristóteles, não pode aceitar.

A História da filosofia combinou esforços para retornar desde o estado real das ciências, a cada momento (a ciência se desenvolve, entra em crise, é problematizada, extingue-se, sai de moda, e aparecem novas ciências), à idéia pura. Como se fosse um recomeço, uma refundamentação.

Assim, o avanço dos conhecimentos prossegue de acordo com duas linhas: uma vai sempre em frente, avançando, apresentando novos conhecimentos, fundando novas ciências, abrindo novos campos de investigação etc., e a outra é um movimento de correção periódica do curso. É como se fossem o motor e o leme de um barco. Não basta só andar, é preciso saber para onde se está andando.

A insatisfação dos grandes filósofos com o estado do conhecimento, tal como se apresenta aos seus olhos, faz com que a história da cultura seja pontilhada por esses retornos periódicos à idéia pura de ciência, a começar pelo próprio esforço de Platão, que expressa a idéia pura de ciência, embora não o faça de maneira patente, remetendo-a não a um exemplo historicamente anterior, mas a uma espécie de arquétipo intemporal. Imediatamente após esse recomeço platônico, surge Aristóteles, a fazer uma segunda revisão, da qual nasce não apenas uma nova idéia de ciência, mas ciências específicas, como a lógica, a biologia, a física e a ciência política. Não existia nada disso. Estamos tão acostumados com a biologia, que pensamos que ela brotou em árvore; mas esse esquema, essa delimitação de um certo tipo de objeto como biológico, foi realização de Aristóteles. A maior parte dos conceitos que nós usamos, conceitos-chave para a ciência como os de causa, de espécie e de gênero, é criação aristotélica.

O cristianismo

Esse mundo aristotélico se desenvolve em determinada linha até chegar a um ponto de crise, na medida em que se torna incompatível com outros dados da realidade que se desenvolveram à margem dele, especialmente o cristianismo, que inaugura certas noções estranhas ao mundo aristotélico. Uma delas, que viria a alcançar importância fundamental, é a noção de *história*. O desenvolvimento humano no tempo como uma espécie de linha única, que pode e deve ser vista como um desenvolvimento orgânico da humanidade, com começo, meio e fim, é uma idéia inaugurada pelo cristianismo. A idéia de *individualidade*, inclusive da inteligência individual, de psique individual, que para nós hoje é tão óbvia, era para Aristóteles muito difícil de entender. Ele acreditava que existiam dois planos de inteligência, o do *intelecto agente* e o do *intelecto por si*. O *intelecto por si* é um para cada indivíduo; já o *intelecto agente* é uma espécie de inteligência cósmica única da qual todos se servem. Ele acreditava que, quando você morre, não sobra absolutamente nada de sua existência além do intelecto agente. Assim, a idéia de imortalidade pessoal seria inconcebível dentro do mundo aristotélico, o qual também desconhece a idéia de *fim do mundo*, de que existe algo antes do mundo bem como após o fim do mundo — afinal, Aristóteles acreditava que o mundo fosse eterno.

À proporção que esses elementos, que não são de origem filosófica e sim de origem religiosa, vão entrando na mente, nos hábitos, nos valores das pessoas, chega-se a certo ponto no qual se entra em contradição total com o mundo aristotélico. Essa contradição ainda se agrava pelo fato de que a noção aristotélica de intelecto universal foi endossada por filósofos islâmicos, que a consideraram compatível com as expressões superiores da mística islâmica de reintegração do indivíduo ao próprio ser divino, de anulação do indivíduo no ser divino. Assim, tinha-se a impressão de que Aristóteles estava argumentando em favor dos infiéis. Imaginem então, na Idade Média, todo o mundo grego, de cuja cultura a Europa dependia, ser utilizado como uma arma dos inimigos mussulmanos. Quem procura responder a essa situação e reunificar a cultura européia é Sto. Tomás de Aquino. Ele consegue lhe dar uma expressão unificada na qual o aristotelismo, a cultura greco-romana e o cristianismo surgem como um todo coerente. Implica numa nova reforma do padrão superior de conhecimento, isto é, da ciência.

Descartes

A outra grande reforma foi empreendida por René Descartes, que se depara com o fato, para nós ainda muito atual, de que a cultura se desenvolveu demais, de que há gente demais falando coisas demais, de que existem muitos livros para você e que não é possível ler todos, e de que quanto mais você lê mais confuso fica. Esse é, na verdade, o ponto de partida de Descartes. Ele havia estudado muito na sua juventude, inclusive com filósofos escolásticos, e tinha saído desses estudos mais confuso do que tinha entrado. Vê assim a necessidade de refundar o mundo do conhecimento a partir de uma base subjetiva, individual, não-coletiva. Descobre que é necessário acreditar no indivíduo, descobre que este é capaz de encontrar o fundamento do conhecimento por si mesmo, e em si mesmo, na sua própria experiência interna, e não simplesmente nas provas oferecidas pela ciência socialmente vigente.

Essa é uma grande conquista, e ela ainda é coerente com o desenvolvimento do cristianismo. Por isso mesmo ela é uma perspectiva estritamente individual, o assunto da salvação da alma é pessoal. O cristianismo dá ênfase a esse aspecto subjetivo do conhecimento em razão da afirmação da imortalidade da alma individual, da afirmação da individualidade da inteligência e do desenlace pessoal da questão da salvação. É lógico que uma filosofia que fosse impessoal e coletiva desde as suas bases mesmas, inteiramente objetivista, como a de Aristóteles, nunca bastaria para o cristão. Para este, além dos motivos da certeza objetiva, é necessário um fundamento da certeza subjetiva. A pergunta de Descartes não é tanto pelo fundamento real do conhecimento, e sim mais pelo modo como eu, indivíduo real, posso encontrá-lo. A novidade que Descartes introduz é o *eu*. Ele pretende encontrar o fundamento da certeza dentro do próprio *eu*, no ato reflexivo do próprio *eu*, e não na verificação de uma evidência externa, como os filósofos faziam até então. Veja que em toda a obra de Aristóteles, Platão e Sto. Tomás de Aquino o indivíduo humano está completamente ausente, ou seja, a filosofia é igual para todos. A escolástica é coletiva, nela todos os assuntos são tratados segundo uma terminologia uniforme, com conceitos e técnicas padronizados. Tudo dentro de uma coletividade intelectual vigente, altissimamente treinada. Eram profissionais da filosofia, por assim dizer.

De sua parte, Descartes inaugura a filosofia do amador que raciocina sozinho, na sua casa. Este amador, esse investigador particular do conhecimento, vê que existe uma ciência estabelecida dotada de autoridade coletiva, mas a vê cheia de contradições. Por mais que tente, como indivíduo, confiar na autoridade da ciência recebida, não o consegue a menos que possa verificar pessoalmente sua validade. Assim, ele não se contenta com a garantia de que uma coisa seja certa, é preciso que *eu* tenha a evidência de que ela é certa, e essa evidência é uma conquista pessoal. Descartes faz a grande descoberta de que o fundamento da atividade filosófica está em *certas evidências universais, por assim dizer, externas, cujo fundamento se dá na própria consciência humana.*

A primeira certeza que o indivíduo tem não é a certeza do mundo, de Deus, da ciência, da religião. Isso tudo são certezas que ele vai descobrir depois. São certezas secundárias, e que dependem de uma anterior, que é a certeza de que a consciência está presente, de que o indivíduo tem certeza. Esse é o fundamento subjetivo. Assim, se o homem busca uma evidência, é ele mesmo, ou seja, é a sua autoconsciência que é o fundamento do conhecimento. Com isso, Descarte resgata o adágio "Conhece-te a ti mesmo" e reinstitui a tradição socrática de livre-exame feito pelo indivíduo isolado. Essa tradição, tão logo iniciada com Sócrates, fica esquecida durante mais de mil anos, para somente ser retomada por Descartes. É uma reconquista fundamental, porque todo o restante do desenvolvimento da filosofia, de Platão até Sto. Tomás de Aquino, é todo um empreendimento coletivo. O desenvolvimento das várias ciências e da filosofia é sempre realizado por grupos humanos mais ou menos organizados, como a Academia platônica, o Liceu aristotélico e as universidades em geral. Quando Descartes abandona tudo isso, como um cidadão comum fechado em sua casa, a tentar, consigo mesmo, reconstruir dentro de sua própria mente o mundo do conhecimento, ele está retomando uma das sementes da própria filosofia.

Kant

A próxima grande retomada ocorre com Kant, que empreende a busca da certeza não no sentido cartesiano, da certeza íntima, mas tendo em vista as seguintes perguntas: 1) Por que todas as ciências não progridem do mesmo modo? Por que umas avançam e outras não? 2) Em particular, por que se encontram em situação de maior atraso justamente as ciências que tratam dos assuntos mais importantes: a biologia e a metafísica, por exemplo? Por que as ciências que teriam de nos dar respostas para os problemas mais graves e mais universais não progridem tanto quanto as demais, apesar de empregarem do mesmo modo o método cartesiano?

Kant se preocupa com a organização do mundo da ciência como um todo, em saber qual é o lugar de cada ciência particular no sistema geral. Dividirá as ciências entre aquelas que tratam dos objetos de experiência e aquelas que tratam das condições internas do conhecimento — como se de um lado estivessem as ciências dos objetos do mundo, de outro as ciências do sujeito, do homem. Mais ainda, para ele todos os dados da experiência são dados da experiência humana. Todo o nosso conhecimento é, por assim dizer, co-proporcional à própria forma humana, da qual não podemos escapar. Isto quer dizer que as respostas às perguntas fundamentais da metafísica — sobre o ser, Deus, a imortalidade da alma etc. — só podem ser encontradas sob a forma humana, e não sob a forma de uma objetividade externa. Não podemos encontrar provas da existência de Deus fora de nós, na natureza, na qual pensavam poder encontrá-la Sto. Tomás de Aquino e os escolásticos.

Kant diz que a natureza não é senão uma representação que nós mesmos fazemos, a partir de informações mais ou menos esparsas dos sentidos, que a nossa percepção unifica sob a forma de conhecimento humano. Portanto, a nossa visão da natureza é determinada por categorias de espaço e de tempo que não estão na natureza, mas em nós, e com isso Kant liberta o homem de uma espécie de objetivismo que procuraria no mundo externo respostas para as máximas perguntas e devolve o homem a si mesmo. A resposta está em você. Está na própria experiência da sua alma.

Você verá a exigência de Deus, a exigência da imortalidade, sem recorrer a uma prova externa. A idéia de uma prova científica da imortalidade, para Kant, seria rematado absurdo. Você só pode conhecer efetivamente o que é objeto de experiência. Acontece que essa experiência é a sua experiência humana. Daquilo que o mundo realmente é, só recebemos aquilo que é compatível com a forma humana. O que está fora da forma humana, para nós, não tem sentido, jamais saberemos se existe. Só quem pode saber se existe ou não é Deus, o qual Ele próprio não o posso conhecer por experiência. Tampouco posso conhecê-lo como ente subjetivo, cuja existência efetiva posso provar, como provo a existência de fenômenos físicos. Por outro lado, a minha experiência interna também não provê garantia alguma de conhecimento de Deus ou demais objetos da metafísica, porque a experiência que tenho de mim mesmo está enquadrada nas categorias de espaço e tempo, de modo que é inescapável: nunca saio da forma humana. Estou preso dentro dela.

Kant afirma, contudo, que existe um índice da existência de Deus e da imortalidade: a liberdade humana. Você não pode provar a liberdade; você não pode provar metafisicamente que o homem é livre. A liberdade é um *imperativo categórico* que lhe obriga a agir *como se* fosse livre, como se estivesse condenado à liberdade. Assim, não posso provar que o homem é livre, mas não posso agir exceto se supuser que sou livre, que sou autor dos meus atos. O caminho até Deus passa pela aceitação de que se é autor dos seus próprios atos, e por isso é um caminho percorrido pela vontade humana, e não pela inteligência; é um caminho prático, e não teórico.

Kant foi um dos grandes místicos da humanidade. Se você está sozinho, se você é livre, é como se fosse um ponto num espaço totalmente indeterminado, que nada pode prender ou orientar; você se encaminha a uma determinada crença, e não a outra, como uma exigência da sua própria liberdade, e não por uma prova externa. Poderíamos dizer que, para as pessoas que estão sinceramente desejosas de uma vida espiritual mais profunda, Kant oferece uma via para a salvação. Para quem estiver apenas interessado em encher o saco da Igreja Católica — alegando kantianamente de que nada servem os dogmas se desprovidos dessa experiência íntima de descoberta da liberdade como algo absolutamente auto-fundamentado —, também Kant oferece muitos pretextos. Sua obra, seja como for, fecha as portas à metafísica como ciência.

O idealismo alemão

No mundo universitário alemão, o esforço da geração imediatamente seguinte — a de Fichte, Hegel e Schelling — foi o de reunificar os dois mundos, o subjetivo e o objetivo, que Kant havia separado tão radicalmente. De um lado estavam as ciências da experiência às quais se aplicavam os padrões lógicos, os padrões de percepção de espaço e tempo, com os quais se alcançam resultados efetivos, por exemplo na física. De outro lado estava o mundo dos conhecimentos metafísicos, que na verdade não eram conhecimentos propriamente ditos, pois dependiam de uma indefinível liberdade humana e melhor se caracterizavam, portanto, como não-conhecimentos.

Esses filósofos perceberam as conseqüências trágicas que essa idéia de Kant poderia ter mais tarde, invalidando a preocupação metafísica, que foi exatamente o que fez o positivismo, e estimulando um apego apenas ao mundo da experiência sensível. Mas, para realizar essa reunificação, eles partiram da idéia de Kant de que o conhecimento metafísico era de ordem prática, moral, e não teórica, intelectual. Desenvolveram a idéia de uma teoria da prática, de uma espécie de evidência intelectual que não se dá pronta num ato único imediato, mas se desenvolve no próprio tempo, no próprio tecido da vida real, uma espécie de pensar que vive o próprio pensamento da vida. Tratava-se de uma síntese de teoria e prática, fazendo-as uma única e mesma coisa. É um dos pensamentos mais complexos que a humanidade já concebeu.

Schelling propôs que o absoluto, ou Deus, é ao mesmo tempo *ser*, coisa real, e *conhecer*, inteligência subjetiva. No processo da sua manifestação, que nós chamamos de criação, ele se desdobra sob um aspecto objetivo, dado pela natureza, pelo mundo corpóreo, e sob um aspecto subjetivo, dado pela inteligência humana. A princípio parece haver um abismo entre o mundo da objetividade e o mundo da subjetividade. A natureza está regida por leis expressas matematicamente, pelo princípio da necessidade terrena, e a inteligência humana está regida por um princípio de liberdade. No Absoluto, porém, a liberdade e a necessidade têm de ser uma coisa só. Se não houvesse necessidade alguma existiria um caos total, e se não houvesse liberdade alguma Deus não poderia ser sujeito criador. Assim, os dois aspectos — homem e natureza — em Deus são uma coisa só: liberdade e necessidade, objetivo e subjetivo.

Mas qual é, então, o processo de retomada, de redescoberta dessa unidade primordial?

A grande pista é dada pela mitologia. Nossa percepção atual de que o mito contém uma verdade metafísica profunda a ser descoberta se originou com Schelling. Os mitos são a linguagem divina por excelência, a linguagem absoluta. No mito, o objetivo e o subjetivo estão misturados, e por isso ele parece um *nonsense*. Mas, se observado desde o ângulo correto, revela-se a expressão de uma unidade interior da divisão de objetivo e subjetivo. Num âmbito mais específico, outra pista é dada pela criação artística, através da qual o subjetivo se torna algo objetivo, coisa material.

EVOLUÇÃO DA IDÉIA DE CIÊNCIA

Sócrates-Platão: idéia pura de ciência.

Platão: ciência das formas ou dos arquétipos.

Aristóteles: ciência natural ou ciência das coisas efetivamente existentes.

    Cristianismo: senso da história, alma individual.

Sto. Tomás de Aquino: harmoniza o cristianismo com a ciência aristotélica

(RUPTURA)

Descartes: retorno a Sócrates; a consciência individual como sede da ciência verdadeira

Kant: conhecimento interno (formal)
conhecimento externo (material)

Idealismo   *Positivismo*

por reação, surge Marx   por reação, surge Husserl

Hegel, por sua vez, só acredita no conhecimento quando totalmente desenvolvido num sistema. Seu idealismo se baseia na idéia de progressiva manifestação do espírito na vida histórica real, de modo que a própria teoria é o critério de distinção da prática. A manifestação do espírito é o tecido da própria história. O Absoluto não pode ser conhecido como coisa, como dado físico. Só pode ser conhecido no próprio fluxo da sua manifestação externa, da qual fazemos parte. É uno — algo que existe em si mesmo, que tem consciência —, mas no curso de seu desdobramento como manifestação real se duplica, e assim aparece sob a forma de natureza ou objetividade, por um lado, e sob a forma de inteligência ou subjetividade, por outro. Mas são apenas aspectos de uma mesma coisa. A história é a dimensão suprema onde todas as contradições se resolvem. Por isso mesmo não existiriam contraposições estáticas, uma mera teoria oposta a outra. Como para Hegel a teoria tem de ser vista como momento de um desenvolvimento dialético, a teoria errada não pode ser coisa totalmente errada. Isto quer dizer que não existe distinção entre verdade objetiva e processo de descoberta dessa mesma verdade; logo, a história da filosofia é a própria filosofia, a qual não tem outro conteúdo senão o desenvolvimento dialético das idéias ao longo da história. Esse desenvolvimento é ele mesmo o conteúdo da ciência que chamamos de filosofia, a qual, no fim do processo, toma consciência de si mesma. Daí a célebre formulação de Hegel segundo a qual a essência de uma coisa é aquilo que ela se torna, não aquilo que ela é em potencial. Desse modo, Hegel se opõe à idéia aristotélica da essência como aquilo em que algo *pode* se tornar com o decorrer do tempo, portanto a essência como independente do fato de sua existência ou inexistência. Hegel, porém, afirma que isso é somente uma potência de essência, não uma essência real, a qual só pode ser aquilo em que a coisa se tornou. O sentido de um ato é o resultado desse ato. A prática é a própria revelação da essência.

Karl Marx

Karl Marx aceita a proposição de Hegel de que os enigmas filosóficos somente se desenvolvem e se resolvem na História, mas assinala, distintivamente, que a História não é o desenrolar das idéias ou doutrinas, como dizia Hegel, mas o desenrolar dos atos humanos, de indivíduos reais, e indivíduo não considerado isoladamente, como se fosse uma essência metafísica, mas unido a outros indivíduos como um sistema de relações determinadas. Por exemplo, não estamos aqui como indivíduos abstratos, mas, por exemplo, como professor e aluno. O indivíduo real, considerado fora dessas relações que demarcam a sua posição frente aos outros, não é absolutamente nada, jamais existiu um indivíduo assim, o qual seria apenas uma potência de ser humano. Porque, ao nascer, o indivíduo já é filho de alguém, num determinado lugar, e não num outro, inserido em certo conjunto de relações, e não em outro.

A História é a história dos atos humanos considerados no entrelaçamento total das suas relações econômicas, jurídicas, políticas etc. Marx radicaliza a idéia de Hegel de que a prática é teoria ao centrar-se precisamente nos atos reais e perguntar-se: como podemos descrever o mundo baseado num sistema de relações humanas? Por outro lado, nota que esse sistema não é estático, que ele muda, e assim se propõe a pergunta: no curso dessas mudanças, quais são as relações decisivas cujas alterações dependem das alterações de outras regras? Marx tem a impressão de que são as relações econômicas.

A História é a história dos atos humanos determinados por um conjunto de relações, as quais impossibilitam outros atos. O filho não pode agir como o pai, nem tampouco o pai como o filho; ao patrão é dado atuar de um certo modo, o qual não coincide com o modo de atuar do empregado. Essas e tantas outras relações compõem um sistema de imensa complexidade; se for para contar a História como a história dos atos concretos que compõem aquele sistema, é preciso, de saída, determinar o método adequado para lidar com o volume ingente de dados que daí surge. Marx acredita que a modalidade de relações mais simples e estável está na economia. Segundo ele, podia-se indicar com facilidade quatro sistemas básicos: a *comunidade primitiva*, o *feudalismo*, o *capitalismo* e, por fim, o *socialismo*, algo que só existia em germe (apenas os três primeiros sistemas, portanto, podiam ser identificados com precisão).

Tomando as relações econômicas como as mais estáveis, Marx acreditava que para cada um desses sistemas havia uma infinidade de subsistemas que podiam se desenvolver tendo por base os fundamentos econômicos concretos do sistema em ação num dado momento. Nisso consiste o *materialismo histórico*.

Positivismo

A partir de Kant, existe uma outra linha de desenvolvimento, o positivismo, com a proposta da organização do mundo das ciências como próprio ao *conhecimento positivo*. Este seria o conhecimento afirmativo, provado, dentro dos seus próprios limites, e que se limita sobretudo ao mundo da experiência sensível. Se podemos conhecer os objetos de experiência e esse conhecimento está condicionado à nossa estrutura de percepção de tempo e de espaço, as categorias lógicas — como quer Kant —, se só percebemos do mundo aquilo que é captável pela forma da esquemática humana, e se tudo que está para além da experiência deve ser exclusivamente matéria de liberdade pessoal, Kant conclui que todas as questões de ordem metafísica e religiosa dependem só do arbítrio pessoal, e que portanto são questões que não têm importância científica alguma.

Essa é uma tendência ainda hoje ativa, especialmente sob a forma da crença de que todos os credos religiosos são igualmente neutros do ponto de vista da ciência, a qual não poderia arbitrá-los, já que seriam matéria tão só de decisão pessoal.

5. Caracteres gerais da obra de Edmund Husserl

Aqui chegamos ao ponto que nos interessa mais de perto. Edmund Husserl faz a mesma pergunta que todos fizeram acerca de quais conhecimentos são válidos, e observa que, se as ciências têm de se ater apenas ao mundo da experiência e consistir somente naquelas ditas positivas (física, biologia etc.), isso se deve unicamente ao fato de que elas são ciências. Se não fossem válidas não seriam ciências. Mas qual é o princípio da sua cientificidade? Esse princípio pode ser estabelecido pelas próprias ciências positivas? O estudo da totalidade dos fenômenos físicos poderia me informar qual é o princípio de validade do conhecimento físico? Não. Se elas são ciências, obedecem a uma idéia pura de ciência, a uma determinada idéia de ciência que elas não poderiam fundamentar. De maneira mais específica, a grande pergunta de Husserl surge da própria matemática: por que a matemática é tão exata? Como sabemos que ela é tão exata assim? Qual é o fundamento da evidência matemática? Ele encontrará, afinal, uma espécie de parentesco entre o fenômeno da consciência humana e a certeza matemática. Essa seria a grande culminação do seu trabalho: o reconhecimento de que a consciência é a morada da evidência.

Assim, aceitando a idéia de ciência positiva, Husserl a leva mais adiante com afirmar que as ciências somente têm autoridade na medida em que são ciências, em que são regidas pela idéia pura de ciência. Para investigar essa idéia pura, não se pode, a partir dos fenômenos econômicos, perguntar qual é o princípio que valida a economia como ciência, e sim qual o princípio que valida tanto a economia como a biologia e as demais áreas do saber como ciências. A idéia mesma de ciência é o objeto da *teoria da ciência*, a qual é apenas outro nome para a lógica.

O primeiro passo de Husserl, portanto, será demonstrar que nenhuma ciência positiva pode legislar nada em matéria de lógica. Nenhuma descoberta, seja em física, biologia, matemática etc., pode afetar em absolutamente nada os princípios da lógica, a qual goza de uma autonomia absoluta. Para refundamentar desde as bases o conhecimento científico, já não se procederia como Descartes (em busca de uma descoberta subjetiva), mas sim por meio da busca de um início apodítico, indestrutível, um começo que esteve sempre presente por trás de toda cientificidade.

Seu projeto consiste, de saída, em repropor a idéia de ciência a fim de sanar o que denomina "crise das ciências", o que significa que não as considera tão científicas assim. Vai lhes "apertar o parafuso", fazendo-as cientificamente mais exatas. Talvez esse seja o mais radical recomeço da idéia de ciência proposto por um filósofo. Husserl põe tudo entre parênteses, a validade das ciências particulares bem como das questões metafísicas ou históricas, e parte do zero para verificar qual o critério da cientificidade.

Assim, temos de saber qual é a condição que torna um conhecimento absolutamente verdadeiro e, em seguida, saber se essa condição está presente em todos os conhecimentos verdadeiros. Feito isso, parte-se para uma segunda etapa da tarefa que Husserl se impôs, que já será formular explicitamente a teoria da ciência e qual o seu método.

Uma terceira e última etapa da obra de Husserl seria a formulação da sua própria filosofia: o que este filósofo em específico tinha a dizer sobre esta ou aquela questão filosófica em particular. Esta última parte só foi mais bem conhecida postumamente, e as partes comunicadas em vida se diversificaram em muitas escolas, que, partindo das bases primeiras do projeto de Husserl, desenvolveram-nas num sentido completamente diferente do que propunha aquele projeto. Por esse motivo, Husserl sempre disse que nunca teve discípulos. Houve algumas pessoas que desenvolveram algo a partir do que ele escreveu, como é o caso de Max

Scheler, Heiddeger e Jean-Paul Sartre, cada um trabalhando em um sentido diverso, e em alguma medida alegando tomar parte da filosofia de Husserl.

Quando Husserl se atirava a um problema, nunca se contentava com menos que a elucidação completa. É o que ele faz aqui nestas *Investigações lógicas*. Este texto — sua Introdução — não será esgotado neste curso. É um texto que nos deve servir de referência para o resto da vida. Sua dificuldade maior está no fato de Husserl se estender demais sobre cada ponto, o que, de um ponto de vista retórico ou pedagógico, é um verdadeiro desastre, porque você tem a impressão de avançar a duras penas, de maneira muito lenta. É um texto que não poupa você dos fatos intermediários da investigação pretendida. Embora não seja a principal obra de Husserl, é aqui, porém, que ele vai enfrentar as primeiras grandes dificuldades no caminho da ciência; vocês verão, aliás, que muitas dessas dificuldades, aqui resolvidas, constituem-se em doutrinas filosóficas do século passado que, embora já rebatidas inteiramente por ele, continuam presentes nas cabeças das pessoas como hábitos arraigados. Lendo este texto, compreendi por que existe, da parte de tantas pessoas, dificuldade em acreditar que seja possível o conhecimento objetivo. É que os obstáculos criados em torno da idéia de conhecimento objetivo foram tantos, e originados de tantas fontes, que acabaram por virar senso comum, hábito. Para desarraigar este hábito só há um jeito: ver de onde ele saiu e enfrentá-lo diretamente. Não apenas uma vez, mas muitas vezes, e sob todos os aspectos, até que você o cerque de tal maneira que ele desapareça como problema. Isto quer dizer que esta leitura também tem um sentido psicoterapêutico. Esta leitura restaura o indivíduo à confiança na inteligência humana, embora às custas de grande trabalho.

6. Início da leitura das Investigações lógicas

Prolegômenos à lógica pura

Introdução

§ 1. *A discussão em torno da definição da lógica e do conteúdo de suas doutrinas essenciais.*

Ainda hoje estamos longe de uma geral unanimidade a respeito da definição da lógica e do conteúdo de suas doutrinas essenciais.

Sabemos que a lógica trata de definições e de silogismos, bem como da relação entre premissas e outros elementos. Pensamos assim no conteúdo das técnicas lógicas, e quanto a esse conteúdo não há muito o que dizer, pois a esse respeito não há divergência essencial. Mas não é disso que Husserl está falando. Ele está perguntando não qual é o conteúdo das técnicas lógicas, mas a respeito do conteúdo das *doutrinas* ou *teorias* lógicas. Teorias que respondem ou deveriam responder à pergunta: *em que as técnicas lógicas se fundamentam?* E, em segundo lugar: *de que a lógica trata? Qual é o objeto dela?*

Depois de dois mil anos de lógica, embora a ciência da lógica esteja bastante desenvolvida, ainda não se tem clareza sobre *o quê* ela está falando. Isto significa que o estudo da lógica se atém ao aspecto empírico-prático, ou seja, à aplicação de suas regras, sem contudo sabermos exatamente o que estamos fazendo quando procedemos assim. O que é essa ciência a que chamamos lógica? Ela é uma formalidade, um conjunto de esquemas? Ela expressa leis reais que atuam na realidade exterior, ou apenas leis da mente humana? O sucesso da lógica contrasta com a ausência de qualquer clareza quanto a esses pontos.

> [...] das três direções capitais que encontramos na lógica, a psicológica, a formal e a metafísica, a primeira alcançou uma preponderância decisiva [...].

Essa "preponderância decisiva" se refere à situação por volta de 1910. A primeira das teorias mencionadas a respeito da lógica — e cada uma dessas teorias é uma direção na qual a ciência da lógica se desenvolve — é a *teoria psicológica*. Ela afirma que a lógica é a ciência das leis do pensamento humano, a ciência de como efetivamente pensamos.

A segunda é a *direção formal*, hoje dominante, segundo a qual a lógica é um conjunto de esquemas que possibilitam a coerência do pensamento, o que não quer dizer que a coerência do pensamento tenha alguma relação necessária com a veracidade do formalismo lógico em questão. Ao contrário, este seria nada mais que a regra que dá coerência a um determinado jogo do pensamento, cujo modo natural não seria pressuposto nem identificado com a regra. A lógica seria uma combinatória que permite criar esquemas de pensamento coerente; é a lógica dos computadores.

A terceira orientação, a metafísica, com a qual se identifica Aristóteles, afirma que a lógica é a tradução das leis ontológicas, das leis fundamentais do real, tal como se manifestam no nível do discurso humano. "A Lógica é uma ontologia do microcosmo do discurso humano", diz Frithjof Schuon. As leis da lógica vigorariam universalmente para o ser em geral. Se o discurso da lógica é coerente, é porque o real é coerente.

Essas três orientações estavam em disputa no tempo de Husserl, embora preponderasse a corrente psicológica no mundo universitário, porque ela abordava as questões de lógica com o espírito das ciências empíricas que então obtinham grande sucesso e passavam por ser o modelo mesmo do conhecimento válido.

> Mas as outras duas continuam propagando-se; as questões de princípio discutíveis continuam sendo discutidas; e, no que toca ao conteúdo doutrinal, os distintos autores servem-se das mesmas palavras para expressar pensamentos diferentes. Mesmo a lógica psicológica não nos oferece unidade de convicções.

Tome-se só esta questão de princípio que goza quase de unanimidade: a lógica deve produzir pensamento coerente. Ora, se você se orienta segundo a teoria psicológica, dirá que as categorias da lógica são esquemas da percepção humana. Como a percepção humana, porém, é exclusivamente humana, pode ser que o mundo para além dessas categorias seja totalmente diferente do que apreendemos por meio delas. Pode ser que aquilo que eu vejo como uma deformidade seja uma qualidade, e vice-versa. Se sigo a orientação formal, por outro lado, afirmo que as categorias não importam. São apenas grupos de palavras, de conceitos que agrupo por similaridade e que não têm nada a ver nem com o meu modo de ser nem muito menos com o real. Já se sigo a orientação metafísica digo que as categorias são, ao mesmo tempo, grupos de conceitos e aspectos do ser. É uma questão de princípio que continua sem resposta até hoje.

§ 2. *Necessidades de uma nova dilucidação das questões de princípio*

[...] A circunstância de que ensaios tão numerosos para impelir a lógica pelo caminho seguro de uma ciência não permitam apreciar nenhum resultado convincente deixa aberta a suspeita de que os fins perseguidos não se aclararam na medida necessária a uma investigação frutífera.

Isto é, ele pretende colocar a investigação das questões filosóficas no caminho seguro da ciência. A esse respeito, contudo, temos de nos acautelar, pois já Kant dá como exemplo modelar de ciência que seguiu um caminho seguro precisamente a lógica.

No começo do estudo da lógica, não se estabeleceu com clareza com que fim se realizava esse estudo. Isso quer dizer que, caso se estude a lógica com três finalidades completamente diferentes, então talvez vá haver três sínteses completamente diversas da lógica, e não uma só.

A concepção dos fins de uma ciência encontra sua expressão na definição dessa ciência. Não que o cultivo frutífero de uma disciplina exija uma prévia e adequada definição do conceito do seu objeto. As definições de uma ciência refletem apenas as etapas de sua evolução. Não obstante, o grau de adequação das definições exerce também seu efeito retroativo sobre o curso da ciência mesma; e este efeito pode ter influxo escasso ou considerável, conforme a direção em que as definições se desviem da verdade. A esfera de uma ciência é uma unidade objetivamente cerrada. O reino da verdade divide-se, objetivamente, em distintas esferas; as investigações devem orientar-se e coordenar-se em ciências, em conformidade com essas unidades objetivas.

Ele diz que, se existe uma confusão tão grande quanto ao rumo que a lógica deve tomar quanto à sua definição mesma — se é o rumo de uma investigação psicológica, se é o rumo de uma construção formal ou se é o rumo de uma fundamentação de ordem metafísica —, é porque muito provavelmente os fins da ciência da lógica não foram aclarados desde o início.

Uma ciência é definida por meio de *objeto material*, *objeto formal motivo* e *objeto formal terminativo*. Objeto material é o "quê": por exemplo, a sociedade humana nos casos da economia e da história. Objeto formal motivo é o "porquê" de um determinado estudo, o modo como ele foi encaminhado. A história estuda a sociedade humana do ponto de vista das seqüências temporais, de modo que a simultaneidade não participa da ciência histórica. A economia olha a sociedade do ponto de vista de um dos seus componentes, que seria a produção e, em particular, a distribuição das riquezas, o que não é coisa nem cronológica nem não-cronológica. Não podemos conceber a idéia de ciência histórica sem uma sucessão de acontecimentos, porém a economia pode ou não admitir sucessão. Por exemplo, pode haver uma história econômica, mas também pode haver estudo estrutural de uma sociedade numa determinada fase, e em ambos os casos se tratará de economia. Pode haver ainda investigação das leis que regem essa economia, leis que expressam uma repetição.

Objeto formal terminativo é a finalidade, ou seja, a pergunta que você pretende responder, em última instância, com a sua investigação. Ou, dito de outro modo, é aquilo que, quando plenamente realizada, uma ciência elucidaria. No caso da economia diríamos que ela visa, naturalmente, criar uma técnica. Quando você conhecesse tão bem as leis e o funcionamento da economia a ponto de poder regulá-la, estaria realizado o objetivo dessa ciência. A ciência econômica não se concebe exceto como prolegômenos a uma prática, porque ela visa a dar ao homem um conhecimento que representa automaticamente um poder. Não podemos dizer o mesmo da história, porque o historiador não visa conhecer a história do passado a ponto de ser capaz de determinar o seu curso ulterior. O princípio estaria antes em compreender tão bem o passado que me tornasse apto a compreender o presente. Se a história realizasse isso, poderíamos dizer que ela alcançou o seu objetivo. Esse objeto, em última análise, é de ordem teórica.

No próprio ato de definir a história e economia, fica já implícita na definição a expressão das finalidades respectivas dessas ciências.

Você pode dizer que uma ciência é teórica ou prática não com relação ao seu objeto material ou objeto formal motivo, mas com relação aos seus fins. Caso se trate de um conhecimento que deve lhe dar um poder de atuação para fazer isso ou aquilo, está em questão uma *ciência prática*. Mas se for um conhecimento que deve lhe dar simplesmente uma intelecção, um entendimento de algo, então é uma *ciência teórica*.

Preleção II
19 de novembro de 1992

7. Três concepções de razão

PERGUNTE ÀS PESSOAS O QUE É A LÓGICA ou o que é a razão. A resposta se filiará às três correntes mencionadas: à psicológica, à metafísica ou à formal. Isto quer dizer que as idéias correntes que constituem o conjunto de pressupostos mais ou menos inconscientes com base nos quais os indivíduos se orientam sempre têm origem em antigas doutrinas apresentadas explicitamente por filósofos. Idéias que nos parecem brotar espontaneamente em nós são uma herança cultural filtrada através dos hábitos e sobretudo através das significações implícitas na linguagem. De modo que certas teorias não surgem para nós como teorias, mas como uma maneira natural e espontânea de ver as coisas, a despeito de originalmente nada terem de irrefletidas — são invenção de algum ser humano que se tornam lugares-comuns.

Quando formulada pela primeira vez por um indivíduo, uma determinada opinião não pode, é claro, já ser dominante. Só alcança essa condição por meio de sua transmissão às gerações seguintes, e sobretudo através das nuances que conferimos automaticamente às palavras. Voltemos ao caso da pergunta: o que é a razão? O que é o racional? Muitos dirão que racional é o que é matemático, o que é científico, o que é exato, o que é nada dizer, pois assim apenas se repetem nomes de uma mesma coisa. Para prosseguir rumo à definição, tem-se primeiro de proceder à *logomaquia*, a luta com as palavras, com seus conceitos, a fim de num segundo momento sermos capazes de falar da coisa propriamente dita. Assim, saltando para além da sinonímia, alguns vão dizer que a razão se identifica com a própria estrutura do cérebro, que o cérebro funciona de acordo com certas leis que são determinadas pela própria natureza. Existe uma cadeia de neurônios que permite estabelecer nexos, as sinapses, as quais transmitem informações e as agrupam em blocos. Esta seria uma variação do modo psicologista de responder à questão. Contudo — alguém poderia dizer —, aí temos apenas uma suposição em torno das bases materiais de funcionamento da razão, e não uma conceituação da razão ela mesma. Confrontada com essa objeção, talvez a pessoa possa dizer que o modo de funcionamento da razão, não sendo algo necessariamente dado pela natureza do cérebro, seja coisa em alguma medida artificial, nada mais que um conjunto de esquemas. Aí ela recairá na definição formal de razão. Talvez outra pessoa, a discordar de ambas as posições, alegasse que a razão é como se fosse um gigantesco computador que controla o cosmos, a realidade, e assim estaria se valendo de uma definição metafísica.

Como se vê, pessoas que meditarem sobre o problema da razão poderão — e certamente tenderão acentuadamente — a chegar a uma dessas três respostas. Podemos nos posicionar com relação a uma ou a outra, e tendo nos posicionado podemos, em seguida, ser contra ou a favor da razão, seja definida formalmente, psicologicamente ou metafisicamente. Posso, por exemplo, achar que a idéia de que a razão estabelece sobre tudo um controle geral não satisfaz; posso negá-la e achar que a realidade é absurda e que Deus é mau. Se, por outro lado, eu disser que a razão é um esquema, um conjunto de artifícios que dá coerência artificial ao pensamento, posso achar isso bom ou ruim. Quem sabe eu ache muito útil, e que com esse artifício descobrimos a verdade. Mas quem sabe eu ache que, justamente por ser artificial, só nos leva a conhecimentos artificiais que nos enganam, e que na verdade precisamos apelar a uma outra fonte, talvez intuitiva ou sentimental, como meio seguro de conhecimento. Posso também dizer que a razão está dada no funcionamento normal do cérebro humano, o qual posso considerar uma obra-prima da natureza por funcionar perfeitamente bem e nos levar ao conhecimento da verdade, ou posso considerar tudo isso não mais que um conjunto de conexões bioelétricas que nos faz ver tudo equivocadamente. Tão logo me conscientize das três opções, posso tomar partido de uma ou outra e considerar positivo ou negativo um determinado fato.

A primeira tarefa de Husserl é posicionar-se frente às três correntes. Detalhará alguns outros problemas, cujas respostas dependem de qual daquelas correntes se admitiu como correta. Só a partir do tratamento dessas questões se alcançará gradativamente, e muito trabalhosamente, uma resposta. Por isso ele chama sua obra de *investigações*, termo que não denota a defesa de uma idéia dada num fenômeno, mas a busca de alguma resposta.

8. Como ler filosofia

Como Husserl pensava por escrito, podemos lê-lo como se estivéssemos pensando o que ele pensa e exatamente na ordem em que o faz. Ouvimos o sujeito a pensar, e isso é bom para afastar a idéia da filosofia como gênero literário. A filosofia não está no livro. Uma obra literária está materialmente na obra, mas a filosofia está no filósofo, no conhecimento que ele tem, e naqueles aos quais ele o transmite. Por isso mesmo na filosofia não há outro jeito eminente de aprendizado senão a transmissão oral. A escrita apresenta dificuldades adicionais, e sua plena apreensão pressupõe uma espécie de conaturalidade entre a mente do leitor e a mente do escritor, o que nem sempre se realiza. Só um filósofo que seja também poeta, capaz de criar a atmosfera na qual seus pensamentos sejam compreendidos, alcança um texto maximamente eficiente. Quase nada substitui a presença viva do sujeito, sua entonação, seus gestos. Só uma imensa confluência de mentalidades pode remediar a ausência dessa presença, como no caso de um Sto. Tomás, que leu Aristóteles numa tradução latina feita a partir de uma tradução árabe, e foi mesmo assim o maior intérprete de Aristóteles.

O texto filosófico está para a filosofia como a partitura está para a música: depois de lido, tem de ser tocado. É diferente do que ocorre a um poema ou romance, cuja experiência estética se esgota na leitura, independentemente do fato de depois poder ser recordada ou analisada — este, enfim, já será outro ato que não se confunde com aquela experiência. Já no caso da música só se chega a uma compreensão efetiva se formos capazes de executá-la, o que se pode fazer até mentalmente apenas, aliás. De igual modo, em filosofia ocorre a reprodução de uma experiência intelectual, e se você não a refaz não pode abranger uma filosofia inteira. Um exemplo disso daria alguém que, após a leitura de René Descartes, buscasse alguma técnica que lhe permitisse abstrair imaginativamente os sentidos e colocar tudo em suspenso, em dúvida. Só assim esse sujeito saberá se compreendeu Descartes ou não, tarefa para a qual a leitura analítica é só acessória, na medida em que dá pistas para a melhor reconstituição da experiência relatada. A leitura é somente o começo; a análise serve apenas para decompô-la, de maneira que você possa aclarar para si a seqüência de operações necessária à reconstituição do pensamento do filósofo. É só nesse ponto que se inicia a filosofia propriamente dita.

9. Em busca de uma ontologia geral

Se a lógica psicologista tem como objeto material o pensamento real, e se o modo como ela o enfoca é o mesmo das ciências experimentais — por meio de observação e indução —, sua finalidade só pode ser a mesma dessas ciências, isto é, a dedução de leis gerais que expressem regularidades. São observados milhares de casos, de pensamentos, de raciocínios, de associações de idéias, e você reduz esta variedade a um conjunto de leis que expressam esquemas de repetição.

A orientação formal, por sua vez, não se importa com a especificidade dos dados que colhe. Não pode, logo, levar em conta os conteúdos do pensamento humano e mesmo o pensamento humano em si mesmo, pois, do seu ponto de vista, uma planta, se capaz fosse da operação 2 + 2, chegaria necessariamente à mesma conclusão que nós. O objetivo da lógica psicologista é, poderíamos dizer, puramente científico e teórico; o objetivo da orientação formal é técnico-prático, é formar regras para que você possa pensar com eficiência e correção, ou seja, fazer um bom programa de computador, não explicar como funciona o computador (você pode ser um gênio em programação de computadores sem precisar ter a menor idéia do que efetivamente acontece dentro deles). A orientação metafísica diria que as leis da lógica são as leis da ontologia, e por isso o princípio de identidade não é um mero esquema lógico, é algo que vigora na realidade. Assim, as leis principais da lógica são os princípios que explicam a realidade inteira. Considerada desde a orientação metafísica, a lógica teria por objeto material uma ontologia regional, a ontologia de um determinado objeto, o pensamento humano, no que este possuir de expressivo do ser. Nem por isso essa vertente oferece uma resposta imediata ao problema do *quid* da lógica: ora, se o pensamento expressa o ser, é porque o pensamento existe em si mesmo e funciona segundo as regras do ser, ou porque, ao adotar as regras corretas, o pensamento torna-se capaz de captar o ser? Isto é o mesmo que perguntar se, dadas as premissas da orientação metafísica, o pensamento capta o ser formalmente ou psicologicamente. É um problema desde logo adiado.

Somente com clareza acerca da natureza da lógica se pode estabelecer elos entre as várias ciências, uma vez que todas se valem da lógica e só a lógica as sistematiza; logo, esse seu elo não pode permanecer obscuro caso se queira — como quer Husserl — salvar o sistema das ciências. Por exemplo: qual o elo entre a antropologia e a física? Tanto a antropologia como a física são atividades humanas — e, se as explico tendo em vista apenas isso, incorro em orientação psicologista. Mas o fato das duas atividades estarem reunidas no homem não significa, por si só, que exista síntese entre os seus respectivos conteúdos. Não existe síntese entre mascar chicletes e jogar futebol. Mas poderíamos pensar, passando a outro tipo de orientação, em algum tipo de conexão puramente formal, no sentido de que as regras de raciocínio que você usa na antropologia são as mesmas que usa na física. Um passo seguinte — que já adotaria a orientação metafísica — seria dizer que ambos esses campos do saber descrevem conjuntos de fatos objetivamente existentes e que ocupam um determinado lugar numa ontologia geral. Esta comportaria diversas teorias para diversos tipos de seres, e nela estaria situada a dimensão do ser estudada pela antropologia, a dimensão estudada pela física e todas as demais dimensões estudadas por todas as outras ciências. Todas as tentativas de teorizar uma ontologia geral fracassaram. E, no fundo, no entanto, é a isso que o Husserl quer chegar. Ele está preocupado com uma ontologia geral que permita estabelecer as divisões reais do ser, e fazer com que os sistemas das ciências correspondam a essas divisões reais. Ao fim de sua vida, deixou encaminhados os problemas referentes à idéia pura de ciência, à fundamentação da noção de verdade e evidência e alguns princípios da ontologia geral. Seus discípulos, cada um preocupado em dar um encaminhamento diverso à obra do mestre, não deram prosseguimento às suas pesquisas.

Preleção III
21 de novembro de 1992

10. A finalidade da educação

TODA NOSSA INVESTIGAÇÃO DEPENDE das noções de verdade e falsidade, as quais não são ingênuas e não podem ser pressupostas. A consciência de que existem pensamentos verdadeiros e pensamentos falsos surgiu num determinado momento da história. Não seria errado dizer que, até a formação dessa consciência, que se dá na Grécia com Sócrates e Platão, todas as pessoas que pensavam tendiam a acreditar que, pelo fato de uma coisa ser pensável, ela era automaticamente verdadeira. É uma tendência que existe nas crianças e que sobrevive na idade adulta, pelo menos na esfera da imaginação. Apesar da percepção clara de que se trata de coisa que não existe, mesmo conhecendo a distinção do verdadeiro e do falso, mesmo tendo estudado filosofia e conhecido a ciência, uma pessoa continua a se sentir mal quando imagina imagens nocivas. Uma cena desagradável meramente imaginada faz você se sentir mal, como se ela estivesse acontecendo mesmo. Dificilmente você alcança distanciar-se a ponto de já não ser mais afetado. Em regra, as pessoas podem ter até reações orgânicas a uma cena de assassinato especialmente cruel na tela de cinema. Isso é um resíduo de realismo ingênuo que, no fundo, consiste no hábito de acreditar em tudo que se pensa.

Uma das principais funções da educação é desnaturalizar esse hábito, comunicar ao indivíduo a consciência da distinção entre verdadeiro e falso levando-a às últimas conseqüências. Se essa é uma conquista tardia da humanidade, do ponto de vista biográfico — da evolução pessoal do indivíduo —, pode ser uma conquista mais tardia ainda.

Observe o mecanismo de formação das convicções nas pessoas em geral; você verá que ele se confunde com a própria possibilidade de formular uma idéia. Das várias idéias que poderíamos ter a respeito de um determinado assunto, acreditamos naquela que conseguimos formular, pois o simples ato de formulá-la já a faz parecer verossímil. Mas ocorre de um outro indivíduo ter por acaso formulado outra idéia acerca da mesma questão. Consideremos as pessoas progressistas e as conservadoras. Uma pessoa é progressista porque conseguiu conceber os benefícios do progresso. Outra é conservadora porque conseguiu enunciar mentalmente os malefícios do progresso. Entretanto, se eu conseguisse formular perfeitamente as duas idéias, ou seja, se conseguisse criar argumentos baseados nos benefícios do progresso e argumentos baseados nos malefícios do progresso, eu já não seria mais vítima da estrutura do meu argumento. Entenderia que, para além dos esquemas argumentativos que invento, deve existir uma realidade que talvez não esteja sendo bem captada pelo meu argumento. Assim, se posso argumentar a favor de A e de não-A, deve haver uma realidade que está para além dos meus esquemas argumentativos, reconhecimento esse que me leva a não mais identificar minha facilidade de argumentar com a realidade mesma. Eu percebo que o pensar não é o ser.

Porém, mesmo depois de ter adquirido essa percepção na esfera intelectual, continuo operando do mesmo modo anterior na esfera da imaginação, onde as coisas que consigo imaginar me parecem reais porque o sistema nervoso reage tanto à imagem efetivamente vista quanto à imagem imaginada. A esta também se deve estender aquela capacidade de distinção.

Uma das finalidades supremas da educação, dizia, é impedir que você seja enganado pelo seu pensamento, pela sua imaginação ou pelos seus sentidos. Isso seria, em suma, levar às últimas conseqüências o projeto cartesiano de duvidar de tudo até prova em contrário. O indivíduo que o faz deve aplicar a dúvida sobretudo a si mesmo. Se ele duvida de toda a inteligência humana, se acha que a razão é fundamentalmente falha não pode ao mesmo tempo crer que tudo o que pensa é verdadeiro. Mas lamentavelmente, num meio onde as pessoas não têm educação, essa é a mentalidade geral. As pessoas não têm educação e ao mesmo tempo são convidadas a opinar. É o que acontece hoje. Você pergunta a um garoto de doze anos o que ele acha do *impeachment* do presidente, e sua resposta tem o direito de ser ouvida por todos. O indivíduo é convidado a amar as suas próprias opiniões e a desprezar o conhecimento humano em geral, a civilização, de modo que cada pessoa vira uma espécie de hitlerzinho, de napoleãozinho.

Na contramão de tudo isso, o processo da educação deve em primeiro lugar fazer você duvidar do seu próprio pensamento, e ao mesmo tempo fazer você adquirir um sentido de reverência pela inteligência humana. Você começa a entender que, se o seu pensamento é capaz de alcançar a verdade algumas vezes, não é por mérito seu, mas por experiência acumulada ao longo dos milênios e sedimentada na própria linguagem, a qual evidentemente não foi inventada por você. Uma língua pode ter esquemas prontos para você pensar acerca disto ou daquilo, para formular certos pensamentos, bem como pode ser carente de esquemas para formular outros pensamentos. A facilidade que você tem para articular certas palavras e certas idéias não é mérito seu. Você a recebeu com a língua que aprendeu e é uma herança cultural.

Você aprende a ter desconfiança em relação às suas idéias ou argumentos, à sua imaginação ou sentimentos, mas aprende a ter respeito pelo trabalho da humanidade inteira. A educação consiste em desligar o indivíduo dos hábitos e preconceitos da sua própria personalidade, do seu próprio meio familiar e social imediato, e vinculá-lo à humanidade. Retira-o da cultura pequena e o coloca na cultura grande. Você adquire uma dimensão humana e começa a pensar como um habitante da Terra, como um personagem de todo o processo da história da cultura. Quando apreciamos as coisas dessa forma, vemos que o número de pessoas educadas, no nosso meio, é infinitesimal. Quase todos os nossos deputados e senadores, quase a totalidade de nossa classe dirigente é, nesse sentido, composta de pessoas que vivem no mundo da ilusão, que jamais podem acertar, a não ser por uma feliz coincidência, por um favor da divina providência. Todo mundo tem o direito de errar, mas esse direito é mais ou menos coextensível à esfera das conseqüências dos seus atos. Uma criança pode falar um monte de besteiras sem que ninguém se importe porque aquilo que ela fala praticamente não tem conseqüência alguma. No entanto, se um pai de família, que ganha salário mínimo, acha que pode comprar um carro cuja prestação é o dobro do seu salário, temos aí um erro de graves conseqüências.

A educação está em ensinar as pessoas a ver as coisas o mais indiretamente possível; a humanidade é mestra do indivíduo. Não se trata de adquirir novas informações sobre o mundo, pois o crescimento do volume de fatos só amplia o seu número de problemas — novos fatos são novas possibilidades de erro. Em vez de novos fatos, busca-se a correção do julgamento sobre os fatos. Você pode partir de princípios falsos que podem servir de chave para a explicação falsa de milhões de novos fatos; quanto mais fatos você explica com base em princípios falsos, maior se torna a falsidade do conjunto. Daí que a preocupação que existe no ensino atual com a atualização é extemporânea. A educação não tem por finalidade acompanhar os progressos da ciência. Se você ensinar um indivíduo a ter lucidez suficiente para compreender profundamente a geometria de Euclides, ele terá grande facilidade para apreender o restante da evolução da geometria, tornando-se capaz de se informar com grande rapidez.

A preocupação com a atualização é uma preocupação com o aspecto quantitativo do saber. De nada adianta você tentar transmitir a uma pessoa toda a informação disponível. Ela, por si só, poderá depois buscá-la. A função da educação não é ficar correndo atrás das novas conquistas da ciência; ela não tem papel jornalístico. Educação significa *ex-ducere*, ou seja, levar o indivíduo para fora. Você está preso dentro de um mundo subjetivo seu, e você só olha para dentro de si, mas a educação faz você olhar para fora. Você sai do mundo pequeno e olha o mundo grande, real, que está à sua volta.[1]

11. Os quatro discursos como filosofia da cultura

Como disse, a distinção entre o verdadeiro e o falso leva tempo para surgir historicamente.

O mundo mítico é um mundo onde existe uma confirmação coletiva de um pensamento mais ou menos uniforme. Todo mundo acredita nas mesmas falsidades e nada acontece que desminta essas falsidades. É como se fossem falsidades que não contrariam flagrantemente nenhum acontecimento. É como se fossem falsidades inofensivas. Porém, se o indivíduo sai de uma tribo e entra em contato com outra, ingressa no mundo mítico desta outra. Mais ainda, se o sujeito entra numa outra sociedade que já não é mais tão premida pelo mito — situação das tribos indígenas que hoje em dia ainda possuem pouco contato com o mundo circundante —, onde ele encontrará uma forma diferenciada de pensamento individual, já não entenderá mais nada. Para que consiga sobreviver nessa sociedade, terá de desenvolver um critério para saber quais são as pessoas mais honestas e quais as menos honestas.

---

1 Faço alguns comentários complementares sobre a natureza da educação nos artigos "Pela restauração intelectual do Brasil" e "Espírito e personalidade" respectivamente às pp. 604-610 e 601-612 de *O mínimo que você precisa saber para não ser um idiota*. Org. Felipe Moura Brasil. Record: Rio de Janeiro, 2013.

Precisará desenvolver uma escala de confiabilidade, portanto, coisa que não faz parte do mundo puramente mítico.

Sócrates invoca, pela primeira vez na história, a idéia de que a coletividade inteira pode estar enganada a respeito de coisas fundamentais. Por isso mesmo é que o consideraram um sujeito ímpio, que destruía os deuses. E era mesmo! Estava destruindo os deuses no sentido do mito coletivo, em especial o grande mito grego da linguagem. A linguagem, acreditava-se, é o mundo onde existe a verdade, e portanto tudo o que pode ser falado deve ser verdade. Esse é o mito que sustenta a retórica: você conseguiu falar, se expressar, e em conseqüência o que você disse é verdade. A retórica se baseia exatamente na crença de que tudo aquilo que é falável é verdadeiro. Sócrates mostra que esse discurso, não obstante expressivo, é autocontraditório e não tem fundamento no real. Isto quer dizer que, na evolução de uma comunidade qualquer, supondo uma evolução ideal onde não haja cortes criados por interferências externas, você poderia falar de uma *fase poética*, na qual a palavra é a própria realidade, apresenta-se diretamente como uma força (a exemplo do que se vê em Homero), no sentido de que, quando Júpiter fala alguma coisa, esta é automaticamente verdade. Como lemos na Bíblia: tão logo Deus fala, faz-se luz, pois se crê que a palavra humana tem força mágica, criativa, plasmadora, divina.

Após esse estágio, ingressamos numa *fase retórica*, quando já não se acredita na força da palavra sobre as coisas, mas na força das palavras sobre as pessoas. Assim, onde existem vários discursos em confrontação, o discurso mais forte, mais persuasivo, que mais toca o coração, torna-se a própria expressão da verdade. Mas surge Sócrates e introduz o elemento dialético: compara cada discurso com esse discurso mesmo, checa sua coerência interna, e mostra que o sujeito que o enuncia está ele mesmo a afirmar o que tinha acabado de negar. Mostra ao indivíduo, portanto, que ele não sabe do que está falando; marca assim o início da *fase dialética*.

Ora, presume-se que um militar saiba algo sobre guerra. Se você lhe pergunta o que é a guerra, e ele diz: "A guerra é um conflito", você pode com justiça lhe perguntar: "Então uma briga entre mim e minha esposa é uma guerra?". Ele dirá que não é bem isso, e o diálogo seguirá adiante por essa maneira. É isto que Sócrates faz. Ele força seu interlocutor a alcançar maior precisão em suas definições.

Após essa fase, naturalmente tende a surgir, se a sociedade chegou a se desenvolver a ponto de criar uma discussão dialética, a dúvida. Toma-se consciência do caráter duvidoso dos discursos, e daí surge a necessidade do saber científico, inaugurando a *fase analítica*.

Assim, havia de um lado a confrontação dos vários discursos filosóficos, uns contradizendo os outros, e às vezes se contradizendo a si mesmos, o que gerava o ceticismo, a propensão a não acreditar na possibilidade de conhecer a verdade. De outro lado, havia a dominância da retórica, que avaliava a credibilidade universal dos mais eloqüentes, cuja palavra era aceita como se fosse divina. Esses dois elementos — que, afinal, são um só — são desafiados por Sócrates.

A retórica constitui-se nos deuses da cidade que mais tarde Sto. Agostinho chamará *teologia civil*. É feita daquelas coisas em que uma sociedade inteira acredita, os mitos em que se baseia a vida social e que nada têm a ver com a religião do espírito. Não é o senso comum, mas só uma parte do senso comum. É aquilo em que os membros de uma sociedade inteira acreditam a respeito dessa mesma sociedade e que jamais é questionado, como se fosse um conjunto de dogmas, do que pode servir de exemplo a crença atual de que existe liberdade de informação, e de que a liberdade de informação é uma das bases da sociedade moderna. Este é um mito da nossa teologia civil. Pois, na mesma medida em que crescem os meios de informação, cresce a área das informações consideradas confidenciais, secretas, que ninguém pode saber. A importância adquirida pelos serviços secretos na administração dos Estados é um fato do século XX, e é um fato político dos mais importantes, como ficou provado no caso da URSS. É possível você montar um estado inteiro à base da retenção de informações e da difusão de informações falsas. (Não sou contra ou a favor do serviço secreto. É uma realidade do século XX, e eu acredito que, mais do que a democracia, mais do que o estado de direito, a base da política do século XX foi o serviço secreto). A idéia de que há um progresso democrático crescente é inteiramente falsa. À medida que progride a democracia, progridem os meios de compensá-la, diferentemente do que nos quer fazer crer a teologia civil.

Pois bem: para além do ceticismo, da retórica e da confrontação dialética, desenvolveu-se uma ciência demonstrativa — a geometria. Quando parecia não ser possível alcançar a verdade a respeito de nada, surge Euclides e mostra que é possível a verdade a respeito de alguma coisa. E qual é a diferença entre o modo de pensar da discussão pública e o modo de pensar de Euclides? Se com discussão pública só chegamos a falsidades e dúvidas e com Euclides chegamos à certeza, é porque este último deve possuir uma técnica, um esquema qualquer para descobrir a verdade. É isso que inspira Sócrates e Platão, que viram numa possível ciência certa a possibilidade de escapar do reino da falsidade. Aí nasceu o tipo de esforço específico que a filosofia periodicamente retomaria ao longo da história.

12. A consciência como morada da evidência

A obra de Husserl é de salvação da civilização européia. É a obra de um abnegado que abriu caminho para o que ele chama de "os bons europeus", que são aqueles que amam a civilização da Europa e que, embora vendo as contradições e defeitos dela, procuram levá-la adiante, e não destruí-la. Ele dizia que essa nova sensação criada pela perda do sentido de veracidade nas ciências deveria ser enfrentada com "o heroísmo da razão", que é a razão que se supera a si mesma, que vence a absurdidade dos seus próprios produtos, dos seus próprios efeitos. Ele propõe um retorno à noção primária da evidência: o que é a evidência; o que é o conhecimento correto. Nota assim que existem duas evidências que ninguém nega.

A primeira é a do *cogito* cartesiano, a evidência de que o indivíduo humano existe. Ele considera isso uma aquisição definitiva do mundo científico, um saber indestrutível. O fundamento da veracidade na subjetividade, a idéia de que a existência e o auto--reconhecimento do ego são coisa autoconsciente, é a condição *sine qua non* do fundamento da ciência e uma evidência inegável.

A segunda evidência que ninguém nega é a veracidade da dedução matemática. Ninguém nega que $2 + 2 = 4$.

Parece, porém, que essas duas evidências não têm nada a ver uma com a outra, porque o modo pelo qual chego a uma evidência matemática é totalmente diferente do modo pelo qual chego à evidência subjetiva. Nesse ponto, Husserl faz uma observação--chave: as evidências matemáticas são evidências na medida em que a consciência as percebe, são evidências na consciência, *para* a consciência. Assim como a evidência que o sujeito tem da sua própria existência, a evidência matemática é uma evidência para a consciência. Assim, o problema de que se está tratando é saber o que é a consciência e quais são os diferentes modos pelos quais as evidências podem se apresentar a ela. A consciência humana é uma só, e essa mesma consciência toma consciência de si mesma e da exatidão da dedução matemática. São dois tipos de evidência com diferentes modos de apresentação de sua verdade à consciência.

Assim, para fundamentar a idéia pura de ciência é preciso descrever a consciência e os vários modos de evidência com que a verdade se apresenta a ela. Temos de primeiro realizar, portanto, uma fenomenologia da consciência. Em seguida, quando Husserl passa a reunificar a noção de evidência, analisando o que é comum às duas evidências mencionadas e mostrando a consciência como o lugar onde aparece a evidência, primeiro se volta para a filosofia da lógica, ou seja, para uma filosofia da dedução matemática, e num segundo momento para a filosofia da consciência.

Porém aí começa o grande problema: a consciência não pode ser encarada no sentido psicológico, pois nesse caso ficará suposto que a consciência possa ser estudada pelos dois métodos admitidos em psicologia, que seriam o *método de observação e experimentação* e o *método de introspecção*. A abordagem psicológica, afirma Husserl, depende de que você coloque entre parênteses a veracidade dos conteúdos de consciência. Se um psicólogo estuda como você realmente pensa, a veracidade ou falsidade do conteúdo de seus pensamentos não aparece como um problema psicológico. O estudo psicológico de como se produz uma evidência não tem por fim o objeto da evidência, e sim somente o modo de produção da evidência na mente — ao passo que aqui se está buscando exatamente o contrário: não o modo de produção, e sim o objeto da evidência.

Quando Husserl fala em fenomenologia da consciência, pensa numa fenomenologia dos diferentes conteúdos de consciência, dos quais o conteúdo matemático seria um e o *cogito*, outro. Entretanto, para que se possa estudar a consciência de uma maneira extra-psicológica, é preciso escapar da idéia que se fazia de ciência naquela época, limitada que era ao sentido positivo, ao sentido de ciência experimental. Para realizar a tarefa, Husserl empreende preliminarmente um exame das filosofias da lógica e das filosofias da consciência até então existentes, e este texto de Husserl se refere precisamente ao exame crítico das filosofias da lógica até então conhecidas. A lógica, essa teoria da ciência, precisa provar que existe a possibilidade do conhecimento verdadeiro independentemente do seu modo de produção psicológico, ou do contrário a própria psicologia não poderia ser uma ciência. Se a definição do que é veracidade em ciência dependesse da existência prévia de uma ciência que estudasse o funcionamento da consciência que nos dá essa verdade, entraríamos em contradição. A veracidade e a falsidade têm de ser passíveis de definição, e os seus critérios têm de ser passíveis de estabelecimento independentemente de quaisquer considerações de ordem psicológica, ou seja, independentemente do fato de o pensamento se dar no cérebro ou no estômago, ou até independentemente de sabermos que pensamos. Essas condições são puramente formais, lógicas, e não têm nada a ver com o procedimento real do pensamento, assim como as regras da geometria são reais independentemente do processo de sua concepção como pensamento de alguém.

Estabelecer o conjunto total dos critérios do conhecimento de maneira inteiramente pura, sem referência aos dados psicológicos, é o empreendimento de Husserl, esse novo Sto. Tomás de Aquino, esse novo Aristóteles.

Preleção IV
16 de dezembro de 1992

13. O sistema objetivo de divisões da realidade

Como vimos, Husserl fala em "caminho seguro de uma ciência", expressão utilizada por Kant, mas a emprega sem crer, como este último, que a lógica tenha dirimido todas as questões referentes à sua natureza e método. Acredita que uma parte da lógica seguiu caminho seguro — a parte referente a seus esquemas dedutivos —, porém quanto à sua natureza e quanto à extensão da validade a vê como pouco fundamentada.

Retornemos a esta passagem:

> A concepção dos fins de uma ciência encontra sua expressão na definição dessa ciência. Não que o cultivo frutífero de uma disciplina exija uma prévia e adequada definição do conceito de seu objeto. As definições de uma ciência refletem as etapas de sua evolução. Não obstante, o grau de adequação das definições exerce também seu efeito retroativo sobre o curso da ciência mesma;

Você pode ter várias definições da mesma ciência conforme ela vai se desenvolvendo, porém é fundamental que as definições não estejam totalmente erradas ou deslocadas com relação ao objeto. Elas podem, por exemplo, ampliar o campo do objeto, ou podem especificá-lo, conforme as novas descobertas vão sugerindo este ou aquele caminho. Porém, se acontece de a definição se desviar completamente do objeto, a ciência perde o rumo.

> [...] e esse efeito pode ter influxo escasso ou considerável, conforme a direção em que as definições se desviem da verdade. A esfera de uma ciência é uma unidade objetivamente cerrada. O reino da verdade divide-se, objetivamente, em distintas esferas; as investigações devem orientar-se e coordenar-se em ciências, em conformidade com essas unidades objetivas.

Em geral, a tendência vigente do brasileiro é de viver a realidade como uma espécie de pasta caótica, na qual todas as distinções são estabelecidas apenas pelo arbítrio humano. O indivíduo vê o mundo como um caos onde tudo está misturado, e vê as distinções como mais ou menos convencionais e arbitrárias, meramente práticas. Assim, distingue-se entre um campo da física e outro da biologia, entre o real e o possível, entre o dentro e o fora etc. apenas por uma convenção ou necessidade prática, sem a crença de que essas distinções correspondam a traços da própria realidade. Este preconceito chega ao ponto de afirmar que as distinções do próprio sistema das ciências são arbitrárias. Husserl afirma exatamente o contrário. Ele diz que a esfera de uma ciência é uma unidade objetivamente fechada. Ou seja: se nos esforçássemos por fazer entrar outros fatores nessa esfera, fracassaríamos. Perceba-se que ele não diz que *deve ser* desse modo, antes diz que é. Fica subentendido que um sistema das ciências só é válido quando as suas divisões, as denominações das várias ciências, correspondem a divisões objetivas do real.

Por exemplo: quantas ciências podem estudar um objeto? Segundo o pressuposto inconsciente da mentalidade de nosso meio universitário, qualquer coisa pode ser objeto de qualquer ciência sob qualquer ponto de vista. Mas Husserl diz que as ciências só são válidas quando as divisões dos seus campos correspondem rigorosamente às divisões do próprio real. Isto não quer dizer que o sistema das ciências tenha de esgotar essas divisões, mas que pelo menos as que estão nele refletem não apenas pontos de vista ou interesses humanos, mas a constituição dos próprios objetos. Um exemplo torna isso bastante claro: como poderíamos fazer uma ciência que observasse no objeto, ao mesmo tempo, as propriedades dos triângulos e o crescimento das plantas? Como poderíamos achar uma conexão causal entre o crescimento das plantas e as propriedades dos triângulos? É possível que o crescimento de qualquer planta deste mundo ou mesmo de outro mundo afetasse em algo as propriedades dos triângulos? Isto é absolutamente impossível.

Um indivíduo sente as divisões como arbitrárias ou convencionais quando confunde o mundo tal como ele é estudado pelas ciências com o mundo da experiência sensível, da experiência real humana. O mundo que chega à nossa experiência de indivíduo é o mundo concreto, onde todas as causas e efeitos comparecem ao mesmo tempo, independentemente de se uns efeitos ligam-se ou não a determinadas causas. Se um aluno me faz uma determinada pergunta relativa à aula anterior, compreendo que isso é um efeito da própria aula anterior. Porém, esse mesmo aluno manifesta o efeito de outro acontecimento anterior ao chegar trajando uma blusa verde. Isto é produto de uma escolha arbitrária que ele fez, e o fato de que vista blusa verde ao fazer sua pergunta em nada influi sobre o fato da sua pergunta. São duas linhas causais distintas que confluem num todo inseparável, que é o mundo concreto.

Acontecimento concreto é aquele no qual se juntam todas as linhas de causas, as que estão ligadas entre si e as que não estão e somente se juntam no acontecer concreto. Mas a ciência não se interessa pelo acontecimento concreto. Ela só se interessa pelas conexões de causas. Por que a ciência haveria de se interessar pelo acontecer concreto? Se tratasse disso, seria uma simples repetição da experiência, e de nada serviria. Aquilo que já sabemos pelas vias comuns e correntes não pode ser matéria de ciência. Da experiência concreta nós conhecemos os fatos, os efeitos (*factum est*), e tudo aquilo que é feito se compõe de uma infinidade de causas desconexas que convergem num mesmo lugar e momento.

Eu posso juntar a cor da blusa do aluno e a pergunta feita pelo aluno, mas esta é uma conexão que estabeleço arbitrariamente em minha mente, pois entre uma coisa e outra não existe, no mundo concreto, relação alguma de necessidade.

De modo similar, tomem o caso de um indivíduo que alveja outro com um tiro. A bala mata o sujeito devido ao impacto, que pode ser calculado segundo leis físicas, as quais nada dizem sobre o motivo que levou aquele indivíduo a matá-lo. Leis físicas não podem explicar fatos psicológicos ou sociológicos, mas sem a conjunção do fato psicológico da motivação e o fato físico do impacto do projétil não teria sido possível aquele fato concreto. O indivíduo foi morto precisamente porque o encadeamento das causas físicas que determinaram o impacto da bala e o encadeamento das causas psicológicas que determinaram a execução do disparo convergiram para o mesmo momento. É algo *concreto*. Entre o calibre da bala e o seu impacto existe uma relação necessária, mas entre o calibre da bala e o pretexto psicológico que motivou o tiro não há uma relação necessária, e portanto isso não pode ser objeto de ciência. Não pode existir ciência das conexões fortuitas, sob pena de engendrar-se uma ciência inesgotável, a qual na verdade não seria ciência porque jamais chegaria a resultado algum. É impossível uma ciência que estabeleça uma estatística entre o horário de partida dos aviões nos aeroportos de todo o mundo e a quantidade de nascimentos de crianças. Não é impossível que você até encontre certa coincidência — digamos que, quanto mais partem aviões, mais nascem crianças —, porém a nossa razão percebe que não há uma conexão necessária entre uma coisa e outra.

A incapacidade que o indivíduo tem de sair do plano da experiência concreta e se colocar no plano abstrato que separa as várias linhas causais vem junto, necessariamente, com a incapacidade de distinguir o necessário do fortuito. A razão disso é que só existe conexão necessária em linhas causais unívocas, como entre o calibre e o impacto da bala, ao passo que entre linhas causais não unívocas, como entre o impacto da bala e a motivação psicológica, a conexão é fortuita. Se não consigo me desligar do acontecimento concreto, não consigo perceber quais são as ligações necessárias e quais são as fortuitas. Terei uma imagem do mundo caótica, segundo a qual qualquer coisa pode acontecer a qualquer momento por qualquer causa. Isso é, evidentemente, um sinal de muita fragilidade intelectual. É um impressionismo. O indivíduo está tão impressionado pelo acontecimento concreto, que só consegue ver um amálgama de causas e efeitos misturados, e não consegue ver que por trás existem algumas conexões necessárias e outras fortuitas. Portanto, daquele acontecimento em particular ele não tira nenhuma conclusão que seja aplicável a outro acontecimento.

Existem definições que valem entre objetos, mas que não se referem a princípios diferentes do conhecimento. Pode existir uma ciência dos animais, mas não pode existir uma ciência dos leões, pois ela seria exatamente igual à ciência dos leopardos, à ciência das onças etc. Só muda a denominação do objeto. Mas é, fundamentalmente, a mesma ciência, que usa dos mesmos princípios e dos mesmos métodos, apenas os aplica a objetos diferentes não genericamente nem especificamente, mas antes individualmente. Eu não posso estudar os leões com os mesmos princípios que estudo as leis de mercado ou os oceanos, mas posso estudar os leões com os mesmos princípios com que estudo os leopardos.

As unidades objetivas dadas no real nem sempre são evidentes à primeira vista. No mundo concreto, no mundo da experiência, as várias esferas de conexão aparecem misturadas sempre. Nós é que temos de gradativamente perceber como esses vários grupos de conexões se distinguem. À medida que descobrimos novas diferenças ou novas relações entre grupos de conexões, aperfeiçoamos o edifício da ciência para que se torne mais completo e ao mesmo tempo mais distinto. Por isso Hussel diz que a definição de ciência varia ao longo de sua evolução.

> [...] Pois bem: quando um grupo de conhecimentos e problemas se impõe como grupo coerente e leva à constituição de uma ciência, a inadequação de sua delimitação pode consistir meramente em que se conceba a princípio a sua esfera de um modo demasiado estreito, em relação ao dado, e que as concatenações dos nexos fundamentais ultrapassem a esfera considerada e se concentrem numa unidade sistemática mais ampla.

Isto quer dizer que uma ciência se constitui estudando um grupo de fenômenos, mas pode acontecer de entre esse grupo e outro adjacente não haja, fundamentalmente, distinção alguma. São objetos não de duas, mas de uma única ciência.

Segundo Husserl isso não é um problema; ao contrário, desse modo se amplia o campo da ciência. Por exemplo, é evidente que a zoologia se desenvolveu estudando uma fauna de origem européia. Só que existem outras espécies de animais, totalmente diferentes, as quais representam desenvolvimentos que seriam inesperados em face das espécies de animais já conhecidas. Ora, espécies de animais que seguiram outras linhas de evolução são, contudo, objeto da mesma ciência biológica, porque as diferentes linhas de evolução que levaram à constituição dessas outras espécies se baseiam nos mesmos princípios que fundaram a evolução das espécies conhecidas. O campo biológico resta assim alargado.

> [...] Incomparavelmente mais perigosa é a *confusão de esferas*, a mescla do heterogêneo numa presumida unidade, sobretudo quando radica numa interpretação completamente falsa dos objetos [...].

Podemos citar o exemplo de mesclas heterogêneas numa presumível unidade. Se vocês olharem qualquer mapa do mundo anterior aos grandes descobrimentos, verão demarcados a Europa, a Ásia, um pedaço da África, um monte de água e, para além disso, a zona dos monstros marinhos. Isto quer dizer que a geografia da Idade Média estudava também os monstros marinhos. Para que uma ciência possa dizer se para lá de um certo limite geográfico existem monstros marinhos ou não, ela precisaria utilizar critérios prévios que determinassem se um ser é ou não monstruoso, critérios esses ausentes da ciência geográfica. Assim, quando a geografia fala de "zona de monstros marinhos", insere nos campos dos seus objetos uma ordem de considerações que lhe é totalmente estranha. Quando isso acontece, fica muito difícil corrigir o erro porque a própria ciência não oferece critérios para dirimir a questão. Assim, a falsidade se propaga.

É também o que acontece em astrologia se um astrólogo lê um mapa de reencarnações passadas ou futuras de uma pessoa. A existência ou não da reencarnação não é assunto astrológico, e portanto depende de justificação prévia por outra ciência — neste caso, a metafísica.

A antropologia, por sua vez, não pode dizer se uma raça é superior ou não às outras, de modo que nem o racismo nem o anti-racismo pode ser fundamentado. Enquanto ciência que estuda a variedade das culturas da espécie humana, a antropologia não se confunde com a ciência que gradua as qualidades humanas. Um indivíduo pode ser superior a outro sob determinados pontos de vista — moralmente, por exemplo —, mas não é próprio da ciência antropológica adotar os critérios necessários àqueles pontos de vista. Assim, seria preciso recorrer a uma outra ciência para resolver a questão da superioridade ou inferioridade das raças, mas acontece que essa ciência não existe: simplesmente não existe uma ciência que estude a superioridade de um ser humano sobre o outro sob todos os pontos de vista ao mesmo tempo. A ética pode dizer que um sujeito é melhor que o outro, mas não que seja mais bonito ou mais forte. A clínica médica pode dizer que um indivíduo tem mais saúde que o outro, mas não que tem maior aptidão artística que outro. Todas as superioridades e inferioridades conhecidas são específicas. Não existe a ciência da superioridade geral.

Isto é o que Husserl quer dizer com "a confusão de esferas", que pode chegar ao ponto de uma ciência tomar a seu encargo uma determinada questão que somente poderá ser resolvida pelo saber universal. Pode acontecer, em outros casos, de a ciência simplesmente tomar para si um saber que depende de uma outra ciência, cujos objetos, no entanto, obedecem a um tipo de nexo diverso. É um caso de *metábasis eis állo génos*, ou seja, transposição de gênero: você estava falando de um gênero de coisas e, repentinamente, sem perceber, passou a falar de um outro gênero de coisas, a exemplo da geografia da Idade Média, quando fala de características geográficas e, de repente, se mete a falar de monstros marinhos.

> [...] Uma transposição para outro gênero (*metábasis eis állo génos*), assim inadvertida, pode ter os efeitos mais nocivos: fixação de objetivos falsos; emprego de métodos incomensuráveis com os objetos, confusão de camadas lógicas, de modo que as proposições e as teorias fundamentais, ocultas sob os disfarces mais singulares, vão perder-se entre séries de idéias completamente estranhas, como fatores aparentemente secundários, ou conseqüências incidentais.

Em todos os debates científicos ainda em aberto, sempre ocorre algo desse tipo. Um dos exemplos seria o debate em torno das condições de evolução biológica. Existe uma evolução animal no tempo, de modo que as espécies mais aptas vão se substituindo às espécies mais inaptas. Aptas, entenda-se, quanto à sua capacidade de adaptar-se a um ambiente em particular. Acontece que a adaptação a um ambiente em particular pode ser uma inadaptação a outro ambiente em particular. Além disso, o ambiente ao qual uma determinada espécie se adaptou, mediante tais ou quais alterações, pode no futuro ser novamente alterado. Isso significa que a sobrevivência do mais apto, como lei geral, é também autocontraditória. Não existe aptidão geral. Só existe aptidão específica para isso ou aquilo, e portanto a sobrevivência do mais apto jamais poderia ser uma lei geral para explicar todos os casos. Por exemplo, os peixes são muito mais aptos para viver embaixo d'água do que os seres humanos. Isso significa que, se a água secar, o peixe morrerá a menos que ele se adapte a uma vida fora d'água. Isso, de fato, aconteceu em certas regiões da Terra, onde secas prolongadas acabaram fazendo com que certos peixes se adaptassem para ficar fora d'água por muito tempo. Para que isso ocorresse, os peixes tiveram de perder uma série de capacidades e se tornaram monstruosamente disformes. Entretanto, é possível dizer que a adaptação a essa circunstância em particular facilita a sua evolução posterior ou a prejudica? A espécie teve de se transformar tanto para se adaptar a uma determinada circunstância, a ponto de depois se tornar incapaz de realizar a adaptação necessária a uma determinada circunstância nova, porque isso implicaria na sua morte.

Portanto, podemos dizer que o princípio de sobrevivência dos mais aptos pode funcionar em certos casos, mas não pode ser um princípio explicativo geral. Quem diz que em determinadas circunstâncias os inaptos não podem ser favorecidos por qualquer coisa? Existe uma evolução no sentido da complexidade crescente dos organismos, mas essa evolução não pode resultar *necessariamente* do princípio da sobrevivência do mais apto. A idéia de que o fato de uma determinada espécie ter sofrido certas alterações no curso do tempo sirva de embasamento a um princípio geral acaba por complicar tudo formidavelmente. Talvez fosse mais fácil apelar a uns dez ou quinze princípios explicativos diferentes do que a um só. A grande ambição de Darwin foi oferecer uma explicação para todas as transformações sofridas por todas as espécies ao longo de todos os tempos. É uma teoria tão grande, tão ambiciosa, que jamais poderá ser comprovada nem desmentida.

Assim, quem disse que a ciência da biologia, considerada em si mesma, poderia fornecer explicação para a transformação sofrida por todas as espécies de animais? A fauna terrestre, no seu todo, não está só submetida às variações climáticas, geográficas, locais, mas às condições do planeta como um todo. Portanto, você pode procurar explicação terrestre o quanto quiser, ou até considerar o sistema solar como um todo, mas não vai achar explicação global alguma. Não faz parte da biologia terrestre o dever de explicar a evolução terrestre como um todo. É um problema de biologia cósmica, e não de biologia terrestre. A entrada de um asteróide na órbita do nosso planeta pode provocar tamanhas alterações, que termine por matar milhares de espécies animais de uma vez só. Isso significa que essas espécies estavam inadaptadas? Mas de que adiantaria se adaptar a um acontecimento fortuito? Se elas se adaptassem a essa breve alteração, estariam inadaptadas a tudo o mais para sempre.

A biologia terrestre só pode explicar os fatos dentro dos âmbitos terrestres, portanto, e é claro que você não poderia explicar as transformações biológicas sem apelar às transformações geofísicas, geológicas, climáticas etc. que ocorrem no planeta. Mas isso ainda será biologia? Não. É uma ciência que ainda não existe, e por isso o darwinismo é uma tentativa de dar um passo (na verdade, um pulo) maior que as pernas. Quando alguém levanta uma pergunta enorme como essa, só pode encontrar uma resposta metafísica. A teoria da evolução é uma teoria cosmológica; enquanto tal, depende de uma cosmologia. O próprio Darwin não percebeu que sua pergunta era insolúvel nos termos da biologia justamente por enxergar tudo com demasiados olhos de biólogo. Naquela época não havia exploração do espaço sideral e as pessoas não tinham o hábito de pensar a Terra como inserida em um sistema, embora soubessem disso. A imaginação de Darwin era somente terrestre, ao passo que hoje temos uma consciência de ecologia cósmica. Teilhard de Chardin já percebera que a idéia de uma evolução terrestre pressupunha uma evolução cósmica, coisa em que Darwin nem de longe havia pensado.

> Estes perigos são mais consideráveis nas ciências filosóficas [...] do que nas ciências da natureza exterior,[1] nas quais o curso de nossas

---

1 Em "do que nas ciências da natureza exterior" houve pequeno salto de texto com paráfrase, sem alteração do sentido essencial da exposição.

experiências nos impõe divisões nas quais é possível organizar ao menos provisoriamente uma investigação frutífera.

Vejam que, embora a biologia tenha se proposto um objetivo inadequado e desproporcional, ainda assim é possível que você se valha dela para realizar investigações parciais sobre isso ou aquilo sem grandes danos. O fato de a biologia não poder resolver a questão da evolução como um todo não a impede de reconstituir a evolução de uma determinada espécie em particular. Ainda que no fim a investigação toda vá tomar um rumo completamente diferente, aquele pedacinho investigado continua válido dentro dos seus limites. Isto porque a investigação que toma por base o mundo real, este mundo real, nos impõe divisões. Por mais que a resolução da questão da evolução dependa de considerações de ordem da ecologia cósmica, posso, por exemplo, reconstituir a evolução da espécie cavalo porque este animal guarda certas analogias com os outros esqueletos de cavalos de outras épocas, os quais são suficientemente distintos dos esqueletos de tubarões ou elefantes. É uma divisão que o próprio real nos impõe. Nas ciências da natureza, às vezes as divisões dos seres estão tão claras que não há possibilidade de confusão. Mas nas ciências filosóficas isso não acontece. Não há experiências diretas a serem verificadas. Mesmo as investigações parciais dependem da orientação do conjunto para serem bem sucedidas. Portanto, aqui é preciso mais cuidado ainda. E tanto mais no caso da lógica, a ciência filosófica mais abstrata.

Preleção V
17 de dezembro de 1992

14. Ciência teórica e ciência prática

[...]

§ 3. *As questões discutidas. O caminho a empreender.*

As questões discutidas tradicionalmente em relação à delimitação da lógica são:
1. Se é uma disciplina teorética ou prática.
2. Se é uma ciência independente ou subordinada.
3. Se é uma disciplina formal ou considera também uma "matéria".
4. Se é *a priori* e demonstrativa ou empírica [*a posteriori*] e indutiva. [...]

Propriamente só há dois partidos: a lógica é uma disciplina teorética, independente, formal e demonstrativa; ou é uma tecnologia que depende da psicologia [...]

O QUE É UMA CIÊNCIA TEORÉTICA e o que é uma ciência prática? As proposições teoréticas têm fórmula de cópula: "Isto é aquilo", como quando digo "Esta parede é branca". As proposições práticas são condicionais, e sujeitam um determinado estado a uma determinada ação: "Para obter tal efeito, proceda assim".

Uma mesma proposição, contudo, pode ser dita sob forma teorética ou sob forma prática. Por exemplo, "O quadrado da hipotenusa é igual à soma dos quadrados dos catetos", que é uma proposição teorética, pode ser enunciada ainda de outra forma: "Para obter o quadrado da hipotenusa, some os quadrados dos catetos", a qual já será uma proposição prática.

Uma ciência prática enuncia uma regra. Ela não enuncia uma proposição sobre a realidade. Uma ciência teorética se expressa em proposições categóricas; uma ciência prática se expressa em proposições condicionais, hipotéticas.

As pessoas geralmente pensam que qualquer coisa que se refira à realidade é "prático". O prático não se refere à realidade, mas à sua ação. Naquilo em que não haja interferência do indivíduo, não há prática alguma. Já o teorético representa o que é, representa a realidade, independente da minha ação.

O objetivo da ciência econômica, por exemplo, se esgota no aspecto teorético. Se o sujeito sabe como funciona a sociedade econômica, o que é a riqueza, o que é dinheiro, o que é capitalismo etc., então ele é um economista. Não é portanto a economia que é prática. Sou eu quem tenho de ter uma postura prática para aprender economia. O que me interessa aqui é o conteúdo da ciência, e não o que eu possa fazer com ela. A engenharia, diversamente, é prática no seu conteúdo. Ensina a fazer alguma coisa, mesmo que você nunca faça, ao passo que a física não ensina a fazer nada e o administrador de empresas não precisa sair da faculdade sabendo administrar uma empresa. Um curso de administração não vai lhe ensinar como administrar uma empresa, mas vai lhe ensinar o que é uma empresa, como funciona etc. A prática de administração não é transmitida verbalmente. O aluno pode fazer um estágio para aprender como a teoria se comporta na prática. O que não é o caso da psicanálise, cuja finalidade é inteiramente prática: ensinar a fazer análise. O psicanalista que não sabe fazer análise não é psicanalista de forma alguma, mas um administrador de empresas pode aprender toda a teoria administrativa sem que lhe seja necessário, para bem conhecê-la, ter experiência direta numa empresa. A parte prática desse saber, mais ainda, é quase intransmissível em razão de essa ciência teórica não possuir uma ciência prática correspondente. Só no dia em que a administração de empresas toda puder ser reduzida a uma série de esquemas que, uma vez formulados e seguidos, levem a um resultado X, será ela uma ciência prática. A ciência administrativa suscita problemas por ter um objetivo prático que está sempre além de suas possibilidades. Ela quer se transformar numa ciência prática, mas não consegue; ainda é uma ciência nova. Existem ciências práticas inteiras que não são nada mais do que a transcrição de uma ciência teorética para a fórmula hipotética quando se trata de objetos de ação humana. Essa é a aspiração da administração de empresas.

Assim, que diferença faz se a lógica é uma ciência teorética ou prática? Se fosse uma ciência teorética, que tipo de proposições ela enunciaria? Que diferença faz se o princípio de identidade é teorético ou prático? Se você diz que uma coisa é, efetivamente, igual a ela mesma, trata-se de uma proposição teorética. Mas se $A = A$ for uma proposição prática, você deverá raciocinar *como se* uma coisa fosse igual a ela mesma. Será apenas uma regra do raciocínio, uma proposição prática.

Uma coisa é você afirmar a identidade de uma coisa com ela mesma. Outra coisa é dizer que, para a boa condução do raciocínio, você deve proceder como se uma coisa fosse igual a ela mesma e, portanto, jamais diferente. Num caso se enuncia um fato, no outro se recomenda um expediente. Levar em conta o princípio de não-contradição, segundo o qual uma coisa não pode ser igual a outra e ao mesmo tempo diferente dela, faz ver de modo ainda mais complexo a questão: no caso de o princípio de identidade ser considerado teorético, ele será em si mesmo, de pleno direito, um princípio; no caso ser considerado um princípio prático, será absorvido pelo princípio de não-contradição, pois a regra será tal que, para atender ao princípio de identidade, basta você raciocinar de maneira não-contraditória. Pouco adianta contornar a questão afirmando que a lógica contempla tanto proposições teoréticas quanto regras práticas. Se assim for, a lógica é uma ciência teorética, pois *de toda ciência teorética você pode derivar uma ciência prática*.

Decidir-se acerca da natureza teórica ou prática da lógica tem graves conseqüências para a totalidade do nosso conhecimento. Se eu raciocino logicamente, e o meu raciocínio lógico está fundado num saber teórico segundo o qual uma coisa é igual a ela mesma, esse princípio de identidade fundamenta tudo o que eu disser daí em diante. Se raciocino apenas com base numa regra prática de não-contradição, esta regra prática garantirá a coerência lógica do que eu edificar com base nela, mas não servirá de fundamento último. Todo o conjunto do saber funcionará como um vasto conjunto hipotético.

Na discussão da natureza da lógica, as alternativas que se apresentam são sempre as quatro citadas por Husserl: ou é teórica ou é prática, ou independente ou é subordinada. Para nos posicionarmos perante um determinado conhecimento, precisamos saber se é teórico ou prático, pois somente a proposição teórica pode ser verdadeira ou falsa. A prática nunca é verdadeira ou falsa, só pode ser correta ou incorreta: como é condicional, nada afirma sobre a realidade. Em princípio, qualquer proposição da qual você possa dizer que é verdadeira ou falsa está formulada como teorética.

Independência ou subordinação da lógica

Uma segunda questão fundamental é se a lógica é uma ciência independente ou subordinada. Se você diz que a lógica é uma ciência que estuda o pensamento, então o conhecimento da lógica depende do conhecimento do que é pensamento, de modo que a lógica se subordinaria à psicologia — não seria independente. Mas se disséssemos que a lógica é a ciência que trata da *coerência*, independentemente dos pensamentos terem sido pensados ou não: nesse caso a lógica dependeria de algum conhecimento do pensamento real? Não. Para você saber que uma conta de 2 + 2 seja igual a 4, para você ter certeza de que essa conta está certa e de que o resultado 5 estaria errado, não é preciso que você conheça o processo psicológico pelo qual se chega a essa conclusão, ou do contrário a matemática seria um ramo da psicologia. Ou seja, muito antes de alguém se lembrar de perguntar como pensamos, muito antes de existir a psicologia, já existia a aritmética.

Retomemos o exemplo anterior: o princípio de identidade é teorético ou é prático? Caso o princípio de identidade seja prático, será uma regra do bem-pensar, a qual, para ser aplicada, não dependerá de nenhum outro conhecimento além de si mesmo. A lógica seria uma ciência prática e independente. E se o princípio de identidade for teorético? Que uma coisa seja igual a si mesma é uma afirmação sobre todas as coisas reais, e sobre todas as coisas possíveis. É uma afirmação de ordem metafísica, ontológica. A lógica seria dependente de uma ciência metafísica.

Assim, com respeito à natureza da ciência lógica temos uma primeira escolha, se é teorética ou prática, e uma segunda escolha, se é dependente ou independente. No caso da dependência, encontramos duas dependências fundamentais: ou dependência para com a psicologia, ou para com a metafísica. Dizer que a lógica é a ciência da coerência entre as verdades traduz-se em dizer que é uma ciência teorética fundada na metafísica. Esta questão decide o destino do mundo há séculos. Todas as posições que as pessoas tomam em função de quaisquer problemas são determinadas por uma decisão prévia a respeito deste ponto. Tenha em mente que a posição que você tomar com relação a este problema determinará o restante do seu pensamento pelo resto da sua vida. Isto será grave se você dá alguma importância aos seus pensamentos.

Importância prática das opiniões

As opiniões são importantes quando o indivíduo lhes dá importância prática. Se a sua opinião não é ouvida por ninguém, nem mesmo por você, então você pode ter qualquer opinião. Está aí a diferença entre um tipo humano inferior e um tipo superior. O homem inferior é aquele cuja opinião, cujo pensamento, é irrelevante para ele mesmo. Embora ele goste da sua opinião, embora até chegue a defendê-la, em nenhum momento pretende realmente agir segundo aquilo que pensa. Pretende às vezes até usar o pensamento como uma espécie de disfarce para justificar, *a posteriori*, aquilo que já fez.

Pergunte-se: você tem interesse real pelas suas opiniões, a ponto de importar-se em saber quando uma mudança de opinião ou de gosto sua foi planejada socialmente, por exemplo, ou lhe aconteceu espontaneamente? Mudanças radicais às vezes se operam em nossas opiniões sem que nos demos conta. Para o indivíduo que sem perceber amanhece gostando do que não gostava na véspera, suas idéias não têm importância alguma, pois seu pensamento se orienta segundo um conjunto de regras, uma técnica mental mais ou menos arbitrária, mais ou menos convencional, cujo conteúdo não é expressão de realidade. É indiferente. Você é assim um computador que pensa segundo regras arbitrárias, e não um ser livre, pensante, autoconsciente, capaz de captar verdades. Isto é muito conveniente para certos organismos multinacionais, para os quais urge trocar todo o repertório de idéias da classe letrada brasileira, que ao longo de uma década vem mudando com uma facilidade impressionante. É muito importante, para aqueles organismos, que certos valores típicos de sociedades protestantes sejam assimilados no contexto católico brasileiro. É muito importante criar uma sociedade individualista e reivindicante, onde todos os grupos estejam contra todos. Isto porque o grande inimigo das multinacionais chama-se Estado, Unidade Nacional. Precisam acabar com isto, no entender delas, não é que eu esteja contra elas, pois acho que a luta é um processo inevitável. Mas o que importa é estar atento a esse processo e não se deixar levar irrefletidamente. Por exemplo, a nossa esquerda sempre foi tradicionalmente alheia ao problema da corrupção. Corrupção era assunto da direita, da UDN, ao passo que a esquerda, naturalmente achando o capitalismo uma coisa corrupta em si mesma, não podia achar que o combate a caso isolados de corrupção fosse coisa importante. Vejam que em menos de três anos a esquerda inteira apareceu com a bandeira contra a corrupção. Ninguém discutiu se isso era importante ou não. Como algo assim pôde ocorrer? Não estou dizendo que o combate à corrupção esteja em si mesmo errado, mas é errado que a classe letrada engula idéias sem as examinar.

Preleção VI
18 de dezembro de 1992

15. A lógica é uma ciência independente e a priori

RETOMEMOS O TRECHO DAS *INVESTIGAÇÕES* no qual paramos:

> Propriamente só há dois partidos: a lógica é uma disciplina teorética independente, formal e demonstrativa; ou é uma tecnologia que depende da psicologia.

No primeiro caso, a lógica seria um conhecimento *a priori* e demonstrativo tal como a geometria: partindo de métodos postulados, você realiza toda a demonstração *a priori* sem depender da experiência, alcançando plena evidência mediante mera análise dos conceitos já dados; procede-se assim por dedução. Em geometria, a partir do conceito de uma figura, você descobre suas propriedades sem precisar investigar outras figuras na experiência real. Coisa diversa ocorre com o saber empírico, para o qual, ao contrário, o conceito não fornece tudo. Do conceito de leão não se pode descobrir quantos meses dura a gestação de uma leoa; para sabê-lo, seria preciso observá-la por outro meio que não o próprio conceito. Mas do conceito de ângulo você deduz todas as propriedades do triângulo, por mais que nem todas elas sejam evidentes à primeira vista.

Que o conhecimento analítico *a priori* nada acrescente ao conceito não quer dizer que ele nada acrescente ao nosso conhecimento.

Ao contrário, na geometria freqüentemente você alcança mediante análise a descoberta de propriedades das quais você jamais teria sequer suspeitado num primeiro momento. A dedução é uma investigação, mas ela investiga tomando como objeto unicamente os conceitos dos entes que estão dados no problema. No conhecimento empírico, o conceito nunca resolve totalmente o problema. O conceito de leão não abrange todas as propriedades do leão. Mas o conceito de triângulo abrange todas as propriedades do triângulo.

Quem acredita que a lógica é *a priori* e demonstrativa crê que ela é uma ciência formal independente, e quem acredita que ela é empírica e indutiva a faz depender da psicologia, do conhecimento dos processos reais do pensamento. A definição do pensamento, por sua vez, não contém já todas as propriedades do pensamento; depende de estudo empírico e de indução sobre um grande número de casos. Assim, ou a lógica é uma ciência teórica independente ou é uma ciência prática subordinada à psicologia. Haveria ainda — poucos anos após o lançamento das *Investigações*, motivo pelo qual Husserl não contempla essa terceira possibilidade — a concepção da lógica como uma disciplina formal e demonstrativa, porém de caráter técnico e prático, que é a posição da lógica analítica. Para esta, cujas obras fundamentais são anteriores a Husserl, mas só se desenvolvem depois dele, a lógica é uma disciplina puramente formal e teórica, só que de caráter apenas técnico.

> Não aspiramos propriamente a tomar parte nessas discussões, propomo-nos aclarar as diferenças de princípio que atuam nelas e os objetivos essenciais de uma lógica pura. Tomaremos como ponto de partida a definição da lógica como uma arte e fixaremos seu sentido e sua justificação.[1]

---

1 Nesta frase há ligeira adaptação e supressão de dados secundários da construção de Husserl.

Husserl não vai, propriamente, se posicionar ante essas alternativas; vai por ora se contentar com uma definição corrente. Quer a lógica seja uma disciplina teorética quer seja prática, fato é que ela é de todo modo uma disciplina prática também. Ninguém nega que exista uma técnica lógica. Só que uns dizem que esta tem fundamento teórico, e outros dizem que não. Husserl parte da definição unânime da lógica como técnica e tenta, através da análise desse conceito, encontrar uma via de fundamentação da lógica pura, teorética, mas também formal.

> Isto se relaciona naturalmente à questão das bases teóricas desta disciplina e de sua relação com a psicologia. Esta questão coincide essencialmente com a questão cardinal da teoria do conhecimento, que concerne à objetividade deste último.

Por que a decisão quanto à natureza da lógica afeta nossa resposta à questão da teoria do conhecimento? Teremos de em algum momento responder a essa pergunta

> O resultado de nossa investigação sobre este ponto é a obtenção de uma ciência nova e puramente teorética, que constitui o fundamento mais importante de toda arte do conhecimento científico e é uma ciência *a priori* e puramente demonstrativa. [...] com o que ficará adotada uma posição clara face às questões colocadas.

Husserl vai chegar, em última análise, à conclusão de que a lógica é uma ciência independente.

Capítulo I
A lógica como disciplina normativa e especialmente como disciplina prática

§ 4. *A imperfeição teorética das ciências particulares.*

A mestria com que um artista maneja seus materiais ou aprecia as obras de arte só por exceção se baseia num conhecimento teorético seguro das leis que prescrevem, ao curso das atividades práticas, sua direção e sua ordem, e determinam os critérios valorativos [...].

No caso dos escritores, a grande maioria não saberia explicar qual a técnica que utilizou para escrever seus livros. No momento da realização da sua obra, o escritor "inventa" um jeito, uma técnica, conforme as coisas vão acontecendo. O que ele pode ter aprendido anteriormente em termos de técnica não ajuda em quase nada no momento de escrever uma nova obra. A técnica de cada escritor só serve para o próprio escritor.

No entanto, ao examinar os livros *a posteriori*, você vê que ali há uma técnica, e ela, por sua vez, terá algum fundamento teórico, mesmo que implícito. O fato é que no momento em que o escritor está executando o trabalho ele não está pensando nesse fundamento.

> Isto não sucede só às belas-artes [...] mas também à criação científica. [...] Nem mesmo o matemático, o físico ou o astrônomo necessitam chegar à intelecção das raízes últimas de sua atividade [...]. O cientista[2] não pode ter a pretensão de haver provado as premissas últimas de suas conclusões, nem de haver investigado os princípios em que repousa a eficácia de seus métodos.

Na maior parte dos casos, o sujeito procede à investigação científica sem estar propriamente consciente de qual é o fundamento teórico-científico em que ele se assenta. Recorre-se a determinados métodos, a exemplo da indução.

16. Indução e homogeneidade do real

Husserl não levantou o problema da fundamentação da indução. Eu é que considero necessário discuti-lo aqui. A indução é utilizada na maior parte das investigações científicas, mas se você perguntar a um cientista por que a indução funciona ele provavelmente não

---

2 Há pequena adaptação neste ponto.

saberá responder. No campo da criação artística isso não oferece grande problema porque o trabalho do artista se esgota na hora em que ele termina a obra. No caso da ciência, ao contrário, isso se torna imperdoável, porque aquilo que cada cientista descobriu será usado como fundamento de pesquisa posterior. E, se você não sabe o fundamento da primeira pesquisa, então a dúvida se perpetua. Isto quer dizer que os métodos e conceitos usados normalmente na ciência, que vão aos fundamentos de sua veracidade, nunca são perfeitamente aclarados na prática, embora as pessoas continuem confiando nesses métodos, até por uma questão de hábito. As pessoas não têm uma certeza pessoal a respeito.

Qual é o fundamento teórico da indução? Seu fundamento metafísico é a *homogeneidade do real*: a maior parte das coisas que se passam de uma determinada maneira tenderão a se passar da mesma maneira nos demais casos. Com isso chegamos a outra pergunta: por que no âmbito do mundo real as coisas não poderiam se passar sempre à base de exceções? Por que a homogeneidade tem de imperar?

A maior parte dos indivíduos que recorre a argumentos estatísticos não tem idéia de que estes estão fundados numa metafísica. O cientista tende a achar que o argumento é uma exigência decorrente do próprio fato. Acontece que os fatos jamais são estatísticos em si mesmos. Todo e qualquer fato só acontece de maneira singular e concreta, e nunca segundo as mesmas condições que os demais fatos. Você faz estatística a partir do momento em que recorta certos aspectos homogêneos de todos os fatos, os agrupa num conceito único e, em seguida, os quantifica. Mas quem fez tudo isso foi você. O fato não vem pronto assim.

Daí ser preciso fundamentar esse procedimento, para o que de nada adianta dizer que a indução funciona porque na maior parte dos casos ela funciona. Este raciocínio será ele mesmo uma indução, e não posso provar algo se o dou por pressuposto já na minha prova. Sua fundamentação é alcançada por outra via.

Vejam que na quase totalidade dos casos de pesquisas científicas as pessoas fundamentam as conclusões com base em conceitos ainda pouco precisos. Por exemplo, câncer é um conceito meramente empírico, que vale pelo que tem de indicativo. É difícil você discutir o que é câncer e o que não é. Não há limite preciso, aí, como nos conceitos geométricos. E, quando você usa conceitos meramente empíricos, as suas conclusões têm validade meramente empírica. Se essa validade empírica é fundada num raciocínio meramente empírico, então ela tem uma validade meramente estatística, a qual se fundamenta numa indução, que talvez não tenha fundamento algum. Mas tem, ainda que não seja algo que a realidade imponha por si mesma. A indução depende dessa premissa de ordem metafísica que é a homogeneidade do real. Se o mundo fosse caótico, se funcionasse como uma combinatória totalmente casual de circunstâncias fortuitas, a indução não valeria absolutamente, assim como não vale num jogo de cara ou coroa. Se a indução vale, é porque o mundo não se comporta como um jogo de cara ou coroa. Esse é um dos fundamentos alegados implicitamente em toda e qualquer indução e que está resumido na famosa frase do Einstein: "Deus não joga dados". Mas há quem diga que joga sim. O sujeito toma essas supostas regularidades reivindicadas pela ciência na área dos fenômenos e mostra que não são tão regulares assim. Partindo da experiência você pode mostrar tanto a regularidade quanto a irregularidade, tanto a homogeneidade quanto a heterogeneidade dos dados, mas se você abrir mão da precedência da homogeneidade sobre a heterogeneidade pode dar adeus à indução, que é inclusive o meio pelo qual se constataria a heterogeneidade do real.

Toda pesquisa científica se assenta em determinados fundamentos metodológicos que são o motivo de você crer que as razões dela são verdadeiras. Na prática os indivíduos não se preocupam em conferir os fundamentos em que se apóiam, mas confiam nesses fundamentos por hábito adquirido. Quando você examina a pesquisa científica à luz do que ela exibe em matéria de metodologia, fica horrorizado ao notar que de qualquer experiência só se aproveita um volume mínimo de dados! O próprio progresso, com a crescente quantidade de pesquisas, aumenta a possibilidade de erros, na medida em que esse avanço não é compensado por uma fundamentação cada vez mais firme.

Tecnologia, ciência e revisão dos fundamentos

Por isso o dito progresso da ciência em grande parte é ilusório. Só seria um progresso se acompanhados de fundamentação última, a exemplo da fundamentação da indução. Do contrário, procede-se como quem emite um cheque atrás do outro sem ter fundos. O aumento do número das pesquisas não representa em si mesmo nenhum avanço. Além disso, muitas vezes você estabelece uma determinada hipótese e continua a pesquisa, pressupondo-a a cada nova hipótese, e assim por diante. O que acontece é que a tecnologia avança nesse caso, mas a ciência avança muito menos. Até porque uma única descoberta científica se prolifera em incontáveis resultados tecnológicos. Quanto de ciência existe num computador? Muito pouco, mas desse pouco muito se extrai em matéria de tecnologia, de coisas que funcionam. Entretanto, o importante não é saber que funciona, mas *por que* funciona. Se funciona e você não sabe como, a ciência gradativamente vai se transformando num empirismo de bolso, e assim não demora a se transformar, outra vez, em magia. Mesmo os simples avanços das descobertas teóricas, se não forem sendo refundamentados, irão se proliferar em novas descobertas, todas só de valor hipotético. A ciência torna-se uma crença.

Isto acontece também devido à organização social da pesquisa científica. Sempre se acredita que, no conjunto, as pesquisas vão se compensar umas às outras. Isto não ocorre, todavia, porque no caso de uma pesquisa dizer A e outra dizer ~A sobre um mesmo assunto será necessário que algum sujeito tome ambas, as confronte e as sintetize em sua cabeça, ou do contrário elas vão ficar guardadas num arquivo se contraditando uma à outra sem que ninguém saiba. A síntese só se opera na mente do indivíduo que a formou. É preciso a intervenção de um elemento extra-científico, extra-intelectual, um elemento puramente psicológico, na formação da convicção científica. Quanto mais pesquisas científicas são publicadas, mais difícil se torna formar essa convicção, pois mais difícil se torna realizar aquela síntese. Isto quer dizer que o número de pesquisas é um péssimo indicador do avanço do progresso científico. E ainda há quem reclame que as universidades estejam publicando poucos trabalhos. O que importa é aperfeiçoar a mesma pesquisa para que chegue a resultados corretos.

Campos de homogeneidade

O homem não suporta a incoerência, o absurdo. Tem a tendência de ver as coisas de maneira homogênea; e, se não encontra alguma homogeneidade, inventa a que lhe parece mais satisfatória e a acomoda à situação. Dos diversos modos pelos quais ele pode homogeneizar o caos aparente, o primeiro é a fantasia. Uma das funções do sonho é homogeneizar os dados daquilo que não foi compreendido. Entretanto o sonho homogeneiza os dados não com a forma dos eventos, mas com a forma do corpo humano. Você adapta os fatos às divisões de categoria que o seu corpo conhece. Isso é como você classificar os livros na estante conforme o tamanho dos nichos em que caibam; assim você os catalogou, não de acordo com a natureza da informação, e sim de acordo com a natureza do recipiente. Isso pode criar uma interpretação que, embora pareça coerente e global, é totalmente falsa.

Nas ciências da natureza acontece a mesma coisa. Por exemplo, a idéia de que um conhecimento objetivo seria um conhecimento que descrevesse os fatos tal como eles se passam em si mesmos, sem qualquer observador humano, é a base da maior parte do pensamento científico. É uma visão que, assim, informa uma percepção que se crê mais exata do objeto a ser estudado. Isto equivale, na ciência, à força do elemento retórico. Quando Galileu quis provar que dois objetos, de pesos diferentes, jogados de cima de uma torre, cairiam ao mesmo tempo, ele recorreu a um argumento retórico: fazer com que as pessoas conseguissem imaginar a queda desses dois objetos não vista desde o chão, onde elas estavam, mas vista desde um outro lugar, de um outro sistema de referência. A partir do momento em que as pessoas conseguiram enxergar o fenômeno de uma outra maneira, aquilo lhes pareceu *verossímil*. Isto é um argumento retórico.

Por outro lado, à medida que você cria um procedimento metodológico, rotineiro, habitual, consolidado, ele mesmo se torna um argumento retórico. A estatística aparece hoje como algo que vale por si mesmo. A estatística, no entanto, jamais prova o que quer que seja. Se você usa a estatística, é justamente porque você não pode provar nada e tem de se contentar com o probabilismo. Probabilismo quer dizer respostas prováveis, e o provável é aquilo que ainda não está provado. Provável significa aquilo que, em condições melhores, talvez se possa provar algum dia. Não existe nenhuma evidência de que nossa expectativa de melhores condições de prova um dia se cumpra; e, todavia, continuamos a pensar probabilisticamente baseados nessa expectativa. É evidente, por outro lado, que nem toda ciência é assim. A embriologia, por exemplo, depende muito pouco de estatística. Ela pode descrever as fases da evolução de um embrião e a entrada em cena de algum fator que altere o conjunto com certeza quase apodítica.

Princípio da limitação da indução

A indução não tem um fundamento absoluto. Tem um fundamento probabilístico, por um lado, e um fundamento metafísico, por outro. Se você conhece o caráter metafísico desse fundamento, com base nisso pode introduzir um princípio de limitação da indução. Tudo aquilo que é baseado num pressuposto metafísico tem sua validade circunscrita por esse mesmo pressuposto metafísico e pelas condições de sua aplicabilidade. Nem todas as esferas do real são homogêneas. Se digo que algo que aconteceu em 75% dos casos deverá acontecer nos demais, tenho de ter em mente que isso não se aplicará igualmente a todas as esferas da realidade. Há setores da realidade onde 30% dos casos é uma taxa altissimamente significativa, e há outros onde 99% dos casos não indica absolutamente nada. O princípio de homogeneidade vale, assim, mas só como princípio. Este princípio tem de ser desdobrado em regras mais especificadas para cada campo, para cada esfera determinada, onde há homogeneidade maior ou menor de acordo com condições específicas. Até porque o princípio da homogeneidade pressupõe um espaço tridimensional, euclidiano, homogêneo, em todas as direções. Nós sabemos que o espaço tridimensional euclidiano é um espaço ideal, não de fato o espaço real. É um espaço metafísico, não um espaço físico. Se o princípio da geometria euclidiana não vale para o espaço real no qual nós vivemos, significa que o cosmos não é homogêneo em todas as direções nem em todos os tempos.

A física, por sinal, é uma ciência que leva em conta esse tipo de coisa. Ela sabe que a homogeneidade é limitada para cada campo. Quando você passa da física newtoniana para a física relativista ou quântica, você muda de campo. Neste campo, a homogeneidade pode ser maior ou menor, mas não é a mesma, porque o princípio da homogeneidade não é um princípio físico, e sim metafísico. Sendo metafísico, ele não pode obviamente se aplicar a toda a realidade. O princípio de identidade é metafísico: uma coisa é igual a si mesma. Mas me diga, então, que coisa no mundo da experiência sempre permanece exatamente igual a si mesma? Nada permanece. O que vale metafisicamente abarca a totalidade do possível e só é válido na escala dessa totalidade. Quando você parte para o mundo da experiência, os princípios metafísicos se desomogeinizam, adquirem distintos graus de aplicabilidade. Não se pode na pesquisa médica encontrar embasamento numa homogeneidade média, pois nesse caso se estará supondo que as coisas vão funcionar aí como funcionam na mecânica clássica. Mas a mecânica clássica funciona porque ela está num universo perfeitamente circunscrito. Como circunscrever o corpo humano se ele depende de fatores ecológicos, astrológicos etc. e se recebe influências de todos os lados?

Ontologias regionais

O maior epistemólogo do século, Karl Popper, disse que não existe indução nenhuma. Não tendo fundamento em si mesma, precisa ser convertida numa forma dedutiva, e toda vez que você fizer isso constatará o mundo de hipóteses presentes para completar o edifício lógico, das quais o cientista deve estar consciente.

Teoricamente falando, a indução tem fundamento, só que teórico e geral. O princípio da homogeneidade do real deve ser afinado por uma série de *ontologias regionais*. Ou seja, esta realidade aqui é homogênea, mas apenas neste plano, encarado nesse nível, diversamente daquela outra realidade etc. Da validade geral da indução se passa às validades específicas dentro de cada campo. Considerar que aquilo que é significativo num setor deve também ser num outro força a realidade a uma homogeneidade indutiva, e é isso que a ciência moderna faz ao transitar indiscriminadamente de campos tão distintos como a biologia e física sem realizar os ajustes necessários. É por isso que Husserl vai falar em *A crise das ciências européias*, seu último livro, que as ciências estão em crise, não no sentido de que elas não façam descobertas, mas de que estão perdendo sua cientificidade e assumindo feição de misticismo, o qual é reforçado pela aprovação do número de seus fiéis. A maior parte dos erros que levam a essa situação consiste em tomar as palavras por coisas. No momento em que você se posiciona frente a um conceito, você também está se posicionando perante todas as coisas que se apresentam sob aquele conceito. Seria como raciocinar em bases universais; o que você falou do conceito abrange todas as propriedades do objeto considerado, e se as discussões forem encaminhadas a partir daí serão discussões de princípio, e não de objetos reais concretos com algum nível de especificidade: discussões em torno de palavras que designam conceitos gerais, e não em torno de objetos concretos. É isso que ocorre quando se aplica critérios da ciência psicológica a áreas da ciência pura da lógica, ou quando se aplica indiscriminadamente critérios da ciência matemática a áreas da ciência política.

O problema pode se tornar ainda pior nas ciências humanas. A escola em torno de Émile Durkheim e da revista *L'Année Sociologique* partia do princípio de que as estruturas fundamentais do pensamento humano são uma transposição ou externalização de padrões sociais. A estrutura social e política surgiria primeiro, e como imitação dela surgiriam os esquemas do pensamento lógico que lhes são correspondentes. Em grande medida, isto até hoje é coisa que os sociólogos admitem como pressuposto implícito — por exemplo, ao defenderem que existe um tipo de "lógica ocidental" própria às nossas estruturas sociais, confrontadas às de tribos indígenas ou de povos do extremo-oriente —, ao passo que se trata de um absurdo já impugnado por Husserl em 1910. Após demonstrar que os nexos lógicos fundamentais não dependem da psique humana, do funcionamento da mente humana, não se pode crer que surjam como resultado de criações da mente humana, como o são os papéis sociais, as estruturas de parentesco etc. A necessidade lógica é anterior a qualquer experiência humana, é anterior até à humanidade, e não depende absolutamente dos circuitos do pensamento humano real. A lógica pura, defenderá Husserl, se identifica com o cálculo puro, com a aritmética pura. Se a lógica fosse uma parte da psicologia, a aritmética também seria. Isto implicaria dizer que a aritmética foi inventada a partir das definições sociais. A ontologia regional da sociologia não pode se basear em um princípio que contradiz a ontologia geral inscrita nos nexos lógicos. É uma má delimitação de zonas de homogeneidade do real.

> Mas esta é a causa do estado imperfeito de todas as ciências [...] de sua falta de clareza e racionalidade. Mesmo nas matemáticas [...] os investigadores que manejam com mestria os métodos matemáticos [...] se revelam com freqüência incapazes de prestar contas da eficácia lógica desses métodos e dos limites de sua justa aplicação. [...]
>
> § 5. *Complementação teorética das ciências particulares pela metafísica e pela teoria da ciência.*
>
> Para alcançar esse fim teorético é preciso, primeiro, uma classe de investigações que pertencem à esfera da metafísica.
>
> A missão desta é fixar e contrastar os pressupostos de índole metafísica, em geral nem sequer advertidos, que constituem a base de todas as ciências referentes ao mundo real. Tais pressupostos são, por exemplo, a existência de um mundo exterior, que se estende no espaço e no tempo[3] [...] a submissão de todo evento ao princípio da causalidade, etc.

Qual é o fundamento do princípio de causalidade? Quando se diz que uma coisa é causa de outra, o que se está querendo dizer exatamente? Ou, antes de perguntar pelo fundamento, pergunto pelo significado: o que significa "ser causa de"? Dizer que uma coisa é causa de outra é uma frase baseada na idéia de causa, mas não esclarece o que é ser causa de algo. Mais ainda, pode-se perguntar se esse processo que você denominou de *causa* existe na realidade ou é apenas uma conexão lógica criada pela mente humana. Se você não sabe nem uma coisa nem outra e continua, no entanto, atribuindo a tais ou quais fenômenos tais ou quais

---

3 Há paráfrase em "a existência de um mundo exterior, que se estende no espaço e no tempo".

causas, você não sabe do que está falando. Até porque mais de uma vez a noção de causa foi questionada. Hume diz que acreditamos ver o movimento de uma bola causar, com seu impacto, o movimento de outra bola, mas que na verdade não foi exatamente esse fenômeno que observamos. Você só veria uma bola rolando e, depois, veria também a outra bola rolando. Não veria a conexão causal. Se você falar do impulso de uma bola sobre a outra, já estará pressupondo a idéia de causa.

Mas o que é afinal *causa*? Respondamos por ora com uma hipótese: causa é um fenômeno que contém dentro de si um outro fenômeno. Poderíamos dizer que chove porque a água estava contida nas nuvens e delas se precipitou. Nesse sentido, a nuvem foi causa da chuva. A mãe que traz dentro de si o filho seria, de modo análogo, causa do filho, pois este estaria inserido no processo vital dela. A vida da mãe se transfere para o filho porque a vida do filho é a vida da mãe. O filho está vivo porque a mãe está viva, porque eles são uma só unidade. Ela não precisa lhe transferir vida, porque a vida de um é a mesma do outro. Simplesmente ocorre um processo de separação, de autonomização, ao longo da gravidez e do parto. O efeito seria um prolongamento da causa, uma espécie de parte sua que, a partir de um certo momento, se destaca dela. A causa estaria para o efeito como o continente está para o conteúdo.

Mas não poderíamos dizer, no caso da bola, que o efeito é parte da causa tanto quanto o filho é parte do organismo da mãe. O movimento da segunda bola não está contido no movimento da primeira, uma vez que são dois movimentos e dois corpos distintos no espaço. Uma bola jamais esteve onde a outra esteve. O braço não faz parte do taco, que não faz parte da primeira bola, que não faz parte da segunda bola, e portanto a explicação do processo causal aqui não pode ser a mesma do caso da gestação. Se o impulso passa de um corpo para o outro, é porque podemos conceber o impulso separado do corpo. O cientista pode até não encontrar uma resposta definitiva para o problema da causalidade, mas necessita advertir-se dele.

Conceitos metafísicos e crise das ciências

Os conceitos fundamentais de que a ciência depende — causa, existência, realidade, inferioridade, posteridade etc. — são todos metafísicos, dos quais em geral só se conhece o sentido rotineiro, o que é gravíssimo. Isto quer dizer que as pesquisas científicas tendem a explicar fenômenos desconhecidos com base em princípios igualmente desconhecidos. No entanto, a idéia de ciência é a de explicar determinados fenômenos ou fatos à luz de determinados princípios inteligíveis, ou seja, tornar inteligíveis os fatos à luz dessa explicação. Explicação significa desdobrar o fato nos seus princípios constitutivos. Aplicar métodos de maneira padronizada, sem esclarecer os princípios aos quais se quer reduzir os fenômenos, é uma atividade puramente mecânica que prejudica a ciência.

Os atos puramente imitativos não podem se constituir numa ciência jamais. Existe a técnica da pesquisa científica, a qual é uma derivação da lógica e coisa fácil de aprender. A técnica, contudo, é apenas o aspecto mecânico da metodologia e não se confunde com esta, embora ultimamente a tenha substituído. Pior ainda, hoje em dia a técnica da pesquisa científica está sendo substituída pela técnica da redação de trabalho científico! Newton não sabia nada de técnica de redação, não sabia nem como apresentar seus cálculos ordenadamente, mas sabia o que era ciência. Ele sabia fazê-la e sabia por que era válida. Só que tudo que nasce da criatividade, da espontaneidade humana, depois se torna um rótulo, uma fórmula cristalizada repetível, um rito. Antes havia a compreensão de que, com base numa série de princípios cujos fundamentos são conhecidos, uma determinada técnica pode produzir um determinado efeito. Num momento posterior, tem-se apenas essa técnica, a qual, como um rito, deverá com base somente em si própria desencadear determinado efeito. Passou-se da interpretação científica para a interpretação mágico-religiosa. A seqüência de operações denominada "pesquisa científica" não produz por si só conhecimento científico. Ela produz *só se* você tiver a plena inteligência do que está fazendo. De resto, só produzirá fetichismo.

Não só se deve ter sempre em vista os conceitos metafísicos implícitos, o fundamento da metodologia, como também o objetivo do trabalho científico: reduzir uma classe de fenômenos a uma lei de necessidade evidente. A ciência é um ato humano, uma vontade humana. Ninguém é cientista obrigado pelas leis da natureza. Foi uma série de decisões humanas, sustentadas por um intuito humano, que deu surgimento à ciência. O que norteia um impulso humano é a noção de objetivo. Se você esqueceu o objetivo e continua achando que o piloto automático vai levá-lo ao mesmo lugar, está acreditando num absurdo. O sujeito não pode esquecer qual é o objetivo da investigação: ele deve conhecer determinados fenômenos de maneira evidente e estabelecer entre eles um nexo de evidência, nexo o qual seja ele próprio logicamente evidente. Fazer ciência consiste nisso.

Preleção VII
19 de dezembro de 1992

17. Conhecimentos científicos e fundamentos metafísicos

> [...] Mas esta fundamentação metafísica [...] concerne meramente às ciências que tratam do mundo real, e nem todas tratam deste; por exemplo, as ciências matemáticas, cujos objetos [...] são pensados como meros sujeitos de puras determinações ideais, independentemente do ser e do não ser real. A segunda classe de investigações se refere a todas as ciências [...] porque diz respeito àquilo que faz com que as ciências sejam ciências. [...] estas investigações são a "teoria da ciência".

PARA QUE EXISTA UM CONHECIMENTO fundamentado, são necessários alguns pressupostos que digam respeito ao que é a natureza do real. Um deles é o princípio de homogeneidade, segundo o qual o real é homogêneo, não exibe hiatos, de maneira que não existe uma transição que passe de um universo regido por determinadas leis para outro universo regido por leis completamente diferentes.

Esse pressuposto metafísico não é aceito por todos os filósofos. Epicuro, por exemplo, dizia que o mundo, tal como nós o vemos, resulta de uma combinação fortuita de átomos que se movem em todas as direções. Deu-se uma combinação fortuita aqui, mas bem poderia ter ocorrido outra combinação fortuita, totalmente diversa, em outra parte. Desse modo, o princípio da homogeneidade do real seria inválido.[1]

Isso parece muito extravagante, mas ainda hoje há quem pense assim. Na física há gente que se inclina para uma solução desse tipo. É evidente que, se optamos por uma metafísica dessa ordem, a fundamentação da ciência ou cai por terra ou tem de adquirir feição completamente diferente. Porém Husserl diz que isso se aplica somente às ciências que tratam do mundo real, do mundo das experiências. Há ciências para as quais isso é perfeitamente indiferente. A matemática pura, quando diz que 2 + 2 = 4, trata desses números como sujeitos de juízo meramente possível. Essa proposição não depende de que sejam *2 elementos X* ou *2 elementos Y*, e não depende de que exista nem mesmo o número 2 ou o 4. Se nós concebermos a matemática como um esquema puramente inventado, as suas leis continuarão exatamente as mesmas.

Ciências como a matemática não necessitam deste tipo de fundamento metafísico. Mas necessitam de um outro tipo de fundamento, que não se refere ao seu objeto, mas a elas mesmas. Uma fundamentação, enfim, que distinga essas ciências de outros conhecimentos não-científicos e que prescreva certas exigências que elas devem cumprir para ser verídicas. A matemática poderia ser meramente imaginária, mas ainda assim seria necessário apontar um fundamento que explique por que ela é uma ciência, por que o cálculo funciona. As ciências inteiramente formais precisam de uma gnoseologia; as ciências que lidam com coisas reais precisam de uma epistemologia.

§ 6. *Possibilidade e justificação de uma lógica como teoria da ciência.*

[...] A ciência refere-se [...] ao saber. Não que ela seja uma soma ou tecido de atos de saber. Só em forma de obras escritas tem

---

[1] Faço uma crítica da cosmologia, da ética e da lógica de Epicuro em *O jardim das aflições – De Epicuro à ressurreição de César: ensaio sobre o materialismo e a religião civil*. 4ª ed. Campinas, SP: Vide Editorial, 2019, pp. 53–89.

> ela uma existência própria, ainda que cheia de relações com o homem e suas atividades intelectuais [...]. Ela representa uma série de dispositivos externos, nascidos de atos de saber, e que podem converter-se de novo em atos semelhantes de inumeráveis indivíduos. [...] A nós nos basta que a ciência implique ou deva implicar certas condições prévias para a produção de atos de saber, cuja realização pelo homem "normal" [...] possa considerar-se como um fim acessível. Neste sentido a ciência aponta para o saber.

Como a ciência chega ao nosso conhecimento? Como sabemos que existe ciência? Principalmente em razão da existência de livros, filmes, exposições etc. que registram alguns atos de saber que foram cometidos por homens em épocas recentes ou remotas. A ciência não se constitui propriamente dos atos de saber, mas do conjunto de registros desses atos de saber. Esses registros se caracterizam pelo fato de que podem se transformar novamente em atos de saber na hora em que você entende esses atos que estão na origem dos registros.

> No saber possuímos a verdade. No saber efetivo [...], possuímo-la como objeto de um juízo justo. Mas isto só não basta [...].

Realizamos o ato de saber na medida e no momento em que proferimos, ou podemos proferir para nós mesmos, uma sentença do tipo "X é Y", sendo que X, de fato, coincide de ser Y. Ou seja, quando o conteúdo do nosso juízo corresponde à verdade, dizemos que isso é um juízo justo. E o saber, particularmente o saber científico, se apresenta para nós sob a forma de uma seqüência de juízos, um conjunto imenso de juízos, de afirmações que se pretendem justas, correspondentes à verdade.

> [...] é necessário, ademais, a evidência, a luminosa certeza de que aquilo que reconhecemos é, ou de que aquilo que rechaçamos *não é*;

Não basta que o juízo seja justo. É necessário que nós saibamos que ele é justo e que o juízo contrário é falso.

Assim, a ciência seria uma série de juízos, ou proposições, que são verdadeiras porque nós temos a evidência de que aquilo que elas afirmam é de verdade e de que o contrário *não é*.

> Certeza [...] que é preciso distinguir da convicção cega, da opinião vaga, por resoluta que seja. A linguagem corrente, porém, não se atém a esse conceito rigoroso do saber. Chamamos também ato de saber, por exemplo, o juízo que vem enlaçado com a clara recordação de haver pronunciado anteriormente um juízo de idêntico conteúdo, acompanhado de evidência [...] ("Sei que o teorema de Pitágoras é verdadeiro, mas esqueci a demonstração").[2]

Para que seja considerado um ato de saber, é preciso que esteja presente uma evidência sua. Se repito agora um juízo que me recordo de haver proferido outrora com evidência, mas sem renovar o ato da evidência, isso também é chamado de ato de saber.

Veremos que isso é a fonte de quase todos os problemas, porque o ato de evidência pelo qual obtive um conhecimento outrora se expressa numa fórmula, numa proposição, e essa proposição pode ser registrada e continuar sendo repetida indefinidamente, sem ser acompanhada de sua evidência respectiva.

Na medida em que se faz isso, é claro que se pode introduzir, gradativamente, sutis mudanças de significado, de modo que o juízo fundado em evidência acaba sendo usado posteriormente para fundamentar falsidades.

Porém, teoricamente, poderíamos dizer que somente o juízo acompanhado de evidência é verdadeiro. A respeito de todos os demais não temos certeza. Na vida prática, você não vai poder alcançar, a todo momento, um ato de evidência para todos os juízos. Você liga o piloto automático e vai pronunciando aquela série de juízos que se lembra de terem sido evidentes algum dia. Se você se perguntar periodicamente, contudo, pelo fundamento do que diz ou crê, tendo assim de rever o fundamento de evidência,

---

[2] Há paráfrase no exemplo dado por Husserl entre parênteses.

você constatará que cometeu um monte de erros. Isso significa que o saber não pode se basear totalmente no pressuposto de que a evidência está presente, embora aquilo que chamamos de ciência na vida prática se apóie amplamente nesse procedimento indevido.

Assim, pela exigência prática, é evidente que a maior parte dos conhecimentos científicos acaba sendo transmitida na base da credibilidade atribuída à própria classe científica, e não na base de atos de evidência, de novas intuições alcançadas pelos indivíduos a quem o conhecimento foi transmitido. Resultado: junto às evidências será transmitido um monte de informações falsas. Isso é um problema prático. Praticamente insolúvel.

O conhecimento efetivo é muito mais raro do que se imagina. O homem possui muito menos conhecimento do que supõe que tenha. O que ele tem é um potencial de fórmulas que são como comida desidratada; e a transmissão da massa de informações só amplia essa esfera do conhecimento potencial.

Tanto a realidade da experiência quanto os registros dos conhecimentos são ambos conhecimentos em potencial. Cada pedra tem uma estrutura, uma composição, uma série de dados que compõem um conhecimento potencial que está nela. Por meio do exame da pedra, posso trazer à luz todo esse conhecimento, posso tomar consciência de toda essa estrutura que está dada na pedra sob a forma de presença física, que assim se tornará uma presença intelectiva. O aspecto intelectivo da pedra está nela, portanto, mas só potencialmente. Assim, chega um momento em que eu o intelijo e a pedra se transforma num objeto de conhecimento, e não só em objeto existente.

Com o conhecimento registrado, com o livro, por exemplo, ocorre exatamente a mesma coisa. A atividade cognitiva humana produz objetos materiais que são apenas a tradução da inteligibilidade das coisas numa inteligibilidade verbal — que também, claro, oferece sua dificuldade. Então o conhecimento se realiza excepcionalmente, em certos momentos muito privilegiados, quando o sujeito presta uma grande atenção àquele momento em que ele tem um ato intelectivo.

Notem que isto sou eu quem acho, Husserl não fala nada sobre isso. Ao contrário, ele acredita piamente na comunidade científica, na possibilidade de um saber produzido coletivamente e entendido coletivamente.

Assim, o que seria concretamente a ciência? Seria um conjunto de objetos materiais que registram certas informações em códigos tal como elas são quantificadas na própria natureza. Só que a natureza está quantificada sob forma material, e nós a convertemos para uma forma verbal e lingüística que, teoricamente, seria mais fácil de decodificar. Porém esse "mais fácil" é relativo, porque a facilidade diminui à medida que aumenta o volume de registros. Eu acho que este é o maior problema do século XX. Lévi-Strauss disse que a cultura é uma espécie de almofada entre o homem e a natureza, e que nós nunca temos um contato direto com o mundo real a não ser através da cultura. Acontece que a cultura é constituída de potenciais de conhecimento, como no caso do sujeito que coleciona livros sem jamais os ler. Isso acontece porque ele acha que comprando a Enciclopédia Britânica terá melhores meios de conhecimento. Mas a enciclopédia é como um programa de computador: se você pedir informações, ela lhe dará, mas se você não pedir, nada sairá dela.

O problema da educação não é a transmissão do conhecimento, mas a *criação de condições para que se viva numa espécie de estado de evidência quase permanente*. Só isso pode ser buscado com sucesso; buscar atualizar-se em relação às últimas descobertas, adquirir os últimos conhecimentos disponíveis desacompanhados de suas respectivas evidências, é tarefa desde logo destinada a fracassar. Entre o momento em que você inicia um curso universitário e o momento em que o conclui, a massa de novos conhecimentos, pesquisadores e institutos que surgiram é inabarcável. Não adianta absolutamente você tentar atualizar o sujeito, fazê-lo ganhar a corrida. Até mesmo porque a própria organização eficiente das informações é, em si mesma, um novo conjunto de informações, motivo pelo qual a facilidade de acesso a elas é, de algum modo, um óbice. A própria produtividade da máquina do conhecimento esmaga o indivíduo; o crescimento dos registros de conhecimento é compensado por um crescimento proporcional da ignorância. Cada nova geração tem mais coisas a reaprender que as gerações anteriores. Por isso, se compreendermos a educação como um problema de transmissão de informações, já teremos perdido essa guerra para a história.

Não obstante, você vê que o conhecimento, de fato, progride, e que algumas ciências, de fato, progridem. Isto quer dizer que a base desse progresso não é a transmissão da informação. É alguma outra coisa. É algum outro mecanismo, aparentemente mágico, que está por baixo de tudo isso, e que permite de algum modo que o homem acabe sobrepujando essa situação. Este elemento é a intelecção iluminada pela evidência. Logo, o problema fundamental da educação consiste em criar condições para que o indivíduo possa inteligir — e só.

> Deste modo tomamos o conceito de saber num sentido mais amplo. [...] A nota mais perfeita da justeza é a evidência, que é para nós como que uma consciência imediata da verdade mesma. Mas na imensa maioria dos casos carecemos deste conhecimento absoluto, e em seu lugar serve-nos a evidência da probabilidade. [...] A evidência da probabilidade de uma situação *A* não funda a evidência de sua verdade; mas funda aquelas valorações comparativas e evidentes, pelas quais logramos distinguir [...] as hipóteses e opiniões razoáveis das irrazoáveis.

Em primeiro lugar, há o ideal de uma série de conhecimentos evidentes, mas na prática isso não se materializa. Na maior parte dos casos, só temos uma evidência indireta alcançada através de prova, através de uma longa cadeia dedutiva. Mesmo assim, o objeto sobre o qual temos evidência não nos é oferecido integralmente, mas só sob a forma de uma probabilidade.

A nota mais perfeita da justeza do juízo é que ele seja evidente, e que essa evidência dê uma consciência imediata da verdade mesma. Seja lá essa verdade o que for, o que no momento não nos interessa. Mas na imensa maioria dos casos carecemos desses conhecimentos absolutos, e em seu lugar temos uma evidência de probabilidade maior ou menor. Ora, a evidência da probabilidade de um juízo não funda a veracidade desse juízo. O fato de que um juízo seja provável não quer dizer que ele seja verdadeiro. Porém essa evidência de probabilidade fundamenta a valoração de várias hipóteses que podemos concluir a partir dela. Chega-se aí a um problema do terreno da dialética.

> [...] todo conhecimento repousa, pois, em última instância, na evidência. [...]
>
> Não obstante, subsiste uma duplicidade no conceito de saber. [...] Saber, no mais estrito sentido da palavra, é evidência de que certa situação existe ou não existe. De acordo com isto, a evidência de que certa situação objetiva é provável é um saber no sentido mais estrito (rigoroso) no tocante à probabilidade; mas, no tocante à existência da situação objetiva mesma, é um saber em sentido mais amplo (vago).[3]

Temos evidência de que estamos aqui agora; essa evidência não é probabilística. Mas se disséssemos que há 72% de probabilidade de que nossa colega Noemi esteja aqui, talvez escondida atrás da porta, isto ainda será um saber, não no mesmo sentido do caso anterior, já que seria uma evidência por probabilidade. Chamamos isto de saber, um saber em sentido mais elástico.

> Neste último caso fala-se [...] de um saber ora maior, ora menor, e se considera o saber em sentido estrito como o limite ideal e

---

3 Há adaptação com eliminação de elementos secundários do argumento.

absolutamente fixo de que em sua série ascendente se aproximam assintoticamente as probabilidades.[4]

Se a evidência de probabilidade chegar a 100%, já não haverá mais aproximação assíntota ao limite (a evidência) e já não se tratará mais de probabilidade. Será um saber em sentido estrito.

> Mas o conceito de ciência exige mais do que mero saber. [...] É necessário algo mais: *conexão sistemática em sentido teorético*; e isto implica a fundamentação do saber e o enlace e ordem pertinentes na sucessão das fundamentações.

Agora a coisa complicou. Uma ciência tem de conter saberes em sentido estrito, e não só em sentido probabilístico; e mais ainda: deve exibir um conjunto de conexões entre esses saberes, e essas conexões, por sua vez, devem em si mesmas constituir um saber. É sobretudo nessas conexões e em seus fundamentos que irá consistir a ciência.

> A essência da ciência implica, pois, a unidade do nexo das fundamentações, em que alcançam unidade sistemática não só os distintos conhecimentos, mas também as fundamentações mesmas e, com estas, os complexos superiores de fundamentações, a que chamamos teorias.

Suponha que você, ao estudar um determinado campo da realidade, perceba que o fenômeno A, em si mesmo evidente, é causa do fenômeno B, também evidente. Num segundo momento, descobre ainda que B = C, e que portanto A é também causa de C. Assim, por meio de A, foi possível estabelecer um nexo de identidade entre B e C. O conhecimento científico aqui dependerá de que se encontre um fundamento para cada nexo, e ainda uma fundamentação geral para o sistema de nexos.

---

4 Há nesta passagem adaptação de linguagem um pouco mais técnica empregada por Husserl.

Tome-se ainda um exemplo da clínica médica. Um sinal qualquer no corpo de um paciente é um dado de evidência. Para relacioná-lo a uma determinada patologia, direi que *isto* é um sinal *daquilo*. Mas um sinal em que sentido? Foi a doença que causou *aquilo* ou *aquilo* é parte da doença? À medida que interpreta esses sinais, você vai enlaçando os vários conhecimentos à luz de categorias de causa, de identidade, de parte e todo, posterior e anterior etc. Esses nexos, tão logo estabelecidos, levam à pergunta pelo que fundamenta a cada um deles. Ciência será o fundamento teórico dessas fundamentações sob a forma de uma teoria. Isto quer dizer que, sem a teoria que fundamenta os fundamentos, os dados observados não têm nexo algum.

É justamente por notar que falta uma teoria nesse preciso sentido à medicina mágica que a medicina moderna lhe nega validade. A medicina mágica conexiona as coisas de maneira errada: se você fica doente, o sacerdote lhe diz que se apegue ao seu animal totêmico para que a doença seja curada. O sacerdote está estabelecendo um nexo entre a cura da doença e a presença do animal totêmico. O cientista dirá que esse nexo é puramente imaginário, que o processo da simpatia é simbólico. Mesmo no simbolismo não se busca fundamentar tudo de maneira unívoca. Simbolicamente, um simples nexo analógico é diferente de uma ligação real entre os entes. Por exemplo: em que medida o sol, o leão e o girassol — que estão conectados simbolicamente — possuem um nexo real? A magia dirá ser possível que você, através de um desses elementos, alcance agir sobre os outros desde que antes se estabeleça um monte de outros nexos. Vejam, por exemplo, o processo alquímico: ele consiste na regeneração do mundo metálico por meio da interferência humana. Você vai transformar o chumbo em ouro, e com isso vai regenerar uma parte da natureza que está decaída. Para tanto, primeiro você precisa descobrir o nexo que existe entre um mineral e um vegetal. Este nexo, porém, só se torna evidente em determinados momentos muito peculiares, o qual é de certo modo evidenciado pelas conjunções astrológicas. Então você precisaria colher elementos minerais de uma planta em um determinado momento, sob uma conjunção astrológica bem específica, que talvez só se produza no ano 2073. Vejam o conjunto imenso de nexos que tem de ser estabelecidos. É que no mundo alquímico nada está separado. Uma ciência mágica que supusesse um hiato no real seria autocontraditória. Ao contrário, a magia pressupõe até um número de nexos maior, mais estreito, do que a ciência. A crítica radical a ser feita à magia é que se trata de um sistema de nexos tão bem organizado que chega a ser utópico. Não existe uma explicação geral capaz de fundamentar um volume tão grande de coisas. De certo modo, é como se a magia fosse racional *demais*. Nela, tudo está excessivamente explicado.

Mas o problema do modo como conexionar por elos de necessidade os diferentes elementos e seus diferentes nexos permanece na medicina moderna. Os vários sintomas de um quadro patológico podem apresentar tipos de nexo surpreendentemente imprevisíveis. Tome-se a gripe. Vários sinais podem acompanhá-la, a exemplo de algia e de astenia. Alguém pode crer que ela sempre venha acompanhada de um estado febril. Mas todos esses sinais, bem como incontáveis outros, jamais se apresentam de imediato conexionados uns com os outros em função de uma patologia — que não existe em abstrato, separada de um corpo —, porém em função de uma constituição individual. Tendo em vista esta última, o conjunto de nexos poderá ser completamente diferente. Os conceitos das patologias são apenas elementos teóricos com os quais você fundamenta as conexões que estabelece num ser humano concreto. Você identifica dois sinais no paciente e diz que ele sofre de hepatite, pois aqueles dois sinais costumam aparecer juntos na hepatite — isto é, faz-se o diagnóstico probabilisticamente. Outro médico, contudo, poderá dizer que tudo isso é uma construção arbitrária feita pelo médico anterior. Um sinal não está conexionado com outro porque existe uma entidade chamada hepatite, e sim porque este indivíduo tem uma determinada constituição na qual esses sinais se conexionam desta maneira. Logo, a noção de constituição individual engole a noção da patologia. Esta é a tendência dos homeopatas. Eles não gostam de nomes de doenças, gostam de nomes de constituições individuais. Quando o homeopata diz que você é *sépia* ou que é *natrium muriático*, ele quer dizer que um conjunto de nexos se produz não em função de uma doença, mas em função de uma constituição individual, a qual se manifesta de maneira ora saudável ora doentia.

Assim, conforme você estruture toda a clínica médica com base nas noções de patologia ou de constituição individual, você terá um modo de raciocinar completamente diferente num caso e no outro. Você pode tomar indivíduos diferentes — por exemplo, um obeso, vermelho, e outro astênico com 1,50 metro de altura, pesando 41 quilos — e tratá-los de maneira mais ou menos análoga caso ambos estejam com hepatite. Mas, se você raciocina com base na idéia de constituição individual, você não pode fazer isso jamais. Esses indivíduos jamais terão a mesma doença. Para o homeopata a doença é concreta; para o médico-padrão é abstrata A cada uma dessas posturas correspondem modos diversos de conexionar os sinais identificados no indivíduo e de lhes apontar uma fundamentação geral.

Assim, quanto mais o indivíduo estiver consciente do fundamento teórico daquilo que está fazendo — como no caso do médico, que toma por base ou a noção de doença ou a de constituição individual —, mais claramente perceberá nexos e distinguirá os nexos reais dos imagináveis ou só prováveis. Há casos extremamente intricados, como o da psicanálise. Um ato que você cometeu ao montar uma frase é interpretado como um sinal de que você cometeu uma associação de idéias errônea, a qual é interpretada como uma confusão entre duas esferas desconectadas, a qual por sua vez é interpretada em função da existência de focos de preocupação estranhas ao assunto, a qual ainda é interpretada como sinal de uma tensão remanescente de um outro acontecimento, que não tem nada a ver com o assunto, o qual — suspeitará o analista — poderá ser um conflito que aconteceu com o pai ou a mãe quando você tinha quatro anos de idade. Bem: tudo isto pode estar muito certo, mas só se o nexo entre um elemento e outro não for imposto desde fora e em desmentido da própria teoria. Não se pode, por exemplo, tudo conexionar com a ação do inconsciente, sob pena de extinguir a especificidade de determinados elos de necessidade. Qualquer ato ou gesto deve, preferencialmente, ser explicado por um intuito consciente. Se falharem todas as possibilidades de explicação por intuito consciente imediato, pertinente à situação, lance a hipótese de que o sujeito está mentindo conscientemente, de que está fingindo. Se isto ainda falhar, lance a hipótese de que aquilo pode ser uma ação induzida por terceiros, e se também isto falhar apele, talvez, para a hipótese do inconsciente. É mais fácil você identificar a situação imediata, a situação imediatamente anterior, a ação de pessoas, do que identificar a ação do inconsciente, do *id*. Mas, se já num primeiro momento você apelar para o *id*, cairá numa facilidade. Estará aplicando equivocamente a teoria a um caso específico que não se coaduna com os fundamentos daquela. Vejam que entre qualquer ato de inteligência científica e a teoria do fundamento existe uma longa cadeia de elementos e de nexos; as teorias ficam colocadas ao fundo como uma retaguarda que orienta o conjunto, mas de longe, sem aparecer. Porém a quase totalidade dos erros se pode explicar pela aplicação da teoria errada, não se devendo, portanto, a uma invalidez da ciência em questão. A ciência é um saber em potencial depositado em registros. Será revivida não como conhecimento teórico, e sim como fundamento teórico dos nexos que um cientista estabelece num dado momento entre os dados que lhe estão presentes. No processo de apontar esses nexos, recorrerá a algum aspecto de seu conhecimento teórico, e poderá aplicá-lo corretamente ou não (identificando, ou não, nexos reais correspondentes ao que a teoria descreve), mas indiferentemente a isso a ciência permanecerá um saber válido.

Saber técnico e saber prático

Geralmente se pensa que a técnica é um saber esclarecido quanto aos seus fundamentos, ao passo que a prática, o "saber prático", seria desprovido desse mesmo esclarecimento. Na verdade, ocorre precisamente o contrário. Toda técnica é uniforme e só ensina a lidar com tipos genéricos de problemas, e não com problemas específicos. Isto equivale a dizer que a técnica, enquanto tal, nada tem de prática. O que se resolve com a prática se faz com auxílio mais ou menos direto do conhecimento dos fundamentos. Não existe uma técnica de um caso em particular. Isto, afinal, é precisamente a prática, a qual é de algum modo inventada quando surge a necessidade. Só o saber teórico poderá auxiliar o indivíduo que, desprovido de padrões de tratamento de uma questão — isto é, desprovido de técnica —, vê-se em necessidade de oferecer resposta imediata a um problema. O cientista hábil é aquele que tem um saber teórico profundo e uma flexibilidade prática total.

> [...] No fato de que a forma sistemática nos pareça a mais pura encarnação da idéia do saber não se exterioriza meramente um traço estético da nossa natureza.

O homem tem, por um lado, uma espécie de ordem, de totalidade e harmonia. Nesse sentido, poderíamos dizer que a *razão* é como uma expressão do senso de integridade do próprio organismo.

Piaget estuda o surgimento das operações racionais do homem como atos derivados de uma espécie de impulso de integridade e de autoconservação do organismo psicofísico. Isto é o que nós poderíamos chamar de *fenômeno estético*. A percepção estética é aquela que enxerga as coisas sob a categoria da unidade, cujas formas são a harmonia e o equilíbrio.

Etiénne Souriau estabelece correspondência entre o pensamento lógico e o que ele chama de "visão estilizada das coisas". A lógica para ele é uma estilização do pensamento. Neste sentido, o pensamento lógico e a organização científica do cosmos emanam do mesmo impulso pelo qual o homem produz obras de arte, no sentido de unificar numa forma harmônica o fluxo mais ou menos incoerente da experiência. É a isso que Husserl se refere quando afirma que esse caráter sistemático da ciência não provém de um mero impulso estético, embora pudesse provir daí também.

Você faz arte quando está empenhado em dar uma forma unitária ao fluxo da experiência. Você toma a história de uma pessoa como objeto e se põe a contá-la. Quase todas as histórias de todas as pessoas que você conhece acontecem concomitantemente a milhões de outras histórias, as quais não têm nada a ver com o seu assunto, mas que se emparelham a ele formando uma espécie de caos. Entretanto, você isola uma história singular e a encara sob sua forma solitária, separando-a de todos os elementos materiais que pudessem interferir no curso dos acontecimentos. Você faz isso por um impulso estético, para encarar a forma do acontecimento de uma maneira total, unitária, harmônica. O impulso que leva você a organizar racionalmente e esteticamente a experiência é o mesmo impulso que faz você se defender, por exemplo, de uma agressão. O caráter caótico da experiência é uma agressão ao nosso organismo psicofísico, e nós nos defendemos desta agressão organizando o todo mediante forma estéticas, lógicas.

O que Husserl está dizendo é que, independentemente do impulso humano para o sistematismo lógico-estético, a forma sistemática é a ideal para o conhecimento do real. Portanto, diz ele, se as ciências são idealmente organizadas sob forma sistemática, isto não deriva de um mero impulso estético nosso, antes deriva da organização do próprio real. Se um outro ser, que tivesse uma organização completamente diferente da humana, se empenhasse em obter um conhecimento, faria a mesma coisa com ou sem impulso estético.

> [...] O sistema [...] não é invenção nossa, mas reside nas coisas [...] o reino da verdade não é um caos desordenado; nele rege uma unidade de leis; e por isto a investigação e a exposição das verdades devem ser sistemáticas, devem refletir suas conexões sistemáticas e utilizá-las, ao mesmo tempo, como escala do progresso para penetrar em regiões cada vez mais altas partindo do saber já dado ou obtido.
>
> A ciência não pode prescindir dessa escala. A evidência [...] não é um acessório natural. [...] Para que investigar relações de fundamentação e construir provas, se somos partícipes da verdade numa consciência imediata?

"A evidência não é um acessório natural" — não é tão natural quanto respirar, andar etc. Se fosse um acessório natural, estaria funcionando vinte e quatro horas por dia, e de tudo o que conhece você teria um conhecimento imediatamente evidente. Não sendo as coisas assim, surge a necessidade de investigar as relações de fundamentação e construir formas de evidência indireta.

> Mas, de fato, a evidência que impõe o selo de existente à situação objetiva representada, ou que impõe o de absurdidade ao não-existente [...], só é imediata num grupo de situações objetivas primárias relativamente muito limitado;

Somente para certas situações primárias a evidência salta aos olhos. Por exemplo, estar ou não estar aqui neste momento; uma coisa ser ela mesma ou não ser. A evidência marca a veracidade de uma situação objetiva e a absurdidade (o contrário da evidência) marca a não-existência.

Porém, na maior parte dos casos a existência ou a não-existência não está patente e só pode ser verificada através de uma cadeia de nexos.

> há inumeráveis proposições verdadeiras, de cuja verdade só nos apercebemos quando as "fundamentamos" metodicamente.

Existem muitas coisas que sabemos que são verdadeiras, mas das quais não sabemos por que são verdadeiras.

> Este fato de que necessitemos de fundamentações [...] não só torna possíveis e necessárias as ciências, mas, com as ciências, uma *teoria da ciência*, uma *lógica*.

Se este sistema de fundamentação é necessário justamente porque nos falta a evidência, as fundamentações também não serão evidentes de início. São por sua vez resultado de uma outra fundamentação, e assim por diante, até chegarmos a certas evidências primárias. O estudo das fundamentações é em si mesmo também uma ciência, à qual Husserl chama lógica. Ele entende a ciência não como um saber organizado, mas como um conhecimento organizado em função da sua fundamentação teórica. A História da física não é a ciência física. A sucessão das descobertas físicas não está organizada exatamente segundo a ordem da sua fundamentação, porque você pode ter descoberto uma coisa e ter descoberto a sua fundamentação só muito depois. A ciência é uma organização hierárquica na qual a explicação do fundamento teórico ocupa a base, apoiadas na qual as demais conexões vão se erguendo até chegar ao ponto de estabelecer nexos entre os dados considerados isoladamente.

> Se todas as ciências procedem metodicamente [...], então o estudo comparativo desses instrumentos metódicos [...] haverá de proporcionar-nos os meios para estabelecer normas gerais.

Não só normas gerais que valham para todas as ciências, mas também normas especiais ou locais que valham para cada determinada ciência.

Há muitos cientistas, contudo, que não pensam em conformidade com o pressuposto, necessário ao estabelecimento de normas, de que existe homogeneidade no real. Há quem pense à maneira de Epicuro e creia que tudo é produto do acaso, que o universo é nada mais que um conjunto de átomos cujo comportamento anárquico engendra seres e eventos de maneira fortuita. Entre esses seres haveria o ser humano, o único ser que, embora produto do caos, possui uma tendência a tudo ver de maneira ordenada, e assim projeta sobre a realidade caótica a sua visão ordenada. Há ainda cientistas que supõem que o mundo seja, sim, caótico, mas que existem parcelas suas que gozam de ordem ou que funcionem como se existisse alguma ordem. Entre a forma total do caos e o que nós projetamos como ordem, existiria, às vezes, uma coincidência, a qual seria suficiente para fundamentar uma ação racional humana. Ortega y Gasset pensava um pouco assim: aqui está a realidade, e aqui está a teoria física; esta teoria coincide com a realidade em determinados pontos, e quanto ao resto ela é totalmente inventada, imaginária. Essa perspectiva é derivada em parte do pragmatismo: segundo este, uma teoria científica seria verdadeira não quando expressasse a ordem real dos fenômenos, mas quando ela coincidisse com os fenômenos em determinados pontos que bastassem para a ação humana eficiente. Como Hans Vahinger dizia: "Tudo se passa *como se* fosse assim".

A idéia psicologista está no fundo tanto da posição epicúrea quanto da pragmática. De uma maneira ou de outra, baseiam-se na idéia de que a lógica é um processo do pensamento humano. Se você retira esta viga de baixo da estrutura — como faz Husserl ao longo do texto que analisamos —, cai o pragmatismo, cai o epicurismo, e você vê que eles são impossíveis. O epicurismo supõe que a ordem que rege os fenômenos advém não da realidade, e sim do pensamento humano, o que é só uma forma de afirmar que a forma geral dos nexos de ordem — a forma lógica — nasce da psique humana. O pragmatismo faz a mesma suposição, só que em extensão mais limitada, e ainda acrescenta o elemento da conveniência psicológica da convergência entre caos cósmico e ordem mental; não se dá conta de que a ordem, se existente, se sequer possível, não pode ser meramente mental.

Preleções VIII e IX
13 e 14 de janeiro de 1993

18. Revisão de percurso

VAMOS VOLTAR UM POUCO e revisar alguns pontos de nosso percurso até aqui. A idéia pura de ciência define a direção de todos os esforços intelectuais da humanidade já há mais de dois mil anos. Todas as pessoas que investigaram qualquer coisa, em princípio, estavam norteadas pela idéia de saber apodítico, indestrutível, representada pela idéia pura de ciência. Mesmo quando o indivíduo só acredita no conhecimento precário, parcial, relativo, ainda assim ele segue norteado por essa idéia; ele julga negativamente o saber positivo, ou seja, o saber efetivamente existente, justamente por compará-lo ao saber apodítico impossível.

Essa idéia pura de ciência, não importa se você a acredite realizada ou meramente ideal, é composta dos seguintes elementos:

1) *Evidência* é o saber, ou sentença, que só pode ser negado mediante duplo sentido. Se o conteúdo da sentença for verdadeiro, ela não pode ser proferida; e, se pode ser proferida, é porque o conteúdo não é verdadeiro.

2) *Evidência indireta* é a prova, ou sentença, que não é imediatamente evidente em si mesma, ou seja, que pode ser negada sem duplo sentido. Não pode ser dita verdadeira em si mesma, mas depende de prova anterior que a fundamente. Implica a possibilidade de transferência de veracidade de uma evidência direta para uma evidência indireta.

3) Porém, para que uma sentença possa fundamentar outra, é necessário que exista um *nexo* entre uma e outra, a fim de que a evidência direta de uma sirva de fundamento à evidência indireta da outra.

4) Mais ainda, é preciso que haja *evidência do nexo*, o que importa em dizer que o nexo não necessitará de prova ulterior. Um dos nexos evidentes é o que se estabelece entre *parte* e *todo*: a parte é afirmada tendo por fundamento a evidência de que está abrangida por um determinado todo, tido por verdadeiro, de modo que a veracidade mais ampla englobe a veracidade mais estrita.

Estas são as quatro condições teóricas do saber científico.

Esta idéia pura de ciência permite elucidar, de cara, em que consiste a pseudociência ou falsidade. Se nós temos três condições para que um saber seja apodítico, devem haver também, inversamente, três condições que permitam que o saber seja falso. Este tem de atender a uma das seguintes condições:

1) Afirma uma *falsa evidência*, tomando por inquestionável algo que é questionável. Ocorre quando você julga que uma determinada sentença só poderia ser negada mediante um duplo sentido, quando na verdade ela poderia ser negada sem duplo sentido algum. Dito de outro modo, afirma-se uma falsa evidência quando existe a possibilidade da sua negação. Nenhuma evidência verdadeira pode ser negada; não é, contudo, tanto o conteúdo da negação que invalida a suposta evidência, e sim o próprio ato da negação. Não é o caso, assim, de constatar uma contradição lógica, a qual é uma contradição interna do discurso, e sim de constatar uma contradição externa. Não se contradizem mutuamente partes do discurso; é o próprio discurso, como um todo, que entra em contradição com suas condições de pronunciabilidade. O discurso que negue uma evidência não pode ser pronunciado de maneira unívoca. Suponha a seguinte proposição: "A parte participa do todo". A sua negação, "A

parte não participa do todo", só poderia ser pronunciada se o conceito de parte fosse outro que não o de parcialidade, ou se o conceito de todo não correspondesse ao de totalidade. Não sabemos como escolher entre uma opção ou outra. Logo, "A parte não participa do todo" não é uma evidência.

2) *Confunde-se evidência indireta com evidência direta*, e assim uma sentença, uma convicção, uma proposição qualquer, que não garante o seu próprio fundamento, é tomada como se fosse uma evidência direta ou, pior, como um princípio, de modo que até mesmo as evidências diretas deveriam ser fundamentadas por ela.

3) *Falta o nexo* entre aquilo que se quer provar e aquilo que, provado, se toma por fundamento. É o que se chama de "erro de lógica" e ocorre quando cometemos uma das muitas figuras de falso silogismo, ou seja, quando concluímos uma coisa a partir de outra da qual ela não se segue. Dos três procedimentos que levam a um falso conhecimento científico, este é o mais fácil de corrigir. No limite, é um problema de contradição interna ao discurso.

Vejam que normalmente os erros científicos são atribuídos ao primeiro ou ao terceiro procedimento equivocado, porém a causa fundamental de erros, ao longo da história, vem do segundo procedimento. Por exemplo, tomemos a idéia já mencionada de que as categorias da lógica emanam da estrutura social; as funções e instituições disseminadas num determinado meio são introjetadas pelo indivíduo, e junto a elas são adquiridos o princípio de identidade, o princípio da causalidade etc. Mas que prova se poderia invocar para afirmar isso? A prova alegada é que foram estudadas certas comunidades que exibiram modos de ordenamento do raciocínio diversos, os quais corresponderiam aos seus respectivos modos de organizar socialmente a vida. Ou seja, é uma prova por indução. A indução é um dos meios de prova reconhecidos pela lógica, ainda que um meio de valor só probabilístico. Toda indução tem de se fundamentar nos princípios lógicos; logo, você está se valendo de princípios lógicos para provar que os princípios lógicos não possuem uma fundamentação autônoma, mas antes se submetem a conformações sociais. A indução é tomada como evidência inicial; após estabelecer um nexo com base nela, pretende-se fundamentar a própria evidência. É obviamente um círculo vicioso que demonstra a impossibilidade de considerar as leis lógicas meros construtos sociais. O indivíduo que defende essa posição antropológica incorreu no uso de um falso nexo.

Além das condições teóricas da ciência, existem as condições práticas, às quais também se associam determinadas circunstâncias de erro.

1) A *repetibilidade* garante que eu possa realizar, em circunstâncias diferentes, o mesmo ato intuitivo, resgatando seu conteúdo essencial. Sem a repetibilidade qualquer conhecimento se torna impossível: para que alcance o conhecimento descoberto por alguém, tenho de repetir interiormente os atos que levaram aquela pessoa àquele conhecimento. Aliás, até para negar a possibilidade de conhecimento eu precisaria repetir o mesmo ato intuitivo: retomo um determinado dado, de um momento anterior, que agora, num momento diverso, me ponho a negar.

2) O *registro* conserva o esquema simplificado do conteúdo do ato intuitivo quando este mesmo ato intuitivo está ausente. Quando você não está intuindo algo, o conteúdo das intuições anteriores se conserva de algum modo, seja em sua memória, seja em livros ou quaisquer outros dispositivos. Em cada ato intuitivo repetido não há apenas o conhecimento de algo, há um reconhecimento, no sentido de que você sabe que a coisa conhecida agora é a mesma que foi conhecida antes.

3) Se as duas condições anteriores são satisfeitas, é porque existe um esquema de *transmissibilidade* entre um momento e

outro. O conhecimento dado num certo registro está, de algum modo, inerte; só quando é transmitido pode ser novamente intuído em presença. A transmissibilidade é portanto uma marca de todo e qualquer conhecimento; ou dito de outro modo: no limite, não existe conhecimento intransmissível. Pode haver níveis diversos de dificuldade de transmissão, como no caso de deficiências mentais ou de pobreza de linguagem, ou como no caso de deterioração de bibliotecas ou quase impossibilidade de compreender uma língua distante. Tudo isso são dificuldades práticas, que podem variar conforme os sujeitos envolvidos. O sujeito que afirmar que o conhecimento é intransmissível desmente-se, nesse ato mesmo, ao ser compreendido pelo seu ouvinte. Há apenas, portanto, intransmissibilidade acidental, nunca essencial. Nesse sentido, todo conhecimento é um reconhecimento a partir do que foi transmitido. Se você não reconhece, é porque não conhece.

O conhecimento falso pode advir de três falsas condições práticas de conhecimento:

1) A *falsa repetição* ocorre quando você acredita que uma coisa que está sendo intuída agora é a mesma que foi intuída em outra ocasião, ao passo que se tratam de intuições distintas. Uma falsa recordação ou uma falsa identidade lógica entre dois atos pode engendrar esse erro.

2) O *registro falso* pode ser um documento falso, um testemunho falso ou uma recordação meramente imaginária que se toma indevidamente como base fidedigna para a repetição de uma intuição.

3) O *erro de transmissão* ocorre quando aquilo que é compreendido pelo receptor não corresponde àquilo que foi dito pelo emissor.

A totalidade da história dos erros práticos está contida nessas condições.

Quadro resumido das possibilidades do saber verdadeiro e do saber falso: condições teóricas e práticas

Saber verdadeiro	Saber falso
Condições teóricas	
1. Evidência	1. Falsa evidência
2. Evidência indireta	2. Substituição da evidência indireta à evidência direta
3. Nexo evidente	3. Falso nexo ou ilogismo
Condições práticas	
4. Repetibilidade	4. Falsa repetição; erro de memória
5. Registro	5. Erro de registro
6. Transmissibilidade	6. Erro de transmissão

***

A ciência parte de um ato de saber e se torna um registro, o qual tem de trazer consigo a possibilidade de uma repetição futura, senão deixa de ser um saber e passa a ser um enigma.

O saber só se dá no momento do ato de saber, ao passo que a ciência é também um fenômeno social, uma instituição, uma coleção de registros dos atos que visa a manutenção, aumento e decifração desses registros. A relação da ciência com o saber é como a da potência com o ato: a ciência se justifica na medida em que representa a potência de um ato de saber. Se ela não contemplar a possibilidade de atualização do saber, não é mais ciência. Daí o problema — para o qual Husserl, contudo, não apontou — do volume de dados hoje disponíveis; é materialmente impossível que alguém os tome como potência e os efetive em intuições. Isto equivale a dizer que *nossa ciência tornou-se teoricamente impossível*. Os seus registros e os seus meios de transmissão — a segunda e terceira condições práticas do saber apodítico — tornaram-se tão amplos, tão abrangentes, que impedem a realização da primeira condição prática, a repetibilidade. Ninguém é capaz de repetir todos os atos intuitivos hoje implicados pelo conjunto dos conhecimentos científicos disponíveis.

Preleção X

15 de janeiro de 1993

19. A fundamentação geral das fundamentações particulares

A FUNDAMENTAÇÃO DAS FUNDAMENTAÇÕES, objetivo da ciência, pode ser compreendida tendo por exemplo uma investigação policial. O delegado dispõe de testemunhas e depoimentos para investigar o crime. Dispõe ainda de documentos, cartas, quaisquer papéis que estivessem de posse da vítima etc. Tem também exames realizados no local do crime, a perícia, além de alguns testes que, não se referindo diretamente ao que aconteceu, podem servir para a sua avaliação, como seria o caso de um teste de visibilidade.

Qual é o fundamento da credibilidade de cada um desses elementos? Vemos que estes fundamentos são desnivelados, ou seja, um tem mais credibilidade que o outro, e os motivos de credibilidade são totalmente divergentes. Você não acredita numa perícia pelas mesmas razões que acredita num depoimento. Se você tentar definir essas razões de credibilidade e buscar o fundamento da veracidade de cada uma dessas coisas, encontrará várias ciências envolvidas. A avaliação de um depoimento pode necessitar de várias ferramentas da psicologia e da sociologia: de um lado, checa-se a coerência interna do que está sendo dito; de outro, verifica-se sua coadunação com alguma causalidade social que se saiba esteja vigendo. Mais ainda, ao confrontarmos os testemunhos com os fatos, estaremos já empregando uma tecnologia da ciência histórica. O teste de visibilidade, por sua vez, não tem um fundamento teórico único. É, entre outras coisas, uma relação entre conhecimentos de ótica, de meteorologia e de fisiologia. Pois bem: é claro que os conhecimentos de fisiologia, ótica, história, lingüística, retórica e psicologia não poderiam ser coeridos num fundamento único. Requerem uma multiplicidade de fundamentos. Assim, cada uma dessas áreas teria de ser julgada empregando critérios diferentes, e a única chance de que esse empreendimento dê certo está em que o indivíduo que procede à aplicação da técnica possua, ele mesmo, cada um desses conhecimentos. Mas suponhamos que, ao investigarmos tudo isso, descobríssemos um fundamento comum a todos esses fundamentos — teríamos assim chegado a uma teoria unificada, e isso se constituiria numa ciência única. Isto quer dizer que, em princípio, seria possível criar uma teoria unificada da investigação policial, dotada de um sistema axiomático que parte de um núcleo de princípios e conexiona elementos de ordem fisiológica, psicológica, lingüística etc. Do ponto de vista holístico, essa ciência é necessariamente possível, pois é imperativo que do ser universal se possa derivar qualquer tipo de saber específico. Mas na prática é claro que não é possível alcançar uma teoria como essa. Por isso acho que entre o plano metafísico e o plano científico existe um abismo. Há coisas que só conseguimos perceber metafisicamente, de maneira puramente teórica, sem nenhuma tradução imediata. Coisas que, embora inequivocamente verdadeiras, não têm utilidade científica alguma.

***

A posição de Husserl, ao afirmar que "no fato de que a forma sistemática nos pareça a mais pura encarnação da idéia do saber não se exterioriza meramente um traço estético da nossa natureza", se volta contra o argumento kantiano de que a realidade é heterogênea, variada, sem unidade alguma captável em si mesma, e de que é o homem que, por meio das formas *a priori* da inteligência, exibe a estrutura cognitiva por meio da qual tende a unificar tudo. O homem dá uma forma unificada àquilo que não tem unidade. Seguindo essa mesma tradição de pensamento, outros, como Piaget, viriam a afirmar que a razão tende a unificar o nosso conhecimento, a lhe dar uma forma unitária, sistemática e perseverante, pelo mesmo motivo que leva o organismo a procurar conservar a integridade da sua forma. Quando o animal come alguma coisa, e rejeita partes, e assimila outras partes, ele recolhe o que lhe é semelhante; assimilar é tornar similar. O organismo cresce na mesma medida em que reitera essa integridade, do contrário morre. Assim vista, a razão seria uma extrapolação, uma abstração mental, psicológica, desse senso de autoconservação, e por isso mesmo as construções racionais conservam a sua integridade e crescem ao mesmo tempo. Um sistema dedutivo axiomático pode se estender indefinidamente sem perder a unidade de sua forma.

Contra tudo isso se volta a postura de Husserl, para quem o mundo do conhecimento é de unidades objetivamente distintas que formam um todo. Elas se conectam entre si, ainda que você não conheça esse todo. E a própria tendência humana à unidade é, de certo modo, propícia ao conhecimento do real, que é também um sistema. É uma analogia: o homem entende o mundo e o mundo entende o homem.

Nem sempre é imediato, contudo, o modo como o homem alcança evidência da unidade mais ampla e das unidades mais particulares do mundo. Na verdade, se tudo pudesse ser conhecido de uma vez por todas através de uma evidência imediata, não haveria necessidade de uma escala de progresso. Não haveria um conhecimento melhor ou pior; seriam todos igualmente valiosos. Ao contrário, precisamos distinguir quais são os conhecimentos ou situações objetivas primárias em que é possível uma evidência imediata. Se você não fizer uma demarcação dos setores onde é possível uma evidência imediata, nunca vai distinguir perfeitamente o que é um conhecimento firme e o que é um conhecimento incerto. Buscar esse ponto arquimédico é coisa absolutamente obrigatória a qualquer indivíduo que pretenda desenvolver uma mentalidade intelectual. Esta busca do fundamento inicial é o que define o próprio esforço filosófico.

Pois bem, prossigamos com a leitura:

> [...]
>
> § 7. *Continuação. As três peculiaridades mais importantes das fundamentações.*
>
> Elas têm, em primeiro lugar, o caráter de complexos fixos, no que diz respeito ao seu conteúdo. Para chegar a certo conhecimento [...], não podemos escolher como pontos de partida quaisquer conhecimentos dentre os imediatamente dados; nem nos é lícito inserir no curso restante do pensamento, ou dele excluir, quaisquer membros.

Você não chega à fundamentação de uma verdade partindo de qualquer ponto. Não é partindo de qualquer elemento do conhecimento que você chega ao seu fundamento.

> Em segundo lugar [...],[1] não há nenhum cego arbítrio que tenha amontoado múltiplas verdades P1, P2, ...S, dispondo em seguida o espírito humano de tal maneira que ele tenha de ligar irremediavelmente (ou em circunstâncias "normais") o conhecimento de S ao conhecimento de P1 e P2.

Não existem verdades soltas que sejam agrupadas por uma simples necessidade ou por uma simples tendência dos seres humanos. As verdades, se são verdades, têm entre si uma determinada conexão impossível de ser alterada. No silogismo "Todo homem é mortal; Sócrates é homem; logo, Sócrates é mortal", há duas verdades: é verdade que todo homem é mortal, e também é verdade que Sócrates é mortal; e, entre estas duas verdades, existe uma certa relação que não é arbitrária, que nós não po-

---
[1] Há aqui adaptação que une início e meados de um longo parágrafo de Husserl.

demos inverter e na qual não poderíamos enxertar uma terceira verdade qualquer, porque existe uma relação entre *todo* e *parte*, uma relação de pertinência.

> Isto não sucede em nenhum caso.

Vejam que ele não disse "geralmente" ou "quase sempre". Entre as verdades só existe duas hipóteses: ou você não conhece a relação entre elas, e portanto você não pode sequer saber se são verdades, ou você reconhece uma conexão necessária entre elas, um encadeamento inevitável, porque se não houver encadeamento nenhum, se forem verdades soltas, ou elas são evidências primárias que não necessitam de provas ou então a prova, o fundamento delas, está em alguma outra coisa, em alguma outra verdade, com a qual ela possui uma relação necessária.

> Nas conexões de fundamentação não reina a arbitrariedade e o acaso, mas a razão e a ordem; e isto quer dizer: a lei reguladora. [...] Todas as fundamentações têm algo em comum, uma constituição íntima homogênea, que expressamos claramente na "forma do raciocínio": todo A é B, X é A, logo X é B.

Todas e quaisquer fundamentações, de qualquer tipo, em qualquer domínio do conhecimento, têm de exibir uma relação entre *todo* e *parte*, mesmo no caso de raciocínio mágico ou simbólico. Se um astrólogo diz que você é gago porque tem Saturno na Casa 3, o diz com base no fundamento de que todo aquele que tem Saturno na Casa 3 é gago; se você, em específico, tem Saturno na Casa 3, então faz parte do conjunto a que se aplica o fundamento; logo, você é gago. Não há escapatória: sempre que você acredita em alguma coisa, é por crer que essa coisa é parte de uma outra veracidade, mais vasta, que é tomada como evidente.

Isto significa que por trás de cada pequena coisa que você acredita ser verdadeira existe uma lei geral. Você está sempre afirmando uma lei geral. Não existe conhecimento fundamentado no particular isolado. Ou esse particular isolado é conhecido como uma evidência direta, que não necessita de prova, e então ele é fundamento de si mesmo, ou ele se funda em outra coisa, é uma unidade de um determinado todo que é tomado como evidência.

> Mas não só estas duas fundamentações têm algo em comum, mas também a têm outras incontáveis. E mais ainda. A forma de raciocínio representa um conceito de classe, sobre o qual recai a infinita multidão de enlaces entre proposições, que têm a constituição rigorosamente expressada dessa forma.

Este "Todo A é B, X é A, logo X é B" é um conceito de classe. É uma classe de raciocínio. Não importa qual é o seu conteúdo. Todos e quaisquer raciocínios que pretendam ser uma fundamentação, quaisquer que sejam os seus conteúdos, têm sempre essa forma. Onde quer que haja uma fundamentação, você vai encontrar um raciocínio com este formato, seja expresso seja inexpresso, seja manifestado seja subentendido.

> Mas ao mesmo tempo existe a lei *a priori* segundo a qual toda *presumida* fundamentação, que ocorra em conformidade com essa forma, é realmente uma fundamentação *correta* se partiu de premissas justas.

Se o que você afirma de um todo é verdadeiro, o que você afirma de algo que fundamentadamente se evidencia ser uma parte sua também será verdadeiro.

> [...] É inerente ao curso das fundamentações uma certa forma, que lhes é comum com outras inumeráveis fundamentações, que permite justificar de um só golpe todas essas distintas fundamentações. Não há nenhuma fundamentação isolada; eis aqui o fato sumamente notável. Nenhuma enlaça conhecimentos com conhecimentos sem que — seja no modo externo do enlace, seja a um tempo neste e na estrutura interna das proposições — se expresse um tipo determinado que, formulado em conceitos gerais, conduz em seguida a uma lei geral.

Toda e qualquer fundamentação sobre qualquer coisa estará sempre referida à forma de uma lei geral. Qualquer convicção que você tenha sobre qualquer coisa, e que você crê ser fundamentada, expressa uma lei geral, ainda que não explicitamente.

Este talvez seja um dos exercícios mais elucidativos que existe: perceber a lei geral afirmada em cada frase de cada indivíduo. Sem essa percepção jamais chegamos a compreender o comportamento de alguém.

> [...] Em terceiro lugar, poderia crer-se possível o pensamento de que as formas de fundamentação dependem das esferas do conhecimento.[2] [...] Mas é patente que isto também não ocorre. Não há nenhuma ciência em que não se apliquem leis a casos singulares, isto é, em que não apareçam com freqüência raciocínios da forma que nos serviu de exemplo. Mais ainda: todas as demais espécies de raciocínios se prestam a ser generalizadas de tal modo, a ser concebidas de maneira tão "pura", que resultem livres de toda relação essencial com uma esfera de conhecimentos concretamente delimitada.

Não existe nenhuma espécie de raciocínio que se aplique somente a um determinado setor da realidade. Você irá incorrer na expressão de uma lei geral que se orienta segundo três propriedades: 1) você não pode partir de qualquer ponto tomado ao acaso para chegar a uma fundamentação; 2) existe uma sucessão ordenada de fundamentações; 3) estas sempre obedecem à forma de todo e parte.

§ 8. *Relação dessas peculiaridades com a possibilidade da ciência e da teoria da ciência.*

> [...] Se não fosse verdade fundamental que a todas as fundamentações é inerente certa "forma", não peculiar ao raciocínio presente *hic et nunc*, mas típica para toda uma classe de raciocínios.

---

2 Mais uma vez, há aqui supressão de pequena parcela de texto e construção adaptada que une dois trechos apartados pertencentes a um mesmo parágrafo.

Não existem raciocínios singulares. Todo raciocínio é um esquema típico. Pode haver milhões de raciocínios, mas com uma série inesgotável de raciocínios semelhantes à mesma forma, todos aplicáveis a inúmeras situações.

> [...] e que ao mesmo tempo a justeza de todos os raciocínios dessa classe está garantida justamente por sua forma; se antes sucedesse o contrário, não haveria ciência. Já não teria sentido falar de método [...], todo progresso seria ao acaso. Já não seria possível apreender, de uma fundamentação dada, o mais mínimo com relação a novas fundamentações futuras,

Todo conhecimento se esgotaria nele mesmo, e uma coisa, uma vez provada, não provaria nada mais além daquilo. A possibilidade de extensão do conhecimento reside na inexistência de raciocínios singulares. É justamente porque a forma de raciocínio é sempre a mesma em todos os casos que, de um conhecimento em particular, você pode extrair algo que valha para todos os casos. Assim a ciência se expande.

> pois nenhuma fundamentação teria nada de exemplar para nenhuma outra, nenhuma encarnaria em si um tipo [...]. Não teria nenhum sentido buscar uma prova para uma proposição previamente dada.

Se a cada vez que você fizesse um raciocínio ele assumisse uma forma inteiramente diferente, sem conexão formal possível com os demais tipos de raciocínio, não seria factível constatar-lhe forma alguma, e assim todos os pensamentos seriam informes e a razão, um caos.

Essa formalidade, mesmo quando reconhecida intelectualmente, nem sempre é de bom grado aceita volitivamente. Desse modo, nem sempre o indivíduo consegue proceder de acordo com aquilo que efetivamente sabe. A mente humana trabalha demais, é muito criativa, seu jogo de imaginação não para nunca, e às vezes ela não se conforma com que a verdade seja coisa tão pobre, no sentido de muitas vezes ser tão típica. Esse inconformismo muitas vezes leva a imaginação a conceber possibilidades diversas daquelas que se sabe serem verdadeiras. O mundo das imagens é o mundo dos contrários. É um cajado com duas cobras entrelaçadas, cujo movimento equivale ao da mente em torno da verdade. O segredo do bom emprego da razão consiste — como no mito de Hércules, que nasce segurando duas serpentes, uma de cada lado, em cada mão — em não deixar que elas se afastem demasiadamente. O movimento da mente é inevitável e nele está dada a sua própria vida. Mas é fundamental que a mente não se afaste demasiado dos sinais de evidência, de modo que, onde encontrar uma verdade a ser admitida, o movimento pare. É o ponto de encontro das duas serpentes no cajado. Estas são as verdades conquistadas.

> Como a buscaríamos [a demonstração]? Iríamos contrastar todos os grupos possíveis de proposições, para ver se seriam utilizáveis como premissas da proposição dada? O homem mais inteligente não teria neste ponto a menor vantagem sobre o mais estúpido [...]. Uma rica fantasia, uma extensa memória, uma capacidade de atenção intensa etc. são belas coisas; mas só adquirem significação intelectual num ser *pensante*, cujo fundamentar e descobrir tenha formas submetidas a leis.

Todas as faculdades cognoscitivas só chegam a ter alguma importância porque existe a possibilidade de uma fundamentação submetida a leis. Caso contrário, não serviriam para absolutamente nada. Um sujeito de memória extraordinária, capaz de guardar todos os fatos, não é necessariamente alguém que esteja mais *certo* que outro indivíduo de memória menos robusta. A qualidade da faculdade em causa nada tem a ver com a veracidade do conhecimento produzido por elas. É perfeitamente possível que uma pessoa com séria deficiência mental acerte naquilo em que um gênio erre. Um autista pode fazer operações aritméticas com incrível rapidez, mas ele não conhece a forma de veracidade de seus resultados. Ele os alcança por um processo mecânico, tal como o faz uma máquina calculadora. Um indivíduo perfeitamente são sabe que podemos empregar determinadas formas de raciocínio por possuírem um valor fundamentante. Essa consciência de veracidade é um tipo de *intuição de evidência*. Sabemos que o que é válido para o todo é válido para a parte, porque sabemos que há identidade entre todo e cada um, a qual se baseia na identidade de cada um e cada um. Ou seja, nós conhecemos o princípio de identidade com evidência.

Para o exercício correto da vida intelectual não é preciso ser muito inteligente, mas é preciso ter senso de veracidade. É uma capacidade inata do seu temperamento, e você pode tê-la ou não, desenvolvê-la ou não.

> [...] O pensador exercitado encontra provas mais facilmente do que o não exercitado. Por quê? Porque os tipos de provas se gravaram nele de um modo cada vez mais profundo, mediante uma variada experiência [...].

A fundamentação é também um exercício, um hábito da mente. Se a mente está continuamente buscando as fundamentações, ela acaba por captar os procedimentos esquemáticos que se aplicam a cada caso e os que não se aplicam. A mente só poderá encontrar aquilo que ela se dispôs a buscar. No começo da vida intelectual, você terá de tomar a decisão: ou quero encontrar o fundamento verdadeiro, ou quero encontrar só um subterfúgio, uma justificativa de ocasião. Essa justificação seria o contrário do que é justo; nesse caso você quer tornar justo aquilo que não é justo. Os esquemas retóricos para esse fim são inesgotáveis. O que pode tornar uma coisa crível para uma pessoa pode não torná-la para outra, em razão do que é preciso adaptar retoricamente cada discurso de justificação a cada circunstância. Quem se torna hábil em produzir justificativas de ocasião para atos, pensamentos e palavras perante outrem se torna, ao mesmo tempo, mais convincente aos seus próprios olhos: quanto mais você convence o outro, mais facilmente você crê no que diz. É uma espécie de filosofia de retórica, destinada a um uso prático que não se orienta para a verdade.

Em muitos aprendizados existe um elemento de mistificação necessário para que o indivíduo aceite algo que lhe permita seguir adiante. Por exemplo, em qualquer ensaio técnico você encontra uma série de coisas não fundamentadas que poderiam até ser falsas, mas que você precisa aceitar provisoriamente a fim de alcançar algum domínio da técnica em questão. O ato de questionar desde o primeiro momento o fundamento de um certo corpo de saberes poderia se tornar até impeditivo à sua absorção; isto tornaria a investigação da verdade uma força autônoma e, de certo modo, hostil à ordem social. É preciso estabelecer um controle entre o impulso rumo ao fundamento e a aceitação imediata dos dados que se apresentam.

Pensamento fantasista

Até certo ponto, a mentira também é psicologicamente e socialmente necessária. É o caso da verdade traumática. Enquanto a criança passa pelas primeiras fases de seu desenvolvimento biológico natural, é necessário que seja protegida de verdades traumáticas. A verdade não é fisiologicamente conveniente ao indivíduo antes de certo momento. Ele precisa ser protegido de um grande volume de verdades. Mas, se essa proteção prossegue após o ser humano ter atingido o seu desenvolvimento biológico natural, torna-se lesiva. Viver num mundo de fantasias é muito bom para quem não tem de tomar decisão própria. A criança pensa com a única finalidade de alcançar uma satisfação, para se manter num estado homeostático no qual possa crescer e se desenvolver.

O pensamento organicamente útil para esse indivíduo é aquele que visa à sua autoproteção, isto é, que contempla seu egoísmo. Contudo, na hora em que esse pensamento começa a servir de base para decisões que afetarão os outros, aí seu compromisso não é mais para com a sua integridade física, mas para com a integridade do meio. Neste caso terá que obedecer à razão, à verdade; porém é claro que, em qualquer sociedade, o número de pessoas que permanecem infantis é muito grande, porque o número de pessoas que tomam decisões é muito pequeno. A maior parte das pessoas nunca toma decisões a respeito de quase nada. O sujeito pode continuar infantil indefinidamente. Pode e deve continuar infantil porque vive uma vida miserável, uma vida de escravo, e só pode encontrar reconforto no mundo da ilusão. Assim, para essa pessoa é mais saudável que viva na ilusão, porque se descobrisse a verdade ou teria de mudar de vida, o que seria muito difícil, ou sucumbiria sob o impacto de uma verdade que não tem capacidade de agüentar.

O pensamento fantasista é fundamentalmente egoísta porque foge do real, porque não assume responsabilidade pelas decisões tomadas. Se nós abandonamos o mundo dos pensamentos agradáveis, nós o abandonamos por um amor aos nossos semelhantes. O mesmo reconforto que a criança encontra naquele mundo ilusório de auto-satisfação egoísta, o pai o encontra em se sacrificar pelas crianças que ama. São duas formas de felicidade: uma é egoísta, narcisista, a outra, altruísta, própria do adulto. Frithjof Schuon diz, com muita beleza, que ser sincero é morrer um pouco. Toda vez que você é sincero, que fala a verdade, você mata mais uma ilusão. Você só agüenta isso se alcançar uma outra satisfação, num outro plano, que é a do amor ao próximo, do amor à Deus. Você reconquista no plano da universalidade a felicidade de que abdicou no plano do egoísmo individual. Isto é a raiz da vida humana, o homem foi feito para isto: buscar a realização de um valor supremo que torne a vida humana valiosa, independentemente de assim estarmos ascendendo em qualquer sentido (social ou financeiramente, por exemplo) ou caminhando para a morte. Nesse sentido, o sacrifício é o único sentido da vida humana.

O homem tem de estar preparado para saber que ele, individualmente, não pode ser nada. Ele só é alguma coisa em função do valor a que se dedica, pelo qual se mata. Curiosamente, a negação da individualidade é que dá a ela o seu único valor. O indivíduo se mata por uma coisa universal, e daí ele encarna esse universal. Só isso pode ser o fundamento da moral: você vale aquilo que você é, você é aquilo pelo que se sacrifica, e seu sacrifício dá a medida do que você ama.

Preleção XI

16 de janeiro de 1993

20. *A técnica contra a evidência*

> O pensador exercitado encontra provas mais facilmente do que o não exercitado. Por quê? Porque os tipos de provas se gravaram nele de um modo cada vez mais profundo, mediante uma variada experiência [...].[1] As qualidades de tato científico, intuição previdente e adivinhação estão em relação com isto. [...] Na natureza geral dos objetos da esfera correspondente radicam certas formas de conexões objetivas, e estas determinam por sua vez peculiaridades típicas em todas as formas de fundamentação preponderantes nessa esfera. Nisto reside a base das rápidas presunções científicas. Toda prova, todo descobrimento repousa nas regularidades da forma.

Regularidade dos esquemas de prova

Tomem um determinado domínio do conhecimento. Nele existem certos tipos de esquemas probatórios de uso corrente, de modo que, quando surge determinado caso a que eles se aplicam, você logo percebe.

Suponha que você seja um médico: por que irá, por exemplo, fazer um diagnóstico diferenciado entre duas patologias, e não entre três, quatro, cinco ou mil? Como você escolhe precisamente essas duas? Você as escolhe por ser um pensador exercitado e

---

1 Optou-se por manter a repetição deste trecho já antes transcrito a fim de melhor contextualizar a passagem imediatamente seguinte.

por reconhecer de imediato que essas duas patologias são mais compatíveis com o caso.

Husserl nos diz que isso só é possível porque os esquemas de provas são sempre idênticos.

> Se a *forma regular* torna possível a existência das ciências, a *independência da forma com relação às distintas esferas do saber* torna possível, de outro lado, uma *teoria da ciência*. Se não fosse esta independência, haveria uma série de lógicas coordenadas entre si, mas não haveria uma lógica geral.

O esquema que se usa no diagnóstico diferencial é, no essencial, o mesmo utilizado por um delegado de polícia para fazer uma acareação. Só é possível uma lógica geral porque esses esquemas são sempre os mesmos, não se limitando só a determinadas esferas do saber.

[...]

§ 9. *Procedimentos metódicos das ciências: fundamentações e dispositivos auxiliares para as fundamentações.*

[...] As fundamentações não esgotam o conceito de procedimento metódico, embora tenham uma significação central.[2]

Todos os métodos científicos que não tenham por si mesmos o caráter de verdadeiras fundamentações ou são *abreviações* e *substitutivos* das fundamentações, destinados a economizar o pensamento [...], ou representam *dispositivos auxiliares* [...], que servem para preparar, facilitar, assegurar ou possibilitar as futuras fundamentações [...].

Os dispositivos auxiliares da ciência

Existem métodos científicos que não têm, por si mesmos, caráter de fundamentação. Eles não servem de prova, mas servem de atalho ao raciocínio, como dispositivo auxiliar que prepara e

---

2 Paráfrase.

facilita as futuras fundamentações. Classificações são um tipo de dispositivo auxiliar; é algo que não traz em si seu próprio fundamento, mas é útil na organização da matéria a ser investigada. Existe, portanto, uma série de procedimentos que fazem parte do método científico, mas não têm caráter de fundamentação.

O método científico consiste, em essência, nas fundamentações, as quais devem ser as mesmas para todas as ciências. Ao contrário, os dispositivos auxiliares podem ser infinitamente variados conforme os campos de conhecimento a que você esteja se dirigindo. É justamente porque tanta gente confunde dispositivos auxiliares (variáveis) com fundamentações (constantes) que não se percebe a unidade da teoria da ciência subjacente a todos os métodos.

Considerem a estatística, que tem de se fundamentar na indução, um tipo de silogismo ao qual falta a premissa maior: falta o *todo*, e você só dispõe da *parte*. É tomando em consideração essa parte que você supõe qual seja o todo do qual ela participa. Se você dispõe de uma premissa menor e de uma conseqüência a que ela se refere, então poderá supor a existência de uma premissa maior. É uma suposição feita através de silogismo. O fundamento da indução, em última análise, é o mesmo do raciocínio que intercala todo e parte. A indução, por si mesma, não é fundamento de nada, mas é um procedimento auxiliar válido. Isto quer dizer que a estatística, por si mesma, jamais poderia ter valor probatório. Ela só o tem na medida em que traduz uma indução, e a indução, por si mesma, nada prova, porque ela depende de uma estrutura silogística subentendida.

A indução não faz parte da lógica; é um mero procedimento técnico exterior à lógica, é dispositivo auxiliar.

> [...] Assim, por exemplo, para referir-nos ao *segundo* grupo, é importante requisito para a segurança das fundamentações que se expressem os pensamentos de um modo adequado, mediante signos bem diferenciáveis e unívocos. A linguagem [...], embora ninguém possa prescindir dela, é um instrumento sumamente imperfeito. [...]

> Na *definição nominal* vemos, pois, um procedimento metódico auxiliar para a segurança das fundamentações.

Não sabendo o que é uma determinada coisa, você define o sentido em que vai empregar um determinado termo que a designa, mesmo que não exista um objeto correspondente a ele. Trata-se de uma definição nominal. Uma coisa é você dizer o que algo é; outra coisa é você dizer o sentido em que vai empregar uma palavra que designa esse algo, a despeito de ainda não se ter averiguado apropriadamente a sua existência.

> Coisa semelhante sucede com a nomenclatura [...].
>
> [...] Exemplos do *primeiro* grupo de métodos nos são oferecidos pelos *métodos algorítmicos*,

Por que os algoritmos funcionam? Funcionam porque atendem, como a estatística, ao mesmo princípio do todo e da parte. Todo conjunto de operações indicadas com clareza, se e quando for implementado, obedecerá sempre a um mesmo esquema de fundamentações. Funciona em cada caso particular porque uma fórmula geral se aplica a todos os casos.

> cuja função peculiar é poupar-nos a maior parte possível do verdadeiro trabalho dedutivo, mediante ordenações artificiais de operações mecânicas com sinais sensíveis. [...] Neste grupo entram também os métodos literalmente mecânicos [...]. Cada um destes métodos representa uma soma de dispositivos, cuja seleção e ordem estão determinadas por um complexo de fundamentações, que prova em geral que um procedimento dessa forma, ainda que se realize de um modo cego, há de proporcionar necessariamente um juízo particular objetivamente válido.

Verdade vs. Evidência

Não se pode esquecer que a seleção e a ordem desses métodos são determinadas por um complexo de fundamentações, que em última análise dependerá da noção de evidência. *A evidência só existe para o sujeito.* Sem sujeito cognoscente não há evidência. Uma coisa não pode ser *evidente* em si mesma, mas pode ser *verdadeira* em si. A evidência não é um caráter inerente ao objeto, é um tipo de relação que se estabelece entre a coisa e o sujeito cognoscente, de modo que sem sujeito não haverá evidência, e sem evidência não haverá fundamentações nem procedimentos de prova.

A estrutura da ciência é de tal maneira fundada na noção de fundamentação — a qual, por sua vez, está fundada na noção de evidência —, que a própria lógica só permanecerá válida se o enlace entre uma proposição e outra for ele próprio não um objeto de prova lógica, porém uma evidência, como a que se estabelece entre todo e parte.

Todo método é hipotético; método não é conhecimento. É uma estratégia para obter uma resposta a determinadas questões. Esse método tem de se basear em algum princípio lógico que, por sua vez, se prolonga num conjunto de técnicas que permite a sua realização material. Essa relação entre método e princípio lógico se radica num conjunto de fundamentações referentes a uma determinada esfera do ser ou da realidade, uma determinada ontologia regional. Se você não conhece as razões pelas quais uma esfera do ser foi recortada de determinado modo e não de outro modo, então o seu método não tem fundamento.

O método é a via de descoberta, mas de uma descoberta ainda não realizada. Você se preocupa em estabelecer um método porque ainda não descobriu o que almeja. Com base na fundamentação de uma ontologia regional na ontologia geral, você propõe algum método, e deste são derivadas as técnicas de pesquisa, as quais são dispositivos auxiliares. Ora, a técnica é uma unidade sistemática de conhecimentos desacompanhada da unidade sistemática dos fundamentos. Tudo o que é unificado, reunido, o é para alguma coisa, e por alguma coisa. Os conhecimentos estão reunidos na técnica porque, por meio dela, lhes é dada uma finalidade.

Nisso ciência e técnica muito diferem. Numa ciência, os conhecimentos estão reunidos em função da unidade de um objeto em si mesmo; é uma unidade cerrada em si mesma, como diz Husserl. Já na técnica qualquer conhecimento, referente ao que quer que seja, desde que útil para o fim que se tem em vista, pode ser admitido. Mesmo que sejam conhecimentos que suponham fundamentos completamente diferentes, ou mesmo nenhum fundamento conhecido, mas só hipotético.

Casta científica e supremacia da técnica

Nenhum dispositivo auxiliar, nenhuma técnica é capaz de responder à pergunta básica da ontologia: *quid est*? Quando você faz essa pergunta, arrisca-se a descobertas assombrosas, porque as coisas poderão parecer muito diferentes do que havia imaginado. Porém, se você já parte de uma determinada definição, de determinados conceitos tornados convencionais e habituais, e a partir deles elabora um método a ser aplicado irrefletidamente, com determinadas técnicas bastante precisas, você chegará se tanto a um conhecimento cujo valor será só consensual ou hipotético. Esse conhecimento terá validade, porém apenas dentro de um corpo de hipóteses tão delimitadas, atendendo a um sem número de requisitos que estreitam de modo sensível o campo do conhecimento ali possível, que este saber dependerá de que você conceda preliminarmente credibilidade a toda uma enciclopédia de informações. No caso de essas informações pressupostas serem compartilhadas por toda uma comunidade humana, então seus possíveis erros permanecerão ocultos. Será um conhecimento comunitariamente válido, mas cuja cientificidade é problemática.

O pior é que os cientistas, em geral, não têm uma consciência filosófica mais aguda e, assim, não sofrem má consciência. O sujeito às vezes não sabe que é um charlatão, não percebe que está tomando uma simples técnica por algo auto fundamentado.

Mas um filósofo, quando "chuta" muito, sabe que é um charlatão. O filósofo polonês Leszek Kolakowski disse que, no século XX, nenhum filósofo esteve isento do sentimento de ser um charlatão. Mas dos cientistas não poderíamos dizer a mesma coisa, e mesmo assim o público vê a classe científica como uma casta sacerdotal encarregada de conhecer o mundo e dizer para todos como ele é. Os cientistas detêm o poder da visão, como a classe guerreira deteria o poder da ação. Qualquer camada intelectual sempre exerce essa função. Como esse encargo, hoje em dia, parece caber à elite universitária, é natural que o povo lhe atribua todas as características, e todos os poderes, que uma tribo de índios atribui ao seu pajé, e os povos antigos atribuíam aos seus profetas. Lamentavelmente, não é bem assim.[3]

Contudo, o imenso progresso dos meios auxiliares levou as novas gerações de cientistas, já educadas dentro de uma atmosfera criada por esses meios auxiliares, mecânicos, a alterar a própria idéia do que fosse ciência ou conhecimento. Hoje em dia, a noção corrente de ciência pretende que, partindo-se do princípio de que os raciocínios lógicos e matemáticos, que dão à ciência seu caráter científico, estão todos unificados pelo uso de computadores, passa a ser científico tudo aquilo que puder ser equacionado nos termos do que esses computadores aceitem, e o resto, impossível de ser reduzido a essa linguagem, torna-se irrelevante. A cientificidade agora se mede mecanicamente, de acordo com programas pré-determinados. O científico e o não científico, hoje em dia, são questão de adaptabilidade a um determinado conjunto de programas.

Nesse caso, desaparece o sujeito cognoscente, e com ele desaparece a evidência, e não há mais distinção entre verdadeiro e falso. A ciência é julgada assim não em termos da sua veracidade

---

3 Cf. meu ensaio "O mundo da rainha de copas: ciência e anticiência na história da mentalidade revolucionária", *Digesto econômico*, novembro-dezembro de 2013, Ano LXIII, n. 475, pp. 48-55.

ou falsidade, mas em termos de sua utilidade para o desempenho da máquina total da pesquisa científica. Até a distinção entre conhecimento prático e conhecimento teórico torna-se inútil. O que importa é que o conhecimento teórico afira sua validade em função da facilidade maior ou menor com que se coaduna às pesquisas científicas em curso num determinado momento, e também em função de sua capacidade de otimizar a máquina geral da pesquisa científica.

Nesses meios profissionais, o ideal é que não haja intervenção humana na condução da pesquisa, mas este não pode ser um ideal propriamente científico, o qual supõe a presença da consciência humana. Só esta é capaz de operar com intencionalidade, com senso da finalidade de uma operação. Um computador não sabe a que se destina o raciocínio que está simulando a partir de uma série de ordens dadas num algoritmo. Delegar inteiramente a um computador a verificação da cientificidade de algo é pretender tornar o conhecimento científico algo inconsciente. Mas, como a evidência só existe para o sujeito, é este que terá de concordar ou discordar dos padrões formais a que um programa de computador obedece. Se você entregar todo o trabalho a um computador, não alcançará o sentimento de certeza próprio ao conhecimento científico.

Preleção XII
10 de fevereiro de 1993

21. A contigüidade de ontologias regionais

> Mas basta de exemplos. Está claro que todo verdadeiro progresso do conhecimento se verifica nas fundamentações. [...]
>
> § 10. *A idéia de teoria e a idéia de ciência como problemas de teoria da ciência.*
>
> As fundamentações soltas ainda não constituem ciência.[1] Esta implica [...] certa unidade no conjunto das fundamentações, certa unidade na série gradual delas; e esta forma unitária tem uma significação teleológica para alcançar o fim supremo do conhecimento, isto é, não a investigação de verdades soltas, mas do reino da verdade, ou das regiões naturais em que este se divide.

Verdade lógica

Toda articulação que se possa fazer do método científico só se justifica em função de uma determinada finalidade. Esta finalidade nada mais é do que a necessidade de descobrir a verdade sobre determinada coisa; logo, o método científico se fundamenta no conceito de verdade e na idéia de um objetivo a alcançar. Este objetivo, que corresponde à idéia pura de ciência, pode ser preterido, e talvez você se contente em procurar a verdade

---

1 Idem.

dentro de certos parâmetros. Você definirá — ou suporá — que um determinado conjunto de proposições é verdadeiro, estabelecerá determinadas regras de derivação e começará a procurar a verdade dentro desses parâmetros. O resultado terá validade, mas a validade limitada de não mais que uma verdade lógica, ou seja, uma verdade que não implica contradição.

Algo que não implica contradição é uma mera hipótese. Para que seja algo verdadeiro, é preciso que se afirme algum conhecimento efetivo além da não-contradição. A confiança depositada em parâmetros convencionais, ou pelo menos não discutidos, arrisca transformar todo o edifício da ciência num conjunto de hipóteses muito interessantes, mas fundadas apenas em não-contradição interna. Nesse caso a ontologia geral é reduzida à ontologia regional, e esta à metodologia, e esta a um conjunto de técnicas. Mas todas as decisões científicas fundamentais estão colocadas *antes* do problema do método.

> A missão da teoria da ciência deverá ser, portanto, tratar das ciências como unidades sistemáticas, ou, dito de outro modo, daquilo que as caracteriza formalmente como ciências, daquilo que determina sua recíproca limitação e sua interna divisão em esferas, em teorias relativamente cerradas, de suas espécies ou formas essenciais [...].

A divisão da ciência deve corresponder, em princípio, à divisão do ser em esferas de conhecimento, de modo que você possa estar seguro de que um determinado tema, delimitado de uma maneira específica, não sofrerá interferência da investigação de um outro tema numa esfera vizinha.

O que é dinheiro

Podemos estar seguros de que as descobertas psicanalíticas não afetam em absolutamente nada as descobertas em geometria descritiva, mas teremos igual certeza de que os fatos da ciência econômica em nada afetam a ciência do Direito? A resposta é não. A economia é uma divisão da ciência jurídica, o que pode ser demonstrado por meio do exame do que seja o dinheiro.[2]

A definição quase consensual de dinheiro o toma como se fosse, na verdade, um conjunto de "dinheiros". O economista de carreira tenderá a dizer que o dinheiro varia conforme a sociedade, conforme a época etc. É como se dissesse que o dinheiro é um fenômeno que tem só acidentes e só propriedades, mas nenhuma essência. O que é uma absurdidade, porque tudo que chega a ter propriedades e a sofrer acidentes é, necessariamente, *algo* em si mesmo. O nada não sofre nenhum acidente e não é capaz de nada.

Se perguntarmos o que é o dinheiro não só em alguns contextos e épocas, mas em geral, assim buscando reconhecer quais as notas específicas que um fenômeno precisa exibir para que o chamemos de dinheiro, concluiremos que o dinheiro não é nada mais do que um *direito*.

Suponham que o dinheiro seja apenas uma unidade de conta utilizada em determinado comércio. Mas, nesse caso, como uma unidade de conta poderia ter a propriedade produtiva que o dinheiro tem? Dinheiro rende dinheiro (por meio do crédito, do qual já falarei), mas uma simples unidade de conta não pode ter esta propriedade, e portanto a identificação entre dinheiro e unidade contábil está errada.

Considerem ainda o poder que o dinheiro tem de ser desejado, ser ambicionado pelos homens; é uma propriedade sua. Se ele não for nada mais que uma unidade de conta, o símbolo de um valor, então teríamos de admitir que a humanidade, ao desejar dinheiro, estaria desejando um símbolo. A moeda não é desejada, contudo, em razão de um fetichismo, é desejada porque a ela *corresponde um direito real assegurado por uma autoridade*. O sujeito que

---

2 Além dos aspectos do fenômeno dinheiro de que passo a tratar aqui, comento alguns outros no breve estudo "A organização econômica e o conceito de dinheiro" (apostila inédita, disponível em www.seminariodefilosofia.org).

deseja dinheiro não quer apossar-se de um símbolo, o que ele quer é um direito.

O dinheiro é uma abstração em relação aos bens, e o crédito é uma abstração em relação ao dinheiro. Tanto o crédito quanto o dinheiro radicam-se num único e mesmo conceito, que é o de direito. Na ciência jurídica, a definição de dinheiro é uma quantidade determinada de bens indeterminados. Essa é uma definição que perde de vista o essencial: não existe dinheiro se não existir uma autoridade que garanta ao possuidor do dinheiro — seja em forma de moeda, de madeira, de cheque, de nota promissória, de uma quantidade abstrata marcada num cartão, não importa — um determinado direito. Se não houver uma autoridade coatora que obrigue alguém a lhe entregar uma determinada quantidade de bens em troca de uma determinada quantidade de dinheiro, a moeda de que você dispõe (símbolo do dinheiro) não valerá rigorosamente nada.

Rasgar dinheiro, por exemplo, é um crime porque ao fazê-lo você está contestando a autoridade que garante o valor correspondente ao dinheiro queimado. Caso se tratasse apenas de um símbolo, você poderia rasgá-lo à vontade, porque não faria diferença alguma. O próprio Karl Marx, ao compreender isso (talvez tenha sido o primeiro a percebê-lo), foi obrigado a explicar a cobiça pelo dinheiro em si mesmo como algo demencial, fetichista.

O dinheiro, por ser um direito a uma quantidade de bens qualitativamente indeterminados, tem uma propriedade que os demais bens não possuem: *conversibilidade universal*. Ele é o único bem que pode ser trocado imediatamente por qualquer outro bem; os demais bens só podem ser trocados por bens determinados. Você pode trocar dinheiro por qualquer mercadoria, pode trocar dinheiro por dinheiro, trocar dinheiro por crédito — que é uma espécie de direito a dinheiro —, e assim por diante.

Na verdade, é errado dizer que o dinheiro é um bem, porque se o fosse teria um valor de uso. Mas dinheiro não tem valor de uso, tem só valor de troca. Poderíamos, com base nisso, inclusive dizer que as moedas cunhadas em ouro são um equívoco, uma pompa da autoridade, *uma confusão entre o valor jurídico do dinheiro (essencial) e seu valor simbólico (acidental)*. Se fizermos uma moeda de plástico com um valor facial e uma assinatura, o que valerá é a assinatura, e não o material plástico. Além do mais, a moeda de metal precioso traz o risco de que num determinado momento seu valor de uso seja maior que o direito efetivamente assegurado por ela. A autoridade então se desmoraliza, e ela já não é mais fiadora do dinheiro.

Em resumo, o dinheiro é um direito, e a moeda é um documento que atesta esse direito. O conceito de dinheiro é inteiramente jurídico, não econômico quanto ao essencial, e o surgimento desse fenômeno, o dinheiro, é um dos fatos capitais da progressiva introdução de uma ordem jurídica na esfera econômica. O Direito é por natureza expansivo. Existe cada vez mais intervenção do Direito em todos os domínios da vida — essa é uma das poucas constantes que existem na história do mundo. A cada vez que o Direito se alastra, a autoridade instituída estende seu alcance a ainda maiores domínios da vida. O advento do dinheiro é portanto um passo importantíssimo do progressivo fenômeno de judicialização da vida.

Na Idade Média se achava que o dinheiro não tinha poder produtivo, porque então se pensava que fosse um símbolo e que o poder produtivo estava nos bens. Esqueciam-se de que o dinheiro é quaisquer bens, e por isso mesmo é melhor você ter dinheiro do que bens. O dinheiro é abstrato em relação aos bens considerados, do mesmo modo que o crédito é abstrato em relação ao dinheiro: é o dinheiro do dinheiro.

O poder produtivo do dinheiro se encontra em sua capacidade de abstratizar-se ainda mais sob a forma de crédito. Por sinal, a universalização do crédito é outro passo fundamental da judicialização da atividade econômica. O crédito prescinde da exibição da moeda como comprovante de um direito. A instância que atesta esse direito fica mais distante ainda e precisa, para validar o dinheiro a que o valor corresponde, alcançar faixas ainda mais invasivas da vida social.

O coeficiente de ilegitimidade dos poderes instituídos

O dinheiro possui um traço caracteristicamente jurídico, a *bilateralidade*, a qual implica que ao direito de um indivíduo corresponde uma obrigação de outro, e que tanto esse direito quanto essa obrigação são garantidos por uma autoridade mediadora.

Vista desse ângulo, a inflação se revelará uma propriedade do dinheiro. Ela não pode ser explicada por um acidente. É uma propriedade do dinheiro pela simples razão de que a própria autoridade que garante o funcionamento da ordem jurídica, e portanto o valor do dinheiro, também toma parte na atividade econômica. A autoridade instituída também compra, vende, toma empréstimo. *Só não existiria inflação na hipótese de haver uma autoridade que estivesse fora e acima da atividade econômica.* Mas, como ela participa da atividade econômica, tão logo esteja endividada mudará o valor do dinheiro. Até o Banco Central precisa de dinheiro para pagar seus funcionários, sua conta de luz, seus gastos de manutenção. Esses custos só não existiriam para um banco abstrato, que tivesse uma não-sede, que empregasse não-funcionários. Logo, como o Banco Central participa da atividade econômica, ele não pode ser um árbitro totalmente isento. Isto significa que, a partir do momento em que existe dinheiro, a inflação decorrerá quase necessariamente de sua existência. A possibilidade de existir inflação é muito maior do que a de não existir. A não ser que a autoridade seja absoluta, isto é, seja proprietária de todos os bens dispostos dentro do seu território. Neste caso, ela estará acima da atividade econômica, porque esta, afinal, se desenvolverá dentro dos domínios da autoridade. A situação é esta: ou se tem a tirania absoluta, ou se tem inflação.

O endividamento da autoridade é a única causa fundamental da inflação. Todas as outras causas são acidentais. O endividamento da autoridade significa que esta não tem bens suficientes para arcar com seus compromissos, significa que ela é ilegítima, que não tem poder de fato para se sustentar. Dada a existência do fenômeno jurídico do dinheiro, toda autoridade terá sempre um *coeficiente de ilegitimidade*, que corresponderá a um coeficiente de inflação. A legitimidade do poder dependerá do quanto a autoridade instituída consegue administrar a inflação, isto é, do quanto ela consegue impedir que sua própria conduta orçamentária prejudique sua incumbência de garantir aos indivíduos os direitos correspondentes ao dinheiro em circulação na sociedade.

Se a inflação for alta, o governo terá pouco poder e precisará governar à base de truques, de mentiras. Se o Estado vive do seu próprio endividamento para com a sociedade, tornamo-nos teoricamente credores de um governo que pode a qualquer momento não assegurar mais o valor jurídico do dinheiro — um governo que pode mesmo, no limite, nos pôr na cadeia ou nos matar. Esse tipo de sociedade estruturada basicamente sobre a mentira instaura uma sensação de obscuridade, de indefinição. É por isso que as grandes crises inflacionárias correspondem a grandes crises psicológicas, são épocas de loucura. Veja-se a Alemanha do entreguerras. Foi a época em que surgiu o cinema expressionista, *O vampiro de Düsseldorf*. O povo só pensava em demônios.

Toda esta discussão nos mostra como algumas ontologias regionais podem aproximar-se drasticamente, ou como às vezes passamos séculos tomando, de modo errôneo, um elemento como pertencente a certa esfera da realidade, como no caso do dinheiro, que na verdade pertence a outra esfera. Mais ainda, essa meditação partiu da pergunta pelo que é o dinheiro. Mas poderíamos ter perguntado *para que* se quer o dinheiro, isto é, para que se quer o poder. Assim já deixaríamos o campo da ciência jurídica e passaríamos ao campo da ciência política. Já seria outro problema, pertencente a outra ontologia regional.

22. A filosofia perante a herança cultural

Insisto: parti da pergunta pelo *quid* do dinheiro, pelo que é o dinheiro, e cheguei a conclusões imprevistas. De algum modo, essa é a proposta do Husserl: voltar às coisas mesmas. É claro que você não vai abolir a herança cultural, mas buscará ter acesso ao próprio fenômeno, à coisa tal qual ela se apresenta, e não à sucessão de interpretações que se fizeram dela ao longo da história (como se tomássemos as definições já dadas de dinheiro e com isso nos contentássemos, sem tentar encarar o fenômeno do dinheiro diretamente). As interpretações disponíveis têm o seu valor, mas só adquirem plena importância a partir do momento em que você tem experiência do fenômeno. De nada adianta saber o que Marx pensa sobre o dinheiro se eu mesmo não sei o que é esse fenômeno, tanto mais que nem o próprio Marx sabia.

Por isso mesmo a abordagem histórica da filosofia é um problema gravíssimo. Se você não atacar um conceito de maneira frontal e direta, apenas terá ao seu dispor uma sucessão de opiniões sobre assuntos desconhecidos.

A força deste curso está em sua unidade, embora nela também esteja sua fraqueza, porque essa unidade ainda se encontra apenas na minha cabeça. Seria preciso que algumas outras pessoas fossem capazes de captar a unidade profunda deste curso, fundada na teoria dos quatro discursos, com todas as suas implicações morais, psicológicas etc., e decidissem levar este trabalho adiante.

Desenvolvo aqui a idéia de uma filosofia integral da cultura humana, a abranger desde o conhecimento imaginativo até a idéia pura de ciência. Acredito que essa seja a feição do sistema tradicional do conhecimento humano, embora não esteja expresso em parte alguma. Apenas tento expressar algo que está implícito em todo o desenvolvimento da cultura, e desta não nego nada, nada afasto. Sistema quer dizer "onde se juntam todas as raízes"; a formação dos indivíduos deve se orientar pelo espírito de sistema, desde que compreendido nesse sentido. Mas dificilmente você encontra no Brasil uma pessoa que tenha uma posição filosófica clara perante o mundo, uma posição autônoma que nasça dela mesma, e por isso a nossa cultura é derivada, subdesenvolvida, é um efeito de outras culturas. Durante mais de cem anos se acreditou que a cultura nacional seria autônoma caso lidasse com os nossos temas, com os nossos problemas, caso adquirisse um caráter local. É um grande erro. Uma cultura não é autônoma por tratar de problemas locais. Ela é autônoma quando é capaz de partir dos problemas desde a sua raiz, quando é capaz de um posicionamento fundamentalmente seu perante os problemas básicos do mundo humano. A autonomia deve ser vista quase em termos de autossuficiência, no sentido de que, se desconhecermos tal ou qual resposta dada por um filósofo alemão ou grego a tal ou qual problema, isso não nos fará uma falta essencial, porque já teremos também de algum modo pensado sobre esse problema.

A nossa cultura toma em consideração os problemas em um nível já muito elaborado. Partimos sempre de palavras, frases, posturas prontas, e não de um enfrentamento direto do problema. O discurso de nossos intelectuais tem uma impostação adquirida de uma cultura estrangeira considerada no ponto atual do seu desenvolvimento, quando a verdadeira autonomia seria atingida quando você tomasse esse material estrangeiro *não a partir do seu ponto atual, mas do seu ponto de partida.* De fato, não interessa tanto você acompanhar a produção cultural e a evolução das idéias neste momento quanto enfrentar os problemas por sua própria conta, percorrer o caminho por sua própria conta e risco. Daí vemos a tremenda importância da obra de Mário Ferreira dos Santos. Ele é o único pensador brasileiro irredutível a qualquer hipótese. Não que ele trate de problemas nacionais, trata é de problemas eternos. Por isso mesmo ele é uma fonte rica, e talvez por isso mesmo ele é recusado, porque você só consegue entrar no debate cultural brasileiro se as pessoas conseguirem identificar em que corrente da moda você se situa. O certo seria dizer que só existiu, em toda a história brasileira, um único filósofo, que é o Mário Ferreira.[3] O resto são filosofantes, que tomam certos temas em discussão e os acompanham nos termos em que já estão propostos, ao passo que é coisa própria da filosofia recusar todos os temas que já estejam em discussão e recomeçar tudo de novo. Refazer o caminho é da essência da filosofia, essa atividade por meio da qual *o indivíduo enfrenta um problema diretamente, num plano de universalidade, sem a mediação do geral.*

É justamente quando a herança cultural da sociedade não socorre o indivíduo que começa a filosofia. Só se filosofa autenticamente sobre aquilo que se mostra de uma necessidade absoluta. Se a herança cultural oferecesse respostas a todos os problemas, não haveria necessidade de filosofar.

Isto também acontece com nossa literatura. Se você pensar bem, ela começa e acaba com Machado de Assis, que é o único autor do qual se pode dizer que é uma fonte. Os outros são, de certa maneira, um prolongamento. Não há nenhum autor ficcional no mundo cujos livros sejam uma perfeita simulação, uma simulação de linguagem, de maneira que não interessa sequer saber se é verdadeiro ou falso o que se está lendo. Isto é uma invenção de Machado de Assis. Depois outros tiveram a mesma idéia, mas o próprio Pirandello, que se vale de simulação, não constrói uma obra simulada. Ele é um autor naturalista escrevendo sobre personagens simulados. Ao contrário, em Machado de Assis a falsidade era uma essência não só psicológica dos personagens, mas da própria estética do romance. No ensaio "As idéias fora de lugar" — reunido no livro *Ao vencedor, as batatas* —, Roberto

---

3 Cf. meu "Guia breve para o estudioso da obra filosófica de Mário Ferreira dos Santos" (recolhido em *O futuro do pensamento brasileiro: estudos sobre o nosso lugar no mundo*), no qual tento esclarecer o sentido da estrutura da "Enciclopédia das Ciências Filosóficas". Já em "Mário Ferreira dos Santos e o nosso futuro" (recolhido em *A filosofia e seu inverso*) dou especial atenção à "decadialética" do filósofo.

Schwarz explica como foi possível uma literatura como essa: só mesmo em um meio social no qual as idéias importadas da Europa não correspondiam às condições materiais de vida dos leitores, um meio no qual as idéias e movimentos estéticos — barroco, neoclassicismo, romantismo, realismo —, que haviam sido acompanhados na Europa de tremendas alterações na sociedade, desfilaram pela história sem que a realidade social brasileira sofresse a mais mínima perturbação, ainda agrária e escravocrata. Assim, reinava um sentimento lúdico para com as idéias; o cinismo, transformado em Machado num princípio de simulação estética, foi produto disso.

Ninguém melhor que Husserl para nos inspirar o projeto de voltar às coisas mesmas, acessá-las diretamente. Você não pode alterar toda uma tradição que lhe precede, mas você pode colocá-la entre parênteses, não endossá-la. Mas aqui no Brasil um sujeito com vinte anos de idade já aderiu a alguma coisa e passa a responder a tudo a partir dessa adesão. Se for um interessado em psicologia, será junguiano, reichiano, freudiano etc., e assim permanecerá para o resto da vida. É uma postura fundamentalmente antifilosófica.

Preleção XIII
11 de fevereiro de 1993

23. *Objetividade privativa e ciência moderna*

Cabe subordinar igualmente este tecido sistemático de fundamentações ao conceito de método, e atribuir portanto à teoria da ciência a missão de tratar não somente dos métodos que se apresentam nas ciências, mas também daqueles que se chamam ciências; não só distinguir as fundamentações válidas das não válidas, mas também as teorias e as ciências válidas das não válidas. Esta missão não é independente da anterior, pois a investigação das ciências como unidades sistemáticas não é concebível sem a prévia investigação das fundamentações.

UM EXEMPLO DE CIÊNCIA INVÁLIDA seria aquela que pretendesse oferecer um tratamento biológico do fenômeno econômico. A economia evidentemente não será válida se tomada como ciência natural. Uma proposta assim seria inviável por não existir um objeto correspondente ao recorte epistemológico feito.

[...]

§ 11. *A lógica ou teoria da ciência como disciplina normativa e como arte.*

Uma ciência é verdadeiramente ciência, um método é verdadeiramente método, se é conforme ao fim a que tende. A lógica aspira a investigar o que constitui a idéia de ciência, para poder saber se as ciências empiricamente dadas respondem à sua idéia, e até que ponto. A lógica renuncia ao método comparativo da ciência histórica, que trata de compreender as ciências como produtos concretos da cultura das distintas épocas, por suas peculiaridades e generalidades típicas, e explicá-las segundo as circunstâncias dos tempos. A essência da ciência normativa consiste em fundamentar proposições gerais em que, com relação a uma medida fundamental normativa — uma idéia ou fim supremo —, são indicadas determinadas notas, cuja posse garante a acomodação à referida medida [...]. Isto não significa que a ciência normativa deva oferecer necessariamente critérios gerais; assim como a terapêutica não indica sintomas universais, nenhuma disciplina normativa oferece critérios universais. O que a teoria da ciência em particular pode dar-nos são critérios especiais. [...]

Quando a norma fundamental é ou pode chegar a ser um fim, brota da disciplina normativa uma arte [...] a teoria da ciência se converte em *arte da ciência*. [...]

§ 12. *Definições da lógica inspiradas nesta concepção.*

Definições como arte de julgar, de raciocinar, do conhecimento, arte de pensar (*l'art de penser*) são equívocas [...]. O fim da arte em questão não é propriamente[1] o pensamento nem o conhecimento, mas aquilo para que o pensamento mesmo é um meio. [...]

Mais se acerca da verdade a definição de Schleiermacher, ao dizer que é a arte do conhecimento científico.

Se você definisse a lógica como uma arte, ou técnica do conhecimento científico, estaria pressupondo um determinado fim de um conhecimento científico para cuja consecução essa arte proveria as normas. Essa definição seria incompleta porque deixaria a cargo da própria lógica definir o que é conhecimento científico e o que não é conhecimento científico. Para evitar esse erro, Husserl propõe sua definição de lógica como teoria da ciência, uma ciência da ciência, que determina os caracteres do que seja o conhecimento científico como meta a ser alcançada e, em seguida, verifica os meios pelos quais se pode alcançar esse conhecimento.

---
1 O sintagma "O fim da arte em questão não é propriamente..." é paráfrase.

É importante o que Husserl diz neste passo: que não interessam para a lógica as ciências efetivamente existentes, encaradas do ponto de vista histórico, como realidades dadas, porque por um lado ela é uma ciência pura, que investiga a idéia de ciência, e por outro é uma arte ou técnica do conhecimento científico considerado em geral, independentemente das suas realizações, mesmo das realizações que historicamente foram alcançadas nessa ou naquela época.

Vários outros campos da experiência humana cobram para si um tipo de conhecimento que guarda grande similaridade com essa concepção do que seja propriamente científico. Vejam que, de acordo com essa perspectiva, não existe nenhum conhecimento de ordem religiosa que não pretenda possuir um pouco desse caráter de ciência. Todas as religiões argumentam em causa própria com base numa veracidade que atenderia aos requisitos de evidência. *Uma revelação é uma evidenciação, é tornar evidente o que não se percebia antes.* Moisés, no alto do Monte Sinai, acredita que o conhecimento que adquiriu ali fosse evidente. Ele poderia até reconhecer algum problema de transmissibilidade desse conhecimento, mas não lhe faltaria a evidência do mesmo.

A investigação científica não pode descartar a veracidade de uma determinada alegação sem considerar todas as hipóteses que a validariam; na verdade, só pode descartá-la se houver demonstração de uma impossibilidade intrínseca. Não se pode dizer, por exemplo, a que a ufologia seja uma ciência, pois seu objeto não é definido. UFO é um objeto não identificado que voa, o que é uma definição negativa. Logo, a ufologia tem uma contradição intrínseca, pois supõe existir uma classe de objetos *não identificados* que, no entanto, partilhariam certas propriedades em comum — o que é uma autocontradição. A ufologia não pode pressupor a origem desses objetos. Uma vez que não são identificados, não se pode presumir uma origem extraterrestre. No momento em que você diz que um UFO é uma nave interplanetária, ele deixa de ser não identificado; está agora perfeitamente identificado, o que solapa as bases da pretensa ciência ufológica.

Objetividade privativa

Grande parte dos conceitos de uso corrente nas áreas de conhecimento dito científico no mundo moderno, como o conceito de algo "não identificado", atende a uma espécie de *objetividade privativa*. Esta consiste em crer que, tão logo definidos certos requisitos do conhecimento científico, a descoberta da verdade dependerá da privação de determinados pressupostos subjetivos. Dito de modo mais simples, crê-se que o conhecimento certo requer um não envolvimento do indivíduo.

Na Renascença surge a idéia de que os objetos apresentam certos caracteres que só podem ser percebidos subjetivamente, a exemplo da cor e da forma. Mas haveria outros que não dependeriam do indivíduo, que poderiam ser percebidos de maneira independente, a exemplo da extensão e do volume. As qualidades primárias seriam aquelas mensuráveis objetiva e independentemente da percepção do indivíduo concreto. As qualidades secundárias seriam aquelas só perceptíveis para o sujeito que as observa a partir de sua subjetividade. Isto sugeriu a idéia de que só seria objeto de conhecimento científico aquilo que pudesse ser medido independentemente da percepção concreta do sujeito. A partir daí se desenvolve o que chamo de objetividade privativa, segundo a qual só por meio da supressão de determinadas qualidades do objeto podemos chegar ao que ele possui de objetivo.

Em física se acreditava que o volume, o peso etc. não dependeriam da perspectiva do indivíduo, de modo que todas as pessoas observariam essas qualidades da mesma maneira. Um mundo de objetos assim descritos, sem atenção aos demais aspectos qualitativos, se provaria muito diferente daquele a que temos acesso por meio da percepção. Teríamos de supor que por trás do mundo perceptível existe um outro mundo, que é composto apenas das qualidades matemáticas dos seres, e que este é o verdadeiro mundo objetivo. Mas a seleção dessas qualidades matemáticas é abstrativa, e sua abstração depende da inteligência humana. Isto é o mesmo que dizer que foi um sujeito quem selecionou as qualidades matemáticas. Do conjunto de tudo o que o indivíduo percebeu, ele isolou uma determinada porção, a qual só por ser matematizável, contudo, não se pode pretender que seja mais objetiva do que as demais porções da realidade.

Seria o caso de perguntar: uma cadeira é uma cadeira, ou é um feixe de átomos? Nesse último caso, poderíamos dizer que ela parece uma cadeira, mas no fundo é um aglomerado de átomos. No entanto, você pode inverter o raciocínio e dizer que esse objeto parece ser um feixe de átomos, mas na verdade é uma cadeira. Alguém poderia em seguida alegar que um feixe de átomos poderia ser observado independentemente do uso que alguém faz dele e do significado que lhe é atribuído, mas o mesmo não se poderia dizer da cadeira. Mas ora: por que uma escala de observação deveria ser mais válida que a outra? Mais ainda, os átomos de uma cadeira não estão agrupados de uma maneira qualquer. Um elefante também é um conjunto de átomos, mas sabemos que um elefante não se confunde com uma cadeira. Logo, o que particulariza um objeto não é o fato de ser constituído por átomos, e sim o fato de que ele possui uma *forma* de agrupamento dos átomos. A visão física do mundo como composto apenas de partículas implicaria abolir a diferença entre as formas dos objetos, sobrando somente a matéria de que eles são compostos. O que seria o mundo se fosse composto de partículas em movimento que jamais se agrupassem em formas reconhecíveis? Não se pareceria em nada com este mundo!

Os objetos não têm a sua forma individual determinada pelo fato de serem compostos de partículas, mas em razão de algum outro fator. O mundo das realidades físicas é um mundo abstrativo, que está colocado, por assim dizer, por baixo deste mundo, como a sua matéria. Mas neste mundo, no mundo da experiência concreta, não existe sequer um objeto que possa ser inteiramente caracterizado apenas por suas propriedades físicas. O conjunto das propriedades físicas e químicas de uma determinada substância não chega a constituir essa mesma substância individual, real, concreta. Mas chega a constituir, por exemplo, uma espécie. Os objetos que a física estuda são classes, não objetos reais. Ela estuda classes discerníveis apenas por meio de suas propriedades físicas. Na condição de classes, são entidades lógicas, não entes reais.

No fundo, isso é uma espécie de platonismo: as classes são tomadas como mais reais que os indivíduos que as compõe. Todo o mundo da física moderna está imbuído da idéia platônica de encontrar por trás da realidade sensível uma outra realidade, mais verdadeira, composta apenas de combinações matemáticas. É um platonismo intramundano que, em vez de colocar as idéias puras numa faixa superior do ser, as coloca aqui mesmo e as considera mais reais do que os entes fisicamente considerados.[2]

Dizer, por exemplo, que o sistema de Copérnico é mais verdadeiro do que o sistema de Ptolomeu não é nada mais que uma questão de mudança de escala. Copérnico disse que a Terra gira em torno do sol; mas, se você observar desde um outro ponto de vista, verá também que não é a Terra que gira em torno do sol. Ambos descrevem um determinado movimento que tem como polo a estrela Vega e que *dá a impressão* de que a Terra gira em torno do sol, caso você considere apenas esses dois astros. Assim, tendo por base a escala da percepção normal humana, é o sol que gira em torno da Terra; mas, tendo por base a escala do sistema solar exclusivamente, é a Terra que gira em torno do

---

2 Cf. minha discussão desse estranho fenômeno, em paralelo com a ressurgência de crenças gnósticas e uma progressiva divinização do espaço e do tempo no início da modernidade, no capítulo "O materialismo espiritual" de *O jardim das aflições – De Epicuro à ressurreição de César: ensaio sobre o materialismo e a religião civil*.

sol. Uma terceira escala de observação, por sua vez, levaria a crer que nenhum gira em torno do outro.

Isto é um jogo de perspectivas. Para dizer que o movimento da Terra em torno do sol é um *movimento absoluto*, você teria de isolar o sistema solar. Como existem milhares de objetos se movendo uns em relação aos outros, a descrição de um movimento absoluto é impossível. O movimento absoluto só existe geometricamente; materialmente não pode existir. Por exemplo, posso desenhar um círculo aqui, e vocês irão apreciar sua forma circular na medida em que tomarem esta sala e este quadro-negro como ponto fixo de referência. Mas, desde outros pontos de observação, que levem em conta o movimento da Terra, este círculo já terá se deslocado e assumido forma cônica. Logo, qualquer ponto de vista é igualmente válido dentro dos limites que ele mesmo estabelece; só não é possível trocar os próprios objetos entre si. Mesmo as noções de orientação espacial, como *acima, abaixo* ou *ao lado,* só são válidas se você fixar um ponto, um norte. Dado o movimento conhecido da esfera celeste, você estabelece nele um ponto que se move menos do que os demais e o chama de norte, o que é não só válido, mas até necessário. Entretanto, se você tomar o conjunto da esfera celeste a partir de uma perspectiva um pouco maior, verá que também aquele ponto norteador não é imóvel. Neste sentido, o sistema ptolomaico é uma descrição absolutamente perfeita do movimento que o sol faz acima de nossas cabeças, alcançando inclusive medições rigorosamente válidas das quais se vale não só a astrologia, mas também a náutica.

A estrutura real do mundo só pode ser inteligível em sua totalidade para uma espécie de inteligência pura, capaz de conceber a relatividade total dos movimentos de todos os entes em relação a uma espécie de norte não físico e absoluto.

Quando Einstein toma como parâmetro a velocidade da luz, todos os movimentos assumem perante ela um caráter relativo. Só ela permanece constante e pode ser tomada como absoluta.

No entanto, isto só é válido provisoriamente. Se você disser que a velocidade da luz é constante em todas as direções, e portanto é um absoluto, então terá forçosamente de concluir que ela não é uma velocidade: seria alguma outra coisa, porque toda velocidade é relativa. Um parâmetro absoluto que não possa ser medido por nenhum outro parâmetro só poderá ser de ordem não física. Você poderia fazer uma suposição ideal, como a de que — é apenas um exemplo aleatório — o pensamento divino, que está simultaneamente em todos os lugares e não podemos captar de maneira nenhuma, fosse o norte absoluto, e com base nele medir o movimento de todas as coisas. A transposição para um ponto de vista ideal não-físico, contudo, desnorteia a maior parte das pessoas. O famoso salto abstrativo de que falava Hegel é um salto para um abismo. As pessoas preferem a segurança de um parâmetro físico.

Não é possível fazer ciência física sem partir de alguns parâmetros metafísicos. Medir coisas extensas a partir de outras coisas extensas leva a que nunca se saia de certas dimensões de tratamento do problema, de modo que você nunca chega a conclusões finais sólidas. Tome-se a questão da finitude do universo: se ele é finito, o que há para além dele? É o não-universo? É o nada, totalmente desprovido de quaisquer propriedades? Mas como é esse nada — é um nada espacial? Ora, dizer "espaço vazio" implica que há espaço. O astrofísico descreve o universo como dotado de certas propriedades; quando, contudo, chega ao limite espacial de manifestação dessas propriedades, diz que para além dali não existe mais espaço, simplesmente descartando outras propriedades que lá pudessem se manifestar. A sua investigação de determinadas propriedades o deixa cego perante propriedades de outra ordem.

O universo pode ser finito, mas não fisicamente. O universo fisicamente finito é uma contradição em termos. Onde quer que exista espaço, há um universo, ainda que nada aconteça lá. Chamar de universo apenas o campo determinado pelas propriedades físicas conhecidas levará a crer que o universo se encerra nos limites dessas propriedades. Mas o que está para além desses limites não é necessariamente algo "metafísico", ainda é o universo físico, só que com outras propriedades. O mero fato de ser um espaço "vazio" não o torna metafísico, não é por ser um espaço vazio que deixa de ser uma realidade física, porque ainda o definimos fisicamente pela mera aplicação de certas propriedades. Ele não é não-físico, ele não é suprafísico, ele é, por assim dizer, um extrauniverso, para cujo conceito só dispomos do fato de que está privado de certas propriedades.

Giro retórico da ciência renascentista

Tudo isso é produto de vícios científicos que surgem a partir da Renascença, quando o homem passou a ser motivado pelo desejo de encontrar uma espécie de absoluto material, que, como um esoterismo de baixíssimo nível, no fundo é um impulso de ver Deus fisicamente.

Mais ainda, toda a ciência da Renascença não percebe a base retórica das suas argumentações. Tornar o sistema de Copérnico mais crível do que o sistema de Ptolomeu requer que as pessoas imaginem o mundo de outra maneira, requer uma *mudança imaginativa*, e enquanto tal resulta de uma argumentação retórica. O quadro de referência ptolomaico é imaginativo, e o copernicano também. Na verdade, *qualquer outro quadro de referência será igualmente imaginativo*. Toda visão do mundo que possa se expressar sob a forma de um quadro imaginativo será sempre relativa, provisória, e nenhuma será mais real do que a outra. Se você vê este mundo como um cenário no qual tudo é lindo e todos são deuses, e outra pessoa o vê como um inferno cheio de diabos e de sofrimento, o fato é que entre uma visão e outra a diferença é apenas retórica. Duas visões subjetivas como essas não podem competir em termos de veracidade, porque elas não estão colocadas no plano do verdadeiro e do falso, mas no plano do verossímil. Hoje em dia, para um garoto de ginásio a visão do mundo como partículas em movimento parece mais verossímil do que a visão do universo cheio de deuses. Porém a própria facilidade com que as pessoas passam de uma visão à outra mostra que nenhuma delas é verdadeira. São apenas uma impressão de realidade.

O mundo dos sentidos e da imaginação jamais pode se situar na realidade, pois essas faculdades só lidam com a possibilidade. Uma possibilidade pode disputar com outra em termos de verossimilhança; você *quer*, assim, que uma determinada possibilidade seja real. Você se identifica com uma visão e não com outra, mas se trata só de diferença entre duas imagens poéticas sublinhadas retoricamente. Portanto, se você se deixou impactar demais por uma experiência, por uma impressão, você fez papel de trouxa. As faculdades sensoriais não nos dizem o que é a realidade, apenas criam o quadro das possibilidades dentro do qual você, intelectualmente, aos poucos recortará o que é real.

Qualquer visão que você tenha, qualquer impacto sensorial que você sofra, não vem acompanhado do sinal de real ou de irreal. O nosso aparato perceptivo não pode dizer o que é real ou irreal. Ou dito de outro modo: não existe diferença sensível entre o que é real ou irreal. Entre a imagem imaginada e a imagem vista você estabelece uma distinção puramente intelectual, a qual advém quase que só de um costume. A única coisa decisiva quanto à veracidade de uma imagem será o emprego de um critério intelectualmente válido, para o qual todas as imagens, enquanto imagens, têm idêntica validade, só diferindo em sua maior ou menor veracidade, *que não se dá no plano sensório*. A visão animista do mundo vale tanto quanto a visão científica, pois ambas são apenas visões. Para saber o que é real efetivamente, para além dessas visões, você terá de explicar como pode existir um mundo composto de partículas atômicas e subatômicas em movimento que comporte, ao mesmo tempo, a existência de certos tipos de seres considerados mágicos ou demoníacos. Do ponto de vista imaginativo, essas duas imagens de mundo são discordantes; mas um elo entre uma e outra, por meio da triagem dialética de fatos, poderá ser alcançado pela inteligência pura.

Numa época de crença disseminada na visão do mundo composto de partículas, as pessoas ainda acreditam, de certo modo, no mundo animista, e só entendem este último a partir do primeiro. O mundo de partículas só existe dialeticamente como negação do mundo anímico. Durante o dia o sujeito acredita num mundo de partículas, mas de noite, quando sonha, acredita num mundo cheio de deuses. Mas suprima a capacidade dele de sonhar com os deuses e depois tente lhe ensinar física... Será impossível que ele aprenda. Sem mundo imaginativo, o mundo racional não funcionaria. Como diz Croce, o homem só é um animal lógico porque é também um animal fantástico. Ele só tem lógica porque tem fantasia.

Princípio antrópico

A inteligência humana age em dois andares: num primeiro e mais baixo se encontra o pensamento mágico, poético, que apreende por meio do aparelho sensório toda a faixa de possibilidades do real; e acima desse andar há um segundo, o do pensamento lógico, analítico, cujo pleno funcionamento depende da atuação adequada do andar inferior, que colhe as possibilidades com que ele trabalhará. O pensamento discursivo só será eficiente se o pensamento simbólico que o precede e embasa estiver operando corretamente; do contrário, isto é, caso a imaginação esteja desordenada, o indivíduo fatalmente enlouquecerá, não terá o mais mínimo senso de orientação na realidade.

O pensamento lógico só funciona se estiver disposto ordenadamente sobre o pensamento mágico por intermediação da *vontade*, que é a *unidade da personalidade*.

Será possível que o ser humano (sujeito do conhecimento) funcione em dois andares, mas que o universo (objeto do conhecimento) funcione de modo inteiramente diverso? Será possível que exista um ser cuja estrutura perceptiva não tenha nada que ver com o universo? Isso me parece inviável. O universo não pode ser abrangido por nenhuma visão só materialista ou só anímica; é preciso que exista no universo uma parte que funcione segundo um determinismo lógico-matemático e outra parte que funcione através de conversões absurdas de realidade e de irrealidade, a qual corresponderia à parte mágica, e ainda uma terceira parte que dependa da vontade, da interferência humana, de modo que o homem está colocado não só como observador, mas como peça ativa do universo. À imaginação, ao discurso lógico e à vontade do ser humano correspondem, no universo, respectivas faixas do ser.

Isso explica por que os debates sobre determinismo e indeterminismo nunca chegam a uma conclusão. Nem podem chegar. Parte do mundo funciona de maneira determinista e parte de maneira indeterminista. Uma parece uma máquina, a outra parece um sonho. O mundo é assim, e o homem também é. O homem subsiste entre lógica e magia porque ele também se parece com o universo. É isto o *princípio antrópico*: o universo é constituído de tal maneira que nele haja lugar para o homem viver. Ou seja, a existência do universo é compatível com a existência do homem. Nenhuma descrição lógico-matemática do universo poderá esgotá-lo sem chegar a um ponto no qual as coisas pareçam estar funcionando à base de arbitragem, ponto aliás ao qual a Física chegou. Você acompanha o determinismo universal até certo ponto, e para lá dele tudo se torna confuso: passa a ser um campo indeterminístico e até mesmo caótico. É assim com o universo, é assim conosco.

O mundo determinístico e o indeterminístico não se excluem. Eles estão costurados um ao outro, mas *a costura é o ser humano*. O homem está mesmo no centro do universo, não no sentido de estar no centro geográfico, e sim no sentido de que ele é uma espécie de *eixo* da estrutura do universo. O universo tem as mesmas propriedades que o homem.

Ciência aristotélica e ciência renascentista

No tempo de Aristóteles não havia muita distinção entre o que seria uma observação científica e uma observação empírica. Uma observação comum e corrente, feita em condições mais ou menos fortuitas, era admitida pelo próprio Aristóteles como fonte de conhecimento mais ou menos fidedigno. Observações que ele mesmo tinha feito até ali eram computadas como dados significativos.

Mais tarde, passa-se a aceitar como observação científica somente as observações feitas em determinadas condições. Com isso, ganha-se em exatidão e certeza dentro do campo observado, mas se perde quanto à relação entre o conhecimento assim adquirido e a experiência comum, corrente, dos homens.

As diferenças entre esses dois tipos de ciência — ciência aristotélica e ciência renascentista — podem ser explicadas historicamente em função das condições de vida em um momento e em outro. Mas a lógica não se ocupa disso. Ela está interessada apenas em julgar se essa ou aquela ciência atende à finalidade expressa no ideal do conhecimento científico.

Hoje se acredita que a ciência renascentista é mais científica do que a ciência aristotélica, juízo que depende de que se tome como parâmetro de avaliação apenas a exatidão e a confiabilidade dos dados colhidos. Por outro lado, poderíamos objetar que a experimentação científica moderna é feita a partir de um quadro de referência muito diferente daquilo que Husserl chamava de mundo da vida (*Lebenswelt*), isto é, o mundo da experiência comum e corrente. O mundo da ciência é assim mais artificial, mais inventado, mais hipotético, e por isso mesmo é necessário que, depois de feitas as observações e tiradas as conclusões, haja um princípio de correção, de relativização do resultado obtido, de modo a reenquadrá-lo dentro do *Lebenswelt*, ou do contrário a ciência acabará criando outro mundo que irá se superpor ao mundo da experiência. Quando ocorre essa superposição, há um desvio do próprio ideal de ciência.

As distorções do modo de observação renascentista só se tornaram claras no século XX. No fim do século XVIII, Kant tomava a nova ciência física de Newton como uma verdade pura e final, como ciência modelar. Só depois surgem as suas deficiências, a começar pelo fato de que suas observações estão condicionadas à escala em que foram feitas. Na medida em que você é capaz de imaginar observações feitas a partir de outra escala, e assim começa a desenvolver aparelhos com um tipo observação mais sutil, torna-se evidente que essas novas observações fornecem um quadro de referência do universo muito diferente do que se tinha na mecânica clássica. Os princípios desta última não se aplicam, por um lado, a realidades físicas infinitesimais, e por outro não se aplicam a uma escala macroscópica, ao incomensuravelmente grande. As observações de Newton tinham sido feitas, portanto, a partir de um quadro de referência muito limitado. Não é impossível que as novas observações feitas a partir desse aprimoramento da observação científica voltem a coincidir com constatações da ciência aristotélica. Aquilo que tinha sido aparentemente superado retorna; por isso, todo progresso da ciência é muito relativo.

O mundo newtoniano seria aquele observado por um ser humano de tamanho normal que percebesse somente as qualidades matematizáveis e padronizáveis. Mas é claro que um ser humano assim não existe. O mundo dessa é física é, logo, um mundo ideal.

Contraparte moral da ciência

O privilégio que a ciência desde a Renascença atribui aos aspectos matematizáveis da realidade faz com que se deixe em segundo plano os aspectos morais que qualquer conhecimento implica.

O que significa, no fim das contas, uma verdade científica cuja contrapartida moral você não conheça? Se eu desconheço totalmente as conseqüências que uma determinada verdade científica tem para mim, eu só a conheço parcialmente.

O bom desempenho da atividade científica requer que tenhamos clareza acerca dos requisitos pessoais que ela nos cobra, acerca das predisposições que temos de cultivar para efetivamente aprender a fazer ciência. No ensino, a parte decisiva não é o ato de ensinar, mas sim o modo como o sujeito irá aprender. Isso hoje se torna obscuro em virtude de toda a propaganda da educação como um direito, coisa na qual não acredito. *A educação não pode ser um direito de nenhum indivíduo porque ela não depende de algum outro indivíduo que não você mesmo.* A educação depende de mim, de minha disposição de aprender, e não de uma obrigação imposta a outrem para que me ensine, pois essa sua obrigação será baldada se eu mesmo não assumir a postura indispensável ao aprendizado. A educação é uma decisão, e não um direito. Você não tem o direito, por exemplo, de ser corajoso; você será corajoso se quiser, caso se empenhe em ter coragem. De igual modo, o sujeito ativo do processo educativo não é o professor, mas o próprio aluno. A educação não pode ser vista como um dever; só pode ser uma livre escolha. Quando você a encara como um direito, tenderá a confundir o acesso à educação, aos meios onde supostamente pessoas são educadas, com a prática efetivação da educação, que é sempre auto-educação.

O que move o sujeito a aprender não é o simples desejo de aprender, é o desejo de se transformar. É o desejo de ser amanhã o que você não é hoje. A partir do momento em que você passa a saber algo que não sabia antes, você já não é mais o mesmo. À medida que aprende e se torna outra pessoa, você ganha um meio senso de orientação em meio ao mundo. Educar-se requer que se aprenda a responder às suas próprias questões. Você descobrirá que para as mais importantes questões existenciais ninguém terá respostas para lhe dar. Nesse campo, só terão relevância as respostas que você mesmo for capaz de encontrar por si próprio.

Todos esses conhecimentos dependerão de seu nível de consciência a respeito dos atos interiores pelos quais os alcançou. Os conhecimentos de que disponho dependem da clareza com que conto para mim mesmo a história de suas descobertas. Não ter evidência sobre os seus próprios atos também contraria os princípios fundamentais do conhecimento descobertos por Descartes. Mesmo no caso de um conhecimento que eu lhe comunicasse, ainda assim você necessitaria tratá-lo como se o tivesse descoberto sozinho, pois a verdade é que toda compreensão é um ato solitário. Se você de fato compreendeu o que disse, é porque tomou minhas palavras apenas como um canal para fazer por si mesmo o percurso até o conhecimento.

O máximo que o governo pode fazer por você em matéria de educação é prover meios muito mínimos para que você, por conta própria, busque se educar. O problema da educação no Brasil não é uma questão de legislação, não é uma questão orçamentária, é um problema cultural nascido do fato de que a personalidade dos indivíduos não está apta à busca independente da solução daquilo que os aflige. Se você quer ser um cientista, se quer ser um filósofo, você precisa assumir uma postura em relação ao conhecimento que seja compatível com aquela meta. Cada área do saber é regida por um conjunto de valores que marca uma conduta ideal à qual você, de algum modo, tem de se conformar. O exemplo modelar tem de preceder qualquer política pública em torno da educação. Mas no Brasil o Estado vem sempre em primeiro lugar, vem sempre antes da iniciativa social, ao passo que quem tem de tomar a iniciativa é você.

Num cenário como esse, é fácil que as pessoas confundam os cacoetes sociais das profissões com a essência mesma dos ofícios. Cada atividade possui um vocabulário técnico que faz jus à sua natureza, mas possui também um vocabulário social, imensamente variável de época para época, o qual constitui só a carapaça da profissão. O sujeito que acredita que a educação é um direito que alguém tem de lhe garantir é o mesmo que confunde vocação pessoal numa profissão com exibição social dos trejeitos externos a essa profissão.

Preleção XIV
12 de fevereiro de 1993

24. Retórica e dialética

No início da Idade Média, os padres da Igreja perceberam que os membros da casta guerreira, de origem pagã, tinham grande dificuldade para compreender certas exigências morais. A Igreja tentou dirigir os impulsos dessas pessoas altamente erotizadas num sentido benéfico, e para tanto os concentraram na imagem de uma mulher inacessível — a Virgem —, a fim de que esse desejo, sublimado, formasse uma espécie de base sensível para a compreensão do que seja a aspiração pelo divino.

Nesse período é que surge a ética dos cavaleiros. O cavaleiro está a serviço de sua dama, que geralmente é a esposa do rei ou do senhor feudal, a qual lhe é proibida. Ele é incentivado, de certo modo, a se apaixonar por ela justamente por ser uma mulher inacessível. O erotismo do indivíduo, assim canalizado, faz com que ele sofra e sinta um fundo de nostalgia. Essa nostalgia forma uma base sensível para que a pessoa compreenda a nostalgia do paraíso perdido, a nostalgia do divino.

Após a Idade Média, quando se acabam cavaleiros, senhores feudais e damas inacessíveis, a burguesia lê livros que fazem referência àquela época pretérita e se empenha em viver algo similar. Surge assim o amor romântico segundo a concepção moderna, a qual é inteiramente deslocada e apresenta uma alta dose de irrealidade. O cavaleiro medieval pagaria com a vida a posse da amante, que ele jamais poderia ter como prêmio material. Se ele levasse a mulher do rei para a cama, seu prêmio seria a morte. Mas pior do que a morte era a sua desqualificação como cavaleiro.

Diferentemente, o amor romântico moderno é aquele que se pretende que não deva ser realizado apenas porque impedimentos sociais não o permitem, e não porque a própria natureza desse amor não o faculte (caso da ética do cavalheiro medieval); o amante se esforça assim num sentido disruptivo, para efetivamente consumar o erotismo. É por isso que em toda a civilização do Ocidente moderno o culto do amor romântico lembra o culto do adultério: é um amor que jamais se realiza no casamento. No máximo, pode haver uma imagem de casamento idealizado, que jamais se realiza completamente, porque a história termina quando o sujeito se casa. Como se o amor romântico se consumasse fora do casamento, nesse caso *antes* do casamento. Em seguida vem apenas "e foram felizes para sempre...". É claro que esse é um amor imaginado sem nenhum fundamento ético.

Entendo o amor como um ato voluntário que devemos nos empenhar para sustentar. A paixão é só um estopim, algo que pode passar. No amor não se dá o mesmo. Se você ama uma pessoa, você é bom para ela quando ela lhe agrada e também quando ela lhe desagrada. É o que se vê na relação entre pais e filhos. Você não é bom para o seu filho apenas quando ele se comporta bem; você também quer ser bom quando ele se conduz mal. Nesse caso se vê ativo o fundamento ético do amor, e não o fundamento onírico de sua versão romântica.

É só para a sensibilidade romântica, por exemplo, que choca saber que existe uma fundamentação bioquímica para o amor. Essa imaginação onírica vê como uma dessacralização, uma trivialização o fato de que as relações amorosas possam em grande medida ser determinadas por hormônios e por interações químicas no cérebro. Na verdade, considero coisa ainda melhor se houver um fundamento bioquímico do amor: ele funcionará como um análogo do conceito de fatalidade. Assim, eu me ligaria a uma pessoa não porque ela tivesse tais ou quais qualidades excelsas — ela poderia até nem prestar —, mas porque uma fatalidade bioquímica ou genética me impele a tanto. Falamos de fatalidade e falamos de genética, mas no fundo estamos falando da mesma coisa: você não tem controle sobre o destino. Aceitar o amor corresponderá ao ato ético responsável de aceitar o próprio destino, e não apenas iludir-se com uma paixão perecível.

A oposição entre amor e bioquímica é, como se vê, apenas retórica. É próprio da retórica, por sinal, sugerir uma questão com certo prisma já dado em duas alternativas. Ao ouvinte caberá bater-se entre uma opção e outra (amor ou bioquímica, liberdade ou fatalidade), sem perceber que pode se tratar de uma falsa armação do problema, como o caso do falso conflito entre o mundo encantado da paixão romântica e o mundo desencantado da bioquímica. Esse conflito, assim posto, é autocontraditório na medida em que, se um determinado fenômeno bioquímico é considerado causa de um complexo de emoções, é claro que aquele fenômeno não é inimigo desse complexo de emoções, uma vez que é sua causa. Não há pelo que optar aí: é justamente a bioquímica que está realizando o sentimento de encantamento.

O filósofo não pode aceitar passivamente uma articulação tão equivocada de um problema. Você só pode se permitir reações contra ou a favor de uma determinada alternativa quando concordar com a montagem da alternativa. Pensem em um julgamento, no qual o réu só pode ser inocente ou culpado. Você só tem essas duas alternativas, caso aceite a competência do tribunal para julgar o caso e a justeza da condução do processo. Mas você pode, por outro lado, contestar a competência do tribunal ou o fundamento do próprio processo. Logo, a questão fundamental não é optar entre as alternativas já dadas pelo processo, é aceitar ou não o processo como um todo.

Todo discurso retórico funciona dentro de um quadro de referência pré-fabricado e não pode mudá-lo. Sua finalidade é favorecer um partido ou outro dentre os efetivamente existentes, motivo pelo qual o raciocínio retórico nada tem a ver com a natureza do problema. Vejam o caso do racismo: o que é ser a favor ou contra o racismo? O racismo é evidentemente uma ideologia racista, mas o combate ao racismo também é uma ideologia racista. Esse combate pressupõe que determinadas raças têm o direito à afirmação de seus valores raciais e culturais tradicionais, direito que é negado a outras. A ideologia do anti-racismo aprova que o negro afirme a sua identidade de negro, mas não que o branco faça o mesmo em relação à sua identidade de branco.

A passagem do racismo para o anti-racismo corresponde à passagem do colonialismo imperial para uma nova forma de colonialismo de tipo transnacional. Não é possível sustentar uma situação imperial sem uma dose de racismo. Se você monta um escritório de administração inglesa na África a fim de que uns milhares de ingleses mandem em milhões de africanos, terá de contar com que, de algum modo, os ingleses se sintam uma raça superior. O antigo colonialismo implicava o racismo quase necessariamente. Por outro lado, se você já não quiser tomar conta de um território e manter nele uma administração colonial, pretendendo que o próprio colonizado cuide dos negócios e explore os seus próprios compatriotas para lhe mandar dinheiro, torna-se conveniente que o negro se afirme como protagonista de alguma maneira. O anti-racismo foi criado não para beneficiar as raças oprimidas, mas apenas para acabar com os antigos impérios coloniais e favorecer um novo tipo de imperialismo puramente capitalista. Portanto, sou contra o racismo e sou contra o anti-racismo, e considero inteiramente retórica a discussão usual dessa questão.

A retórica é, de certo modo, uma parte da *polemologia*, área da ciência política que trata da arte da guerra. Quem dirige estrategicamente os debates que marcam uma época é um pequeno grupo de intelectuais da elite. São essas pessoas que retoricamente estabelecem os termos mediante os quais as opiniões serão formadas, mediante os quais os acontecimentos serão moldados até certo ponto. Uma vez montada a situação, é grande a dificuldade de sair de sua moldura, porque quem está dentro desconhece o conjunto dos dados. Não à toa, os feitos históricos têm resultados que quase nunca equivalem exatamente aos termos utilizados para discutir os conflitos. Na última guerra mundial, por exemplo, os aliados derrotaram o eixo; no entanto, um país aliado, a Inglaterra, sai do conflito enfraquecido, ao passo que um país derrotado do eixo, como a Alemanha, sai fortalecido. Só quando abandonamos essa polarização é que conseguimos enxergar que havia uma guerra por trás da guerra, na qual residia o verdadeiro conflito: o conflito entre o capitalismo norte-americano e o colonialismo das antigas potências européias. Essa guerra foi ganha pelos Estados Unidos em aliança com a União Soviética, a qual fortaleceu-se apenas para décadas depois ser deglutida por esse mesmo processo. *O comunismo é uma etapa da história do capitalismo*; até a consolidação da União Soviética foi feita com dinheiro de Wall Street. O desaparecimento da União Soviética é parte dessa transição, a qual reflete o conflito entre a aristocracia e uma nova classe de capitalistas.[1] A verdadeira guerra era entre os Estados Unidos e a Inglaterra. Se esse conflito tivesse sido conduzido abertamente, as pessoas teriam ficado chocadas. Buscaram-se outros meios de alcançar o objetivo.

---

1 Minha visão atual do movimento revolucionário é muito diversa. Cf., a título de introdução, *A Nova Era e a Revolução Cultural*; "Que é a esquerda?", recolhido em *A longa marcha da vaca para o brejo & Os filhos* da PUC. *O imbecil coletivo II*; os artigos reunidos nas seções "Socialismo" e "Revolução" de *O mínimo que você precisa saber para não ser um idiota*; "Três projetos de poder global em disputa", parte do debate com Alexander Dugin documentado em *Os Estados Unidos e a Nova Ordem Mundial*; e a entrevista que consta como posfácio ("O que mudou no mundo duas décadas depois?") da 3ª edição de *O jardim das aflições* (Vide Editorial, 2015).

Lutar consigo próprio

O ato de tomar posição perante algum problema deve ser proporcional à ordem real das coisas. Você não defenderá que 2 + 2 = 4 do mesmo modo e com as mesmas razões com que alguém defende Lula ou Maluf. A meta deve ser convencer, não persuadir. *Suadir* quer dizer *influenciar, empurrar,* e o prefixo *per* significa *em volta*. Quando você persuade uma pessoa, a está cercando, dominando. Já *convencer* é *vencer juntos*. Os dois contendores admitem a mesma coisa. Numa batalha dialética não há vencedor, os dois estão procurando a verdade, e portanto não interessa quem está com a tese certa, pois aquele que estiver defendendo a tese errada também estará ajudando e sendo ajudado. O que interessa é o resultado, o qual enriquecerá ambos.

Na discussão dialética você buscará, para uma tese que você não aceita, tantos argumentos quanto busca para a tese que defende. É preciso aprender a defender o contrário do que se acredita, pois a dialética opera fechando as alternativas até que sobre uma única e incontornável, goste você dela ou não. Na retórica, dá-se o contrário. O que interessa é apresentar argumentos decisivos a favor da uma tese e ocultar todos os argumentos contrários. Se for possível nem chegar a discuti-los, tanto melhor ainda, pois a tese defendida restará de saída como vencedora, como já aceita.

Interiorizar a postura dialética requer que você conheça bem as razões das suas adesões ou repulsas. Não importa tanto duvidar do que se ouve ou se lê; importa é que você desconfie de si próprio, que estabeleça *um distanciamento em relação à sua reação espontânea*. Se você estiver livre de si próprio, da sua reação retórico-emotiva imediata, estará ao mesmo tempo livre de uma vez por todas de quaisquer armadilhas retóricas que outras pessoas armem ao seu redor. Não se trata de defender-se de cada adversário em particular, mas zelar pela sua segurança em geral. O principal inimigo da liberdade de consciência não é externo. Não há pessoa que possa desde fora violar a sua liberdade de consciência. Só você é que pode se render, entregando sua liberdade. O seu inimigo é você mesmo, é a sua vontade de aderir a alguma coisa, de se sentir participante, é a vontade de dar palpite, de ter e manifestar opinião, vontade de *exercer a maldita liberdade de expressão em troca da perda da liberdade de consciência*. É melhor você ficar quieto, guardar sua opinião para si, mas pensar livremente por dentro, do que abrir a boca para falar às multidões e ser ouvido sem na verdade ter verdadeira liberdade de pensamento.

O ideal da liberdade humana é consubstancial à própria definição do ser humano. Se o ser humano não é livre, então ele é apenas um bicho. Um cachorro está preso ao seu conjunto de reflexos condicionados, não porque alguém o condiciona, mas porque ele é apenas um cachorro. Você só pode escravizá-lo desde fora, tomando como base a escravidão interna dele. Um indivíduo fundamentalmente decidido a não obedecer a um tirano e que julga que a sua liberdade vale mais do que a vida, morre, mas não é escravizado.

Um dos propósitos deste curso não é propriamente lhe dar meios de se defender da influência, do falatório da sociedade em torno, mas se defender de você mesmo. Todos nós temos uma face fraca, e esta face deseja ser amada, deseja se sentir protegida, deseja se sentir aceita, ela tem um monte de reivindicações afetivas (que até certo ponto são legítimas, desde que busquem atender ao real e concreto).

O próprio desejo de opinar é um desejo de atrair atenção. Mas, se você quer atenção, por que não busca atenção realmente, em vez de tornar-se só mais um dos incontáveis que estão emitindo opiniões? Os desejos afetivos do homem devem ser atendidos da maneira mais direta, simples e concreta. Desejo de carinho físico deve ser atendido com carinho físico; desejo de atenção deve ser atendido com a atenção de uma ou mais pessoas concretas, cujo olhar você possa ver. O seu interlocutor não pode ser a massa anônima que não presta a atenção em você concretamente, mas na imagem que ela faz de você, que pode ser bem diferente do que você é em concreto.

Há um propósito prático-moral na atitude humana que necessita ser satisfeito, pois do contrário toda moral ruirá. A moral só existe materialmente em cada ato; *não existe moral geral.* A moral está na relação que o indivíduo estabelece com a sua própria consciência. Não faz sentido tomar uma posição quanto ao que a sociedade inteira deve fazer moralmente. A moral se destina apenas a orientar a sua conduta pessoal. Você é contra a pornografia? Afaste-se dela. Mas nada pode ser considerado imoral universalmente e por si. Todo ato é relativo a quem o fez e por que o fez. A pessoa que necessita viver um delírio transexual para reconquistar um pouquinho de sentido vital numa existência puramente mecânica e tediosa tem direito absoluto à liberdade para se conduzir dessa maneira.

Só é intrinsecamente imoral aquilo que viola a natureza das coisas, ou a natureza humana. Aquilo que reduz o homem a um bicho, aquilo que tira a sua liberdade de pensamento, de consciência. A pornografia só se torna imoral a partir do instante em que adquire direitos e *status*, a exemplo de quando se começa a dar respeitabilidade pública à prostituição como uma profissão igual a qualquer outra. Isso é o mesmo que abolir o sentido do que seja uma profissão. A prostituição não requer nenhuma capacidade especial e pode facilmente se tornar um meio de limitação da liberdade do indivíduo.

A liberdade interior é a liberdade em relação ao que os antigos chamavam de "paixões da alma": medo, ódio, desejo, preconceito etc. Liberdade perante os seus próprios preconceitos, e não os dos outros. Tenho de pensar acima dos meus medos, dos meus desejos, dos meus olhos, pois tenho um direito humano fundamental: o *direito à verdade objetiva*, que é mais importante do que o direito à expressão. Nesse nível, cada pessoa se dirige unicamente a si mesma. Não há quem possa lhe dizer de fora o que é moral ou imoral. A lei moral universal só existe para quem a conhece, e o conhecimento dela somente se revelará na efetiva experiência interior: *verdade conhecida, verdade obedecida*. Esta moral se tornará obrigatória quando você a enxergar, mas ela nunca surgirá como algo socialmente instituído que lhe é imprimido. Antes de experimentá-la direta e interiormente, você é apenas uma criança.

Preleção XV
13 de fevereiro de 1993

25. A vontade perante o formalismo lógico

Capítulo II
Disciplinas teoréticas como fundamento das normativas

§ 13. *A discussão em torno ao caráter prático da lógica.*

Uma lógica prática é um imprescindível postulado de todas as ciências [...].

Kant mesmo adepto, por outro lado, da idéia de uma lógica pura, falou de uma lógica aplicada.[1]

A questão de maior importância [...] diz respeito a se a definição da lógica como uma arte toca ao seu *caráter essencial*. O que se discute é se o ponto de vista prático é *o único* em que se funda o direito da lógica a ser considerada uma disciplina científica [...].

[...] O essencial na concepção de Kant não consiste em negar o caráter prático da lógica, mas em considerar [...] possível a lógica como ciência plenamente autônoma, nova e puramente teorética, com caráter de disciplina *a priori* e puramente demonstrativa.[2]

---

1 Paráfrase.
2 Suprimem-se nesta passagem alguns elementos de menor importância para o entendimento do raciocínio.

> Segundo a forma predominante da teoria contrária à de Kant, a redução da lógica ao seu conteúdo teorético conduz a proposições psicológicas e eventualmente gramaticais, isto é, a pequenos setores de ciências distintas e empíricas [...].

Estamos acostumados a raciocinar por meio de silogismos, coisa que fazemos automaticamente. Mas existirá algum fundamento psicológico para que as coisas sejam dessa maneira, e esse fundamento psicológico, por sua vez, terá alguma relação com a estrutura lógica do raciocínio? O que me impele a crer na validade do formalismo silogístico? De nada adianta afirmar que se trata da relação entre todo e parte, pois esse é o fundamento lógico, e não a causa psicológica.

Reformulo a pergunta: quais são os eventos psicológicos que lhe ocorrem e o levam a admitir que aquilo que se passa com o todo deve também se passar com a parte? Estou perguntando pela causa imediata da crença, e não por seu fundamento.

Uma primeira hipótese seria a de que você crê na formalidade lógica por uma necessidade externa. Isso obrigaria a esclarecer por que você é obrigado a reconhecer essa necessidade externa; você bem poderia negá-la. Além disso, se a sua crença numa conseqüência lógica fosse derivada da constatação de uma necessidade externa, essa crença jamais seria necessária, e sim contingente. Você poderia crer nela ou não. O elo da necessidade lógica não poderia surgir na sua mente mediante a experiência que você tem de uma necessidade externa. Em geral, você percebe e acolhe a necessidade externa porque já acredita na necessidade lógica. O indivíduo é desse modo levado a crer na conseqüência lógica em razão da constatação de uma necessidade externa — subentende-se uma necessidade oriunda, talvez, da repetição de determinadas experiências: a determinados fenômenos se seguiriam repetidamente outros fenômenos, e a observação dessa regularidade se imprimiria na mente do indivíduo. Mas o fato é que nada lhe impede de proclamar como possível aquilo que a necessidade externa declara como impossível.

A esta objeção você poderia dizer: sim, eu realmente posso violar a necessidade externa (dada numa espécie de lei de regularidade de determinados fenômenos), mas não quero fazê-lo por desejar preservar a minha integridade física, a integridade do meu organismo. Nesse caso, nossa necessidade lógica nasceria de um *senso de autoconservação*. Mas isso, por si só, não é razão suficiente para que você admita a conseqüência lógica. Há pessoas que se autodestroem; você pode desejar sua integridade, mas esta não é em si mesma uma necessidade.

Suponha ainda que você creia na conseqüência lógica tanto em virtude da constatação de uma necessidade externa quanto em virtude de um senso de autoconservação. Isto equivaleria a dizer que o senso de autoconservação advém de uma necessidade externa, de modo que teríamos de explicar como umas pessoas podem reconhecer essa necessidade e se autoconservarem, enquanto outras não a reconhecem e não se autoconservam. Como se vê, o reconhecimento de uma necessidade externa dependeria de uma contingência pessoal. Em última análise, você acreditaria ou não na lógica a depender de contingências pessoais. Uma dessas contingências seria a circunstância de você ter recebido ou não informações e estímulos suficientes para prezar por sua integridade. Uma criança pequena tem um senso de autoconservação extremamente deficiente; as crianças vivem fazendo coisas perigosas. Nisso os animais diferem muito de nós. Uma ovelha que jamais viu um lobo, exemplifica Sto. Tomás de Aquino, logo que o vê pela primeira vez sabe que se trata de um perigo. Nos animais o instinto de autoconservação é automático. Mas, no caso do ser humano, não se trata de um instinto de autoconservação, e sim da transmissão de um ato cultural, de uma norma de autoconservação, de uma espécie de dever de autoconservação. Você reprime na criança não só o que ela faz contra os outros, mas também o que faz contra si mesma. O mais elementar instinto de autoconservação nos impeliria a manter o corpo limpo. Mas muitas vezes a criança se recusa a tomar banho, e você tem de obrigá-la a tanto. Às vezes tem de forçá-la até a comer! Adicionalmente, se o próprio senso de autoconservação pode ser inculcado no ser humano mediante educação, quem sabe se a crença na conseqüência lógica não será também coisa inculcada, uma espécie de condicionamento? Seria outra hipótese para a origem de nossa confiança na formalidade lógica.

Em síntese, a primeira hipótese é a de que *as categorias lógicas surgem de experiências repetidas*. É uma suposição muito frágil: caso você não tenha idéia alguma do que seja o princípio lógico, como conseguiria reconhecer duas experiências iguais enquanto iguais? Para tanto, elas precisariam se repetir quantas vezes? Ou você tem o senso de identidade, previamente à experiência, ou então a experiência repetida não lhe parecerá repetida.

A segunda hipótese seria a do *biologismo* — a tese de Jean Piaget. O senso de integridade lógica seria, no fundo, uma expressão do senso de integridade do organismo. Mas o que esses dois sensos têm a ver um com o outro? O senso de integridade física não é em si mesmo um princípio lógico, na verdade já o supõe. Isto é coisa bem evidente: no momento mesmo em que você fala em *auto*conservação, já subentende a relação todo-parte, porque você é um *todo* que deseja conservar a integridade das suas *partes*. Eu não quero, por exemplo, perder as minhas memórias, os meus dedos, minhas pernas etc. Por outro lado, se a autoconservação não pode servir de fundamento lógico da crença lógica, tampouco pode ser o seu fundamento psicológico, pelo fato de que nesse caso o reconhecimento de uma necessidade dependeria de uma mera contingência — como vimos há pouco, a autoconservação não é uma necessidade para o ser humano no mesmo sentido em que é para os demais animais.

A terceira hipótese seria a *sociológica*. Não existiria propriamente um instinto de autoconservação que servisse de base à crença na lógica, mas existiria a transmissão cultural de um senso de obrigação à autoconservação, um condicionamento que ensinasse o indivíduo a se defender. A partir da inculcação desse ensinamento, o indivíduo perceberia a necessidade externa, e ao admiti-la acabaria também por admitir a crença na lógica. Para que a herança cultural pudesse ser causa do senso de integridade, esta por sua vez teria de ser causa da percepção da necessidade externa, e esta ser a causa da crença na formalidade lógica — como este último elemento da cadeia causal não se sustenta, todo o resto da cadeia silogística vem abaixo. Assim, a hipótese sociológica só complica um pouco mais as coisas, acrescenta um elo causal a mais, mas não altera no essencial o problema.

Há muitas variantes dessa hipótese, como a afirmação de que as estruturas lógicas estariam dadas na própria linguagem, de modo que você, ao aprender a falar, apreenderia simultaneamente as estruturas lógicas. Essa possibilidade faria perguntar como, se desconhecesse inteiramente o princípio de identidade, uma pessoa poderia se habituar a perceber regularidades na linguagem a ponto de se tornar capaz de utilizá-la com proficiência. Repete-se aqui a aporia com que nos deparamos no caso da introjeção da regularidade de fenômenos externos.

Essas três hipóteses não nos levam a lugar a algum, e na verdade acredito que a investigação sobre a causa da aceitação dos princípios lógicos não *pode* levar a parte alguma. É uma investigação absurda; a pergunta pela causa dessa aceitação *não faz sentido*. Precisamos rejeitar a questão. O ser humano aceita os princípios lógicos *quando quer aceitar*; uns aceitam, outros não; uns aceitam de vez em quando, outros sempre, uns profundamente, outros superficialmente. A causa da aceitação não pode ser buscada em outro lugar que não na disposição do próprio indivíduo de aceitar a formalidade lógica.

Mesmo porque, se tudo o que o homem faz tivesse uma causa que o transcendesse, ele jamais seria por si mesmo causa de nada. O ser humano não seria um ser causal, capaz de ser causa, seria só causado. Um indivíduo assim constituído teria menos poder do que uma parede, a qual não é desprovida de ação própria, pois é capaz da ação de resistir, de se manter num mesmo lugar, de ser causa de sua permanência. Esse indivíduo, não sendo causa de nada, não apresentaria quaisquer propriedades definidoras — se as tivesse, já aí estaria um modo seu de agir no mundo, de afirmar-se de um modo específico, de ser causa de algo. Evidentemente, um ente assim não existe. *Existir é poder ser causa de alguma coisa.*

Nem todos os seres podem estar submetidos sob todos os aspectos à lei de um determinismo universal. Se acontecesse isso, todos os seres seriam inócuos, e somente as causas operariam sobre eles. Não existiriam seres, mas somente causas. Ora, um determinismo tem de determinar seres, as causas têm de atuar sobre seres que efetivamente existem. Mas se esses seres em si mesmos estiverem reduzidos às causas que atuam sobre eles, então não existirão funcionalmente, serão *nada*.

Não encontramos nenhuma causa para que o homem creia nos princípios lógicos; sabemos, por outro lado, que todo ser tem de ser capaz de ser causa de alguma coisa. A partir dessas duas constatações podemos aventar que talvez seja o próprio homem a causa de sua aceitação da conseqüência lógica. Talvez se trate de um ato seu, de uma causalidade sua, algo não causado por ente externo.

A própria existência da argumentação racional mostra que sua aceitação não é forçosa. Imaginem por um momento que toda argumentação se impusesse logicamente. Assim, se soubéssemos qual a causa da crença no princípio lógico, poderíamos, ao produzir essa causa, gerar o efeito persuasivo mediante um elo de necessidade. Ou seja, *a persuasão lógica se tornaria forçosa*. Mas, se assim fosse, que diferença haveria entre a argumentação lógica e a coerção física? No entanto, quando adere a uma argumentação racional, você o faz livremente por ter aceitado os princípios lógicos dos elos de conseqüência. Em princípio, toda e qualquer argumentação racional é negável pela vontade. Uma argumentação racional até pode ser forçosa idealmente, no sentido de que não oferecerá ao indivíduo racional outra escolha que não a de aceitá-la, caso partilhe da crença na validade da conseqüência lógica. Mas, mesmo nesse caso, o indivíduo precisa antes partilhar dessa crença; de resto, nada o obrigaria a optar pelo resultado certo. Tudo leva a crer que a aceitação dos princípios lógicos, e portanto da conseqüência lógica, é um ato livre do ser humano. É um ato contingente pelo qual o indivíduo pode ou não optar.

Isso desnorteia muitas pessoas. Pensam que o fato de a conseqüência lógica depender de uma escolha pessoal, e não de uma imposição, de uma força inescapável, lança o ser humano numa espécie de vazio. Uma concepção de mundo que começasse por suprimir a pessoa daquele que a concebe, contudo, seria manifestamente falsa. É como escrever uma história cuja conclusão negasse que ela foi escrita. É uma espécie de curto-circuito.

Por que as pessoas se espantam ante a necessidade imperiosa de reconhecer a existência do sujeito? Por que uma visão do mundo lhe pareceria mais real se ela começasse por abolir a sua pessoa?

Existe uma confusão entre dois tipos de veracidade ou credibilidade. Um diz respeito ao conhecimento objetivo considerado como aquele cuja veracidade seria atestada por todas as pessoas a que fosse exibido. Seria algo independente de minha subjetividade, isto é, a verdade apareceria intersubjetivamente e seria compartilhada por vários sujeitos. Outro tipo de veracidade, que não se confunde com o anterior, diria respeito a um conhecimento objetivo que fosse independente do sujeito e, no limite, pressuporia a abolição de qualquer sujeito. Assim, um tipo de veracidade estaria dado num conhecimento objetivo independente *deste* ou *daquele* indivíduo em particular, enquanto o segundo tipo estaria dado num conhecimento independente de *todo* e *qualquer* sujeito. Nesse último caso, concebemos um mundo visto por um sujeito inexistente, e não apenas por um sujeito indeterminado.

Essa perspectiva é absurda. Não seria concebível uma verdade inteiramente objetiva sem que existisse sujeito. Todo e qualquer conhecimento de tipo objetivo só pode ser objetivo no sentido de ser independente de um sujeito determinado, ou de um grupo determinado de sujeitos, mas não de ser independente de qualquer sujeito. Você tem de admitir pelo menos um sujeito potencial. O mundo é uma coleção de seres articulados entre si, que agem uns sobre os outros, e que nesse sentido são subjetivos. A chuva que cai sobre o solo está agindo subjetivamente sobre o solo, e correspondentemente este último está sofrendo objetivamente uma ação daquela primeira. Está sempre presente alguma forma de troca, de intercâmbio, de mútua interpretação, de troca de informações entre sujeitos; e assim o mundo é menos uma coleção de seres do que uma coleção de acontecimentos. Existe acontecimento porque um ser age sobre o outro, porque de alguma maneira um ser participa do outro. O conhecimento não é senão uma das muitas maneiras de participação, a qual subentende entre sujeito e objeto um princípio de veracidade. Nenhum objeto em si mesmo é verdadeiro ou falso. O mundo é uma potência de veracidade e uma potência de falsidade, as quais só se realizam na interação entre sujeitos (não apenas humanos) e objetos. Todo objeto tem um conjunto de aparências que emite para os demais entes. Uma pedra tem uma determinada forma, e esta forma emite informações sobre a pedra. Todos os seres estão continuamente emitindo informações para todos os seres; e, nessa inter-relação, pode ocorrer veracidade ou falsidade conforme os entes se comportem uns perante os outros reagindo às suas propriedades reais ou só aparentes.[3]

Considero a aplicação da teoria da informação à biologia um dos grandes avanços da ciência no século XX. Ela nos mostra o universo inteiro como composto de seres em constante troca de

---

3 Desenvolvo os elementos de teoria do conhecimento aqui insinuados nas apostilas "Ser e conhecer" e "O problema da verdade e a verdade do problema", disponíveis em www.seminariodefilosofia.org.

informações. Um ser que não tivesse nenhuma possibilidade de agir sobre outro ser, nem mesmo passivamente (um ser que não tivesse peso, por exemplo), absolutamente não seria um ser. Todo ser, por mais insignificante que seja, é um ser causal. Como diz o filósofo polonês Josef Hoëné-Wronski, "Ser é ter a potência de engendrar efeitos", o que é uma espécie de complemento à biologia aristotélica. Isto significa que nenhum ser pode ser totalmente explicado pelas causas que atuam sobre ele, porque as causas pressupõem o seu ser. Aquilo que não existe não pode sofrer a ação de causa alguma. Disso é forçoso concluir que não existe nada de estranho no fato de um ser humano ter liberdade de aceitar ou não a conseqüência lógica. Se até mesmo uma pedra possui um fundo de liberdade metafísica, como poderíamos negá-la ao homem?

Essa negação tem origem na expectativa de um determinismo universal por parte de pessoas que, no entanto, conscientemente não acreditam em determinismo universal algum. Se eu lhes perguntar se acreditam no determinismo universal, na absoluta fatalidade, que tudo está escrito e pré-determinado nos seus mais mínimos detalhes, de maneira que seríamos impotentes ante uma objetividade absoluta, vocês quase certamente dirão que não acreditam. Mas mesmo assim tendemos a ter uma idéia viciada do que seja a objetividade científica, só aceitando como conhecimento objetivo o que for totalmente determinístico. Em geral, as pessoas pensam que a ciência está encarregada de nos dizer quais são as leis objetivas que presidem o acontecer, de nos descrever um determinismo. Mas a própria ciência já desistiu disso há muito tempo, já não acredita em determinismo. Nem por isso a imagem pública que se tem dela deixou de ser uma espécie de retrato do determinismo universal, a ponto de só acreditarmos que um conhecimento é científico se o visualizarmos como independente de qualquer arbítrio ou liberdade. Nada mais distante daquilo que se passa efetivamente na ciência, a qual a toda hora tem de fazer um acordo entre determinismo e acaso, entre necessidade e possibilidade, entre probabilismo e caos. A idéia de um determinismo universal não é só absurda e anticientífica, é também anti-humana, é contrária à liberdade de consciência.

A incomodidade que você sente perante a idéia de que nada o força a assentir à formalidade da lógica deriva da percepção de que você é a causa, de que a responsabilidade é inteiramente sua, de que não há uma força externa — nem mesmo Deus — para lhe dizer o que deve fazer. Daí a sensação de vazio, mas esse vazio é o centro mesmo onde você está.

Como não é uma necessidade externa, a lógica é para o homem um valor pelo qual ele opta e o qual, de certo modo, ama. Com isso retornamos à formulação original do problema, que é inteiramente sem propósito; não é possível reduzir a opção pela lógica a nenhuma causalidade externa ao homem. Por outro lado, todo nosso empenho — esse é o empenho de Husserl — se direciona a mostrar que toda atribuição do aceite da formalidade lógica a algo como a conformação social ou a conformação biológica é uma forma de psicologismo. Psicologismo é o nome que Husserl dá a todo ato pelo qual se atribui a validade dos princípios lógicos a fatores extralógicos, ou seja, a fatores reais. Afirmei que não existe nenhuma causa real da formalidade lógica, mas que ela talvez tenha uma causa ideal, que seria um valor. Mas um valor não chega a ser uma causa, ele é apenas uma justificação. A validade dos princípios lógicos não pode depender de nada real. Independentemente do real, eles têm de ser válidos. Não há saída: ou a lógica pura é uma ciência *a priori*, totalmente ideal, que trata de relações e verdades possíveis que em si mesmas não têm absolutamente nenhum fundamento na experiência real humana, não sendo assim causada por nada, uma vez que é apenas um conjunto de formas possíveis de verdade a que se pode aderir por livre arbítrio humano; ou então a lógica pura terá de ser justificada por meio de algum subterfúgio psicologista, como alguns dos que apontei anteriormente.

Kant, o grande adepto da lógica pura, é também de todos os filósofos do Ocidente o que mais enfatizou a idéia da liberdade humana. Ele era contra até que se provasse que Deus existe. Dizia que a prova objetiva da existência de Deus seria a suma blasfêmia, porque suprimiria a liberdade humana. A existência de Deus não pode ser matéria de ciência no sentido objetivo, porque nesse caso você seria obrigado a aceitar esse Deus você da mesma maneira que tem de aceitar o real empírico. Deus se relacionaria com os homens do mesmo jeito que se relaciona com as pedras, às quais determinou leis cosmológicas e geológicas às quais elas têm de obedecer rigorosamente, sem escapatória. Não seria um Deus *do* homem, seria um Deus *para* o homem.

Um Deus como esse é incompatível com a experiência da liberdade. O conteúdo das crenças do homem jamais está pré-determinado. Pode ser influenciado ou reforçado pela experiência, mas não é totalmente determinado desde fora. O indivíduo cognoscente e livre se defronta com um mundo que não foi ele quem criou, e desse mundo faz parte o seu próprio corpo e grande parte de sua psique. A minha liberdade se defronta com uma infinidade de determinações externas e internas. É uma liberdade muito limitada, mas nem por isso menos real nos seus próprios termos. O homem é um ser livre que vive na miséria e na sujeição parcial de suas determinações. Essa é a imagem que Kant tem do homem, e à qual, sob esse aspecto, Husserl adere, e à qual também estou aderindo formalmente: o conhecimento articulado pela formalidade lógica — a construção do mundo do conhecimento coerente — é uma livre opção do homem.

Sendo assim, uma das finalidades da educação seria reiterar no homem a escolha contínua pelo discurso coerente, o qual pode ser compartilhado por todos os homens, uma vez que admitam os princípios lógicos. É essa opção que Eric Weil chama de "o contrário da violência". O mundo da determinação externa seria o mundo da violência, e o mundo da livre adesão aos princípios lógicos e suas conseqüências seria o mundo da razão.

Preleções XVI e XVII
17 e 18 de março de 1993

26. *O que é compreensão filosófica*

> [...] A objeção de que se trata de uma restauração da lógica aristotélico-escolástica, sobre cujo escasso valor a história pronunciou seu juízo, não deve inquietar-nos. [...] Talvez a lógica antiga fosse somente uma realização imperfeita e turva da idéia dessa lógica pura [...]. É também questionável se o desprezo pela lógica tradicional não é uma injustificada repercussão das emoções do Renascimento, cujos motivos já não podem tocar-nos hoje. A luta contra a ciência escolástica com freqüência não foi, no fundo, razoável; dirigia-se antes de tudo contra a lógica. Mas o fato de que a lógica formal tomasse o caráter de uma falsa metodologia nas mãos dos escolásticos (sobretudo do período de decadência) só prova que talvez faltasse a estes uma justa compreensão filosófica da ciência lógica e que por isto a utilização prática da mesma seguia caminhos errados [...].

Filosofia e ciência

MEDITEMOS UM POUCO SOBRE O QUE Husserl quer dizer ao falar em "justa compreensão filosófica".

Posso me perguntar qual é a diferença entre conhecer a lógica e ter uma compreensão filosófica dessa mesma lógica, mas minha pergunta na verdade implicará em perguntar primeiro o que seja uma compreensão filosófica. Tanto numa compreensão não filosófica quanto numa compreensão filosófica se trata de um mesmo conhecimento; não se trata de falar de origens ou conteúdos diversos de conhecimento, mas de diferentes modos de conhecimento.

Uma característica da compreensão filosófica é esta: ela é reflexiva. Não é uma compreensão imediata, não se confunde com a simples percepção sensorial nem só com o silogismo. Ela supõe um esforço dialético através do qual todas as contradições internas a uma questão serão depuradas em face de um ideal de clareza.

Tudo parece carente de fundamento ante uma compreensão filosófica. Se a busca da verdade é a tarefa da filosofia, a compreensão filosófica se dá no reconhecimento de que um determinado conhecimento é insuficiente em relação aos seus fundamentos e ao que idealmente pretende ser. Dito de outro modo, temos uma compreensão filosófica de algo quando alcançamos a consciência da defasagem entre pretensão e realidade, com a conseqüente evidência das contradições envolvidas. É claro que a compreensão filosófica não equivale à perspectiva de nenhum conhecimento nem científico, nem prático, nem teórico. Qualquer conhecimento é em alguma medida pré-determinado. No momento em que você recorta o campo a partir do qual buscará a verdade acerca de determinados elementos da realidade, você deixa de questionar o próprio recorte. Isso é condição *sine qua non* para o avanço em qualquer investigação. A ciência requer que deixemos certos problemas de lado. Por decisão e convenção, no recorte do campo de problemas de qualquer área de investigação científica se fará vista grossa para o fato inevitável de que emergirão contradições entre os conhecimentos obtidos e a experiência ou entre esses conhecimentos uns frente aos outros. Para o indivíduo que se dedica a uma ciência em particular, essas contradições não interessam. Ele seguirá em frente até que não seja mais possível, até que ele não consiga obter mais conhecimentos por aquela via. O momento de recorte do campo epistemológico é o momento em que uma infinidade de perguntas é abandonada, a fim de que se respondam a umas poucas, o que leva ao surgimento de uma pletora de questões secundárias não resolvidas e mutuamente contraditórias, que podem ou não se acumular até o ponto de invalidar o próprio recorte inicial.

O ponto de vista científico é sempre linear, ele requer que se siga em frente numa linha de investigação pré-determinada enquanto ela parecer profícua. É claro que a investigação científica requer o abandono da crítica filosófica por algum tempo, provisoriamente, até que as contradições reapareçam.

Ao contrário, a compreensão filosófica consiste em ver a possibilidade de contradições já no começo, já na fixação dos princípios. Daí a imagem de que a investigação científica vai para a frente e a investigação filosófica para trás — esta última vai no sentido do fundamento; ao invés de aumentar o edifício, aprofunda a sua base.

A fuga das contradições é condição indispensável para a ação prática. A ação prática é ela mesma a superação de uma contradição em particular: a contradição entre a vontade humana e as condições estabelecidas. Qualquer ação consiste em fazer alguma coisa que não existia antes, em mudar uma situação. Do mesmo modo, a investigação científica é a superação de determinadas contradições já definidas de antemão, a qual se alcança mediante a delimitação mais ou menos convencional das contradições que serão levadas em conta, enquanto se ignora todas as demais. Isto é algo incompatível com a filosofia. A consciência filosófica busca o fundamento absoluto do conhecimento aquém de quaisquer contradições.

A consciência filosófica afirmará que nada está completamente fundamentado, será a consciência permanente das contradições. Por isso, assim como podemos dizer que existe avanço científico quando o número de respostas obtidas pelas investigações se amplia, de igual modo podemos dizer que houve progresso filosófico quando se limitou o número de contradições possíveis. A filosofia lida mais com a possibilidade do conhecimento do que com o próprio conhecimento. Preocupa-se com tornar o conhecimento viável, e não propriamente realizável. Nesse sentido, de fato os escolásticos não tinham — como diz Husserl — uma compreensão filosófica da lógica, pois esta lhes parecia um conhecimento isento de contradições, desprovido de qualquer problema.

Até que John Stuart Mill lançasse o seu *Sistema de Lógica* (1843), no qual afirma que as leis da lógica têm um fundamento psicológico, não existia debate acerca dos fundamentos (e não da técnica) da lógica. É coisa que não se encontra nem mesmo em Aristóteles, que apenas insinua que a lógica é uma espécie de ontologia. O problema passou despercebido justamente porque não se tinha uma compreensão filosófica da lógica, cuja segurança e firmeza o elidia. Afinal, a lógica, como arte, como técnica, funcionava, assim como funcionam incontáveis coisas cujos fundamentos, no entanto, desconhecemos. A máquina a vapor, por exemplo, funcionava, mas não pelos motivos que seu inventor supunha. Você pode supor — dou outro exemplo — que exista uma força chamada eletricidade. Essa força se manifesta sob várias formas, de um choque elétrico à carga de um raio, e deste a processos do corpo humano. Ela tem muitas manifestações, ora ocorrendo num canal, ora noutro, e a simples unificação de diversos fenômenos a partir de um único conceito (eletricidade) já é um avanço. Mas o fato de que sejamos até capazes de manipular a eletricidade não quer dizer que conheçamos a sua *natureza*. Isso é coisa muito diversa do que ocorre em uma ciência como a geometria, na qual o conceito de quadrado é perfeitamente delimitado. Este não é um nome que se dá a uma constelação de efeitos, como no caso da eletricidade. Logo, nem todos os conceitos científicos são igualmente fundamentados. Mais ainda, para que as pesquisas prossigam e dêem frutos, a verdade é que, até certo ponto, eles *não precisam ser fundamentados*. Se você esperasse que todos os conceitos restassem perfeitamente fundamentados, para só então iniciar as pesquisas, você não as iniciaria nunca. Todas as ciências caminham meio no claro, meio no escuro.

Ciência e magia

Toda explicação inicial proposta para algum fenômeno é de natureza mágica. Ao lançar uma hipótese, o que você faz é dar nome a um ente cuja presença supõe estar por trás de um conjunto de fenômenos — o que é evidentemente um ato mágico. A mentalidade mágica irá afirmar que existe uma força que faz a seiva das plantas, contrariando a gravidade, subir através de seu tronco e galhos; irá dar a essa força o nome de duende. Formalmente, o que faz a ciência ao supor que existe algo chamado elétron é uma operação inicial igualmente mágica, como quando, em geometria, chamamos de "X" algo de desconhecido para continuar raciocinando.

O duende proposto pelo pensamento mágico é, nesse sentido, algo análogo a um sinal algébrico; é um *algo*, algo que faz a seiva da planta subir. Partindo do princípio de que não existe efeito sem causa, afirma-se essa possível causa fantástica.

A diferença entre conceito mágico e conceito científico é que o primeiro se apresenta com a pretensão de ser terminal, definitivo; ao contrário, o conceito científico é *proposital e conscientemente* aventado como um sinal algébrico a ser corrigido posteriormente. A ciência pode num momento posterior da investigação trocar o conceito de elétron por outro mais preciso, que comporte menor número de contradições. O pensamento mágico, diferentemente, não suporta que se troque um conceito como o de duende. No mundo mitológico, a troca mesmo de um único conceito põe abaixo todo o edifício do pensamento.

27. *A ciência normativa*

§14. *O conceito de uma ciência normativa. O princípio que lhe dá unidade.*

Começamos por assentar a proposição de que toda disciplina normativa, e igualmente toda disciplina prática, repousa sobre uma

> ou várias disciplinas teoréticas, na medida em que suas regras devam possuir um conteúdo teorético [...].

A disciplina normativa, embora esteja subentendida na disciplina prática, não contém esta última. Isso fica claro no campo dos julgamentos morais. É comum ocorrer que você saiba o que é certo e, no entanto, não conseguir agir conforme essa correção moral. Nesse caso, você dispõe da norma, mas não da técnica.

> Consideremos [...] o conceito de ciência normativa em sua relação com o de ciência teorética. As leis da primeira expressam o que deve ser [...]; as da segunda, o que é. Pergunta-se: quê se quer dizer com esse *deve ser* oposto ao puro e simples *ser*?
>
> [...] "Um guerreiro deve ser valente" significa mais propriamente: só um guerreiro valente é um "bom" guerreiro. [...] "Um homem deve amar o próximo" quer dizer que quem não o faça não é um homem "bom".[1] [...] Em todos estes casos fazemos com que a nossa valoração positiva, a concessão de um predicado de valor positivo, dependa do cumprimento de uma condição, cujo incumprimento traz consigo o predicado negativo correspondente.

Toda norma implica a idéia de um bem. Em princípio, qualquer norma contém dentro de si a exclusão da norma contrária. Qualquer obrigação de *fazer* alguma coisa é obrigação de *se abster de fazer* o contrário.

> Os enunciados negativos do dever não devem interpretar-se como negações dos afirmativos correspondentes. [...] "Um guerreiro não deve ser covarde" não significa que seja falso que um guerreiro deva ser covarde, mas que um guerreiro covarde é um mau guerreiro.

Isso guarda uma sutileza. "É falso que um guerreiro seja um covarde" não é mais uma proposição normativa; já é uma proposição teorética, refere-se ao verdadeiro e ao falso. Portanto, uma

---

1 Paráfrase.

proposição normativa negativa não implica a falsidade do seu conteúdo. Implica apenas a negação da norma contrária.

Ora, dadas as proposições "Um guerreiro deve ser valente" e "Um guerreiro não deve ser covarde" — como deduzir a partir delas o que seja um guerreiro?

> É conseqüência lógico-formal disso que o dever e o não-dever se excluam; e o mesmo cabe dizer do princípio de que os juízos sobre um dever não implicam nenhuma afirmação sobre um ser correspondente.

A partir do enunciado de um dever, você nada pode deduzir a respeito do ser a que ele se refere.

> [...] Devemos incluir aqui além das proposições com "deve" ou "tem de", que se equivalem,[2] também outras proposições como: "para que um A seja um bom A, basta (ou não basta) que seja B".

Só existem dois tipos de fórmulas de juízos normativos:

1) constrói-se uma proposição com *deve, tem de, must, soll, il faut* etc. a fim de afirmar a necessidade de que uma determinada condição seja cumprida;

2) ou se constrói uma proposição que afirme que, *para que* determinada coisa seja isto ou aquilo, *basta que* tal ou qual condição seja cumprida. Aqui está incluída a idéia de suficiência.

> Enquanto as proposições anteriores concerniam a condições *necessárias* [...], nestas se trata das condições *suficientes*. Outras expressarão ao mesmo tempo condições necessárias e suficientes.
>
> Com isto esgotamos as formas essenciais das proposições normativas. Vemos que toda proposição normativa supõe certa classe de valoração (apreciação) num sentido determinado e com relação a certa classe de objetos [...].

---

2 Em "além das proposições com 'deve' ou 'tem de', que se equivalem", há paráfrase.

Um sistema de proposições implica, em primeiro lugar, uma seleção de certa classe de objetos. Em seguida, você verificará quais são os valores pertinentes (positivos, negativos) a essa classe. Com base nesses valores é que você construirá as proposições, das quais umas se orientarão segundo um critério de necessidade e outras, segundo um critério de suficiência, em ambos os casos apresentando um sentido positivo ou negativo. Isto é um sistema normativo.

Cada classe de objetos admite certo conjunto de valores pertinentes e repele todos os demais. As comidas, do ponto de vista do paladar, podem ter gosto agradável ou desagradável. Mas, do ponto de vista econômico, podem ser caras ou baratas, a despeito de a comida, em si mesma, enquanto comida, não ser cara nem barata. A fim de determinar o que seja caro ou barato, você necessita de um parâmetro qualquer, o qual é externo ao sistema normativo. O essencial é que você delimite uma classe de objetos, um conjunto de valores pertinentes a essa classe, com sentidos positivo e negativo, e em seguida os expresse sob a forma de proposições que esclareçam quando você considerará positivo ou negativo tal ou qual objeto.

> [...] Inversamente, se, sobre a base de certa valoração geral, se tiver estabelecido um par de predicados de valor para a classe correspondente, fica estabelecida a possibilidade de pronunciar juízos normativos.

Claro: definido um determinado valor, e definidos para o desempenho desse valor um ponto máximo e um ponto mínimo, pode-se doravante enunciar juízos normativos.

> [...] chama-se normativa toda proposição que, com referência a uma valoração geral básica e ao conteúdo do correspondente par de predicados de valor, determinado por essa valoração, expressa quaisquer condições necessárias, suficientes, ou necessárias e suficientes, para a posse de um dos referidos predicados. Uma vez que tenhamos chegado a estabelecer uma distinção entre "bom" e

> "mau" em determinado sentido e por isto em determinada esfera, interessa-nos naturalmente averiguar quais circunstâncias, quais qualidades externas ou internas garantem ou não a bondade ou a maldade no mencionado sentido [...].
>
> Quando falamos de bom e mau costumamos distinguir também, em valoração comparativa, o *melhor* e ótimo do *pior* e péssimo.

Portanto, todas as proposições podem ser absolutas ou relativas: podem falar do bom e do mau, ou podem falar do melhor e do pior.

> [...] Suscitam-se, pois, análogas questões normativas com relação aos predicados relativos de valor com relação aos absolutos.

A inspeção das condições necessárias ou das condições suficientes também se impõe quando consideramos *pior* ou *melhor*, não só quando consideramos *bom* ou *mau*.

> [...] A totalidade destas normas forma evidentemente um grupo cerrado, definido pela valoração fundamental. A proposição normativa, que exige em geral dos objetos da esfera em questão que satisfaçam na maior medida possível às notas constitutivas do predicado positivo de valor, ocupa uma posição preeminente e pode designar-se como *norma fundamental*.

A norma fundamental seria simplesmente a expressão, nos termos de uma proposição, do valor fundamental em seu grau máximo. Todo e qualquer sistema normativo implica uma norma fundamental, mas isso não quer dizer que essa norma fundamental esteja explícita.

> Este papel é representado, por exemplo, pelo imperativo categórico na ética de Kant; igualmente pelo princípio da "maior felicidade possível para o maior número" na dos utilitaristas.

Todas as éticas que surgiram ao longo da história, pelo menos até Kant, são ditas éticas materiais, porque indicam um bem determinado. Aristóteles toma como um bem determinado o cumprimento da finalidade da vida humana: o ser humano é um animal racional, e seu propósito é evoluir no sentido da racionalidade do conhecimento. Portanto, a vida humana tem uma finalidade espiritual. Bom é aquilo que concorre para a realização dessa finalidade, mau é o que obsta sua realização.

Poderíamos pensar numa ética material comunista, cujo bem determinado, material, é levar à consumação o processo histórico. O homem é um ser essencialmente histórico e vive para consumar o curso da história. Esta consiste na sucessão das formas de dominação dos meios de produção (comunidade primitiva — feudalismo — capitalismo — comunismo), os quais necessitam ser rigorosamente cumpridos até que a revolução instaure o comunismo. Assim, é bom o que é compatível com o processo histórico que conduz ao comunismo, é mau aquilo que se opõe à realização da revolução.

O procedimento de Kant é bem outro. Se lhe perguntássemos se fazer a revolução é coisa moralmente obrigatória, ou se evoluir intelectualmente é uma norma ética incontornável, ele diria: "Não sei, mas sei que, tanto num caso como no outro, será moralmente correta a postura que for adotada com a consciência de que qualquer outro ser humano, em condições análogas, deveria proceder da mesma maneira". É isso o imperativo categórico, a obrigação que toda ação teria de se colocar num plano de universalidade. É uma ética formal, não material, para a qual o imperativo categórico, segundo a exemplificação de Husserl, serve de norma fundamental.

> A norma fundamental [...] indica o *princípio* (o *valor fundamental*) com relação ao qual deve verificar-se toda normação, e por isto ela não representa uma proposição normativa em sentido próprio. A relação da norma fundamental com as proposições propriamente normativas é análoga à que existe entre as chamadas definições da série numérica e os teoremas aritméticos sobre relações numéricas — fundados sempre naquelas. Cabe também designar a norma fundamental como a "definição" do conceito do bem correspondente, mas isto seria abandonar o conceito lógico habitual de definição.

Se nos propomos a finalidade de investigar cientificamente, com referência a uma "definição" desse tipo [...], a totalidade das proposições normativas correspondentes, surgirá a idéia de uma *disciplina normativa*.

Para conceber um sistema normativo, a primeira coisa a fazer é escolher a classe de objetos sobre a qual se irá legislar. A título de exercício, vocês poderiam criar um sistema normativo para uma classe de objetos bastante complicada, mas que é de máximo interesse: os comportamentos humanos e os valores que lhes atribuímos.

Para fazer o recorte do campo de objetos, vocês poderiam fazer uma relação das condutas humanas que parecessem mais fundamentais ou recorrentes; talvez um dicionário analógico lhes facilitasse a tarefa, fixando os sentidos da perseverança, da covardia, da generosidade etc. Não é necessário fazer uma lista que se pretenda exaustiva; se algo de essencial faltar, vocês perceberão num momento futuro e corrigirão as falhas do sistema. O fundamental é que vocês externem o que pensam ser o sentido de cada objeto do campo recortado, para assim abarcar todos os valores e contra valores que costumam atribuir aos procedimentos humanos.

O exercício deve se desdobrar em seis etapas, as quais correspondem aproximadamente às etapas de fixação de qualquer sistema normativo:

1) *Demarcar o campo*. Mapeamento dos objetos do sistema e seu ordenamento (por exemplo, sua mera ordem alfabética). O campo é constituído pelos nomes das qualidades e defeitos correspondentes.

2) *Descobrir os contrários de cada nome*. Um mesmo objeto pode ter vários contrários em vários sentidos. Isso significa que a cada contrário corresponderá um sentido do objeto em questão. O bom ordenamento do sistema exigirá uma especificação de cada contrário e do sentido em que é contrário a cada objeto dado.

3) *Distinguir os termos e os conceitos implícitos.* Para cada objeto e seu contrário, haverá diversos conceitos que, implícitos, dão a medida pela qual a contrariedade pode ser aferida. Daí que, se a um mesmo termo equivalerem cinco contrários, esse termo comportará cinco conceitos diversos agrupados sob o mesmo nome. Por exemplo, a "covardia" poderá ter cinco sentidos e cinco sentidos contrários, que terão de ser pormenorizados.

4) *Definir o sentido exato em que vocês costumam aplicar os termos.* Não se trata da definição dicionarizada ou socialmente difundida dos termos, e sim da definição precisa em que vocês os tomam concretamente para além de suas variações, de suas imprecisões. À medida que fizerem isso, vocês perceberão que o número de sentidos dos termos e de seus contrários se estreitará ao mínimo possível. Os conceitos serão pouco numerosos e mais precisos.

5) *Expor os conceitos sob a forma de proposições.* Só a essa altura vocês serão capazes de definir de forma unívoca cada conceito envolvido em suas valorações. Assim, poderão afirmar que generosidade é isto ou aquilo, e que o contrário da generosidade é, por sua vez, isto outro ou aquilo outro. Notem que por ora ainda não importa muito se as definições são verdadeiras ou falsas, importa que tenham uma expressão maximamente precisa.

6) *Descobrir a norma fundamental por trás de cada proposição.* A norma fundamental será o valor que, agora, vocês perceberão ser o verdadeiro critério pelo qual circunscreveram cada objeto e designaram seus contrários.

28. A verdade, norma fundamental da ciência pura

Uma disciplina normativa é construída por meio da fixação de uma norma fundamental; com referência ao valor expresso em nível máximo nessa norma, você derivará normas particulares que estabeleçam as condições necessárias e suficientes para que aquele primeiro princípio seja satisfeito em casos concretos.

O exercício que lhes recomendei faz exatamente o contrário. Ali, tentamos remontar desde certas valorações efetivamente feitas na prática da vida humana até algumas normas implícitas. Se, a partir destas, fosse possível remontar até uma norma fundamental implícita, então teríamos esclarecido a totalidade de certo pensamento moral real. Só que não conseguiremos encontrar essa norma fundamental, e a razão é muito simples: ela não existe.

O tipo de julgamento moral que se faz na vida cotidiana geralmente deriva de um composto acidental de vários sistemas morais diferentes; ele levaria a várias normas morais contraditórias, a sistemas morais superpostos.

Seria muito interessante se fosse possível, na prática, tomar uma pessoa, que não fosse você mesmo, e esclarecer totalmente, norma por norma, qual a norma fundamental implícita no comportamento dela. Você assim demarcaria cientificamente a composição do complexo de sistemas morais presente na cabeça dessa pessoa. Você pode fazer essa análise até certo ponto, mas nunca exaustivamente. As pessoas geralmente não têm o hábito reflexivo de comparar o seu comportamento num momento com o seu comportamento num outro momento, as suas intenções de agora com as suas palavras de ontem; é desse modo que a multiplicidade incongruente das normas que fundamentam o seu comportamento acaba lhe escapando, o que não quer dizer que essa pessoa não possa ser responsabilizada por essa incongruência. Contudo, na hora em que você a responsabiliza, apelando a essa ou aquela norma fundamental que ela mesma afirma com seus atos, mas que nunca expressou para si mesma, ela simplesmente não reconhece como sua aquela norma e, assim, nega a incongruência. A pessoa, afinal, não reconhece a sua obediência a determinadas normas fundamentais, as quais podem ser conflituosas.

Quando classificamos certos comportamentos morais do indivíduo como utilitários, pragmatistas ou kantianos, assim nos referindo a sistemas morais que a pessoa segue mas desconhece, ela tende a não se identificar com o que você está falando. Mas o fato de alguém não saber o nome e as características de um sistema moral não quer dizer que não possa estar se guiando precisamente por ele. Você não precisa estar consciente da existência de uma corrente de idéias para que a adote.

É tendo por referência a distância entre o comportamento real concreto e os sistemas morais que você vai captar o sentido universal das normas

Em uma das primeiras sentenças de sua *Filosofia política*, Eric Weil afirma que toda política é mundial, que qualquer corrente política nunca pretende se limitar só àquela situação ou local específico, ela traz sempre a afirmação de uma proposta política mundial. Weil tem razão; a limitação da política quanto a tempo e espaço é só uma contingência. Um sujeito não adotaria essa ou aquela política se não a achasse um bem para a humanidade em geral, por mais que na prática ele talvez não consiga estender essa política para além de Jacarepaguá. Coisa análoga se dá com o preceito moral. Qualquer regra moral que esteja implícita em qualquer ato traz consigo a afirmação de sua universalidade. Só assim o sujeito que queira ter alguma razão pode se justificar.

É coisa fácil de ser exemplificada. Se você percebe ingratidão por parte de uma pessoa pela qual você tem afeto, mas não percebe a ingratidão que você mesmo manifesta perante uma pessoa pela qual você não tem afeto, proclama assim que esse comportamento é justo para qualquer outra pessoa posta nessa mesma situação. Você está ao mesmo tempo proclamando a universalidade da gratidão para com os amigos e a universalidade da ingratidão para com os desafetos. Se você parasse para pensar a respeito, talvez mudasse de conduta.

Portanto, existem princípios e normas que só continuam funcionando enquanto forem implícitas e mais ou menos inconscientes, porque se subirem ao nível da consciência e forem declarados se revelarão na mesma hora um absurdo. Portanto, a inconsciência do fundamento moral do seu ato às vezes é uma condição para que esse ato possa ser realizado.

> Toda disciplina normativa está, pois, univocamente caracterizada por sua norma fundamental. [...] Nas disciplinas teoréticas falta, pelo contrário, esta referência central de todas as investigações a uma valoração fundamental [...] a unidade de suas investigações e a coordenação de seus conhecimentos estão determinadas exclusivamente pelo interesse teorético, que se dirige à investigação daquilo que se implica objetivamente (isto é, teoreticamente, por virtude de leis imanentes aos objetos) [...].

Poderíamos aqui levantar a possível objeção: por que o conhecimento deve ser objetivo? Quem determinará se o conhecimento deve ser verdadeiro? Isto se apresenta, para a ciência pura, com os traços de princípio fundamental de um sistema normativo.

Por que o conhecimento verdadeiro deve ser preferível ao conhecimento falso? Por que dizer a verdade é melhor do que dizer uma mentira? *No fundo de toda investigação teorética existe uma opção normativa — para não dizer logo ética — fundamental*; o princípio da veracidade nisso em nada difere da aplicação do Primeiro Mandamento: amar a Deus sobre todas as coisas. Se Deus é a verdade, então se trata da obrigação de amar a verdade acima de todas as coisas. A estrutura interna da ciência é de fato determinada exclusivamente pelos nexos, pelas ligações objetivas, imanentes ao próprio objeto, como diz Husserl, mas a forma como ela cumpre essa sua finalidade implica a norma fundamental da primazia do verdadeiro sobre o falso.

O apelo à lógica é um dos aspectos fundamentais do apego à verdade. A lógica é a não-contradição, que é uma das formas fundamentais da verdade: ou você diz ou não diz algo num mesmo sentido a respeito de uma mesma coisa, ou do contrário incorrerá num discurso duplo incompatível com a verdade. *Condenar a contradição, em lógica, equivale a condenar a mentira em ética*; a forma fundamental da mentira é o discurso duplo simbolizado pela serpente de língua bifurcada.

Preleção XVIII
19 de março de 1993

29. A causalidade humana

TODO ATO HUMANO POSSUI UM CONJUNTO DE CAUSAS que o determina. Essas causas podem ou não ser conhecidas pelo indivíduo, mas estão de todo modo presentes. Caso ele as conheça, irá transpô-las para o domínio da expressão psíquica. Aos objetos dessa tradução psicológica das causas chamamos *motivos*, os quais, para o indivíduo que os afirma, se expressam como um impulso, como uma necessidade. Você diz para si mesmo que *precisa* agir de um determinado modo; isto é, todo motivo subentende uma intenção. Você decide fazer uma coisa porque a aprova, e você a aprova em nome de algum pretexto, que pode, como disse, ser expresso (como motivo) ou inexpresso

Para assinalar a causa do comportamento de um sujeito, você parte de seus atos e da intenção manifesta nestes, dando por pressuposto que essa intenção corresponde adequadamente ao motivo que o sujeito alegou para si mesmo. Só agora você pode julgar se o motivo de fato possui relação com a intenção manifesta no ato, ou se na verdade essa intenção exige outro motivo como causa.

Toda ação humana só é humana na medida em que não é inteiramente determinada por causas, e sim por motivos. Ao transformar as causas em motivos, o juízo as legitima. Iremos nos distinguir uns dos outros em razão do quanto estamos conscientes das causas que atuam sobre nós e por meio da escolha de nossos motivos. Todos temos os mesmos impulsos, como o de roubar, matar, ter a mulher do próximo, bem como outros impulsos generosos. O inconsciente de todo ser humano é formalmente o mesmo, de modo que a motivação subconsciente nunca pode ser tomada para análise dos atos de alguém, porque não é com base nela que os atos podem ser individualizados — na verdade, ela abrange todos os atos. Ao contrário, os atos adquirem uma estatura moral quando, por meio do julgamento do indivíduo, passam de causas a motivos.

Toda investigação a respeito da moralidade de atos se baseia no princípio de que os seres humanos têm mais ou menos os mesmos impulsos, em dose maior ou menor. Quando você rouba, o faz não por conta do impulso de roubar, pois todas as pessoas podem em algum momento da vida ter esse mesmo impulso; você rouba por ter admitido o procedimento do roubo, e esse é o fundo moral a partir do qual sua ação pode ser julgada. Sem um juízo que racionalizasse de alguma maneira a causa, esta não poderia se transformar numa conduta, pois toda conduta humana é racional na escolha dos meios.

A partir desse fundo, podem ser detectadas confusões entre diferentes esferas de motivo aplicadas a um mesmo ato. É o caso do sujeito que tem uma relação adúltera com a mulher do vizinho e a justifica alegando amor pela humanidade. Mas o amor pela humanidade é dado como um gênero que não é, nesse caso, acompanhado por uma espécie compatível: a ação concreta, aí, implica justamente em falta de amor pelo próximo (por exemplo, para com o marido traído, ou para com a alma da mulher que assim peca). O indivíduo alega um motivo análogo que seria legítimo numa outra esfera, mas não na esfera específica da ação em questão.

Moralidade e Estado

Igualmente equivocado estaria quem invocasse o quinto mandamento ("Não matarás") para se recusar a ir para a guerra. O indivíduo tomaria por motivo uma causa que não se aplica exatamente a esse caso.

Você não pode dizer que o Estado deve amar a Deus sobre todas as coisas, nem que o Estado não deve matar. Você não pode julgar o comportamento de um Estado à luz dos Dez Mandamentos, como tampouco poderia julgar por igual parâmetro os animais. Os Dez Mandamentos pressupõem uma individualidade humana una e específica; e, se é certo que o Estado compõe uma unidade e é de algum modo responsável por seus atos, não é menos verdade que a circunstância de ser um conjunto de pessoas e ações torna para ele a passagem da norma geral aos casos concretos muito mais tortuosa e imprevisível. Quando o indivíduo é convocado para a guerra, ele não age em seu nome, ele cumpre ordens, ele é um veículo da ação do Estado: de certo modo, é o Estado que está matando, e não o indivíduo; mas Estados não podem ser cobrados tendo por base os Dez Mandamentos, conforme disse há pouco. Em suma: é legítimo você se recusar a servir e pagar com a vida a deserção, mas não é legítimo invocar como motivo para tanto os Dez Mandamentos, pois a ação do Estado se situa numa outra esfera, num outro grau para o qual não se pode transpor sem adequações aquele sistema normativo.

Isto para não falar que o pacifismo, numa situação de grave ameaça, pode ser um fator destrutivo para a comunidade, a qual tem o estrito dever de se defender contra qualquer agressão. Recusar-se a lutar e eventualmente matar, *nessas circunstâncias*, equivale a trair os Dez Mandamentos e não demonstrar nenhum amor pelo próximo ou por Deus.

O sistema moral que os meios de comunicação difundem hoje em dia se traduz num julgamento muito severo dos Estados e muito brando dos indivíduos. Exige-se que o Estado seja responsável por tudo e que o indivíduo não seja responsável por nada. Sendo que por definição o Estado é só titular de direitos, e não de deveres. O Estado é soberano justamente por não ser um ente moral; é como se fosse uma realidade puramente física e econômica, e portanto devesse se limitar às possibilidades dadas nesse plano.

Normalmente, nosso julgamento moral tanto da sociedade quanto dos seres humanos é constituído de reações esporádicas e isoladas, que na verdade não atinam com sentido moral algum. Só pode haver postura moral quando houver obediência a uma norma clara. A reprovação da conduta de pessoas que matam na guerra, se baseada no mandamento judaico-cristão de não matar, não é uma norma que possa ser obedecida. A norma moral invocada não está ajustada ao objeto; é assim que começam a se acumular na mente do indivíduo sistemas morais incongruentes, os quais impossibilitam qualquer discussão moral séria. A cada circunstância você invocará uma norma moral que lhe seja conveniente, sem se perguntar se essas diferentes normas, que irão se acumular ao longo da sua vida à proporção que surjam novas circunstâncias, são compatíveis entre si ou se repelem mutuamente. Assim você se torna moralmente inimputável: toda vez que alguém lhe fizer uma cobrança com base numa norma que você mesmo alegou outrora, você invocará uma nova norma, isentando-se da cobrança. Isto, no fim das contas, é um ato de violência: você se recusa a responder de maneira moral (sistemática) pelos seus atos, e assim impede ao mesmo tempo que qualquer pessoa possa ter uma verdadeira compreensão de sua conduta; você se coloca acima de todos — é uma violência que você pratica com os demais indivíduos.

O reconhecimento da inviolabilidade física e psíquica de qualquer vida humana não é coisa nada natural; foram necessários milênios de história até que alcançássemos essa compreensão, e muito mais tempo ainda para que chegássemos a tal nível de abstração, que faríamos cobranças de ordem moral mais ao Estado do que ao indivíduo.

O código de interesse do Estado, contudo, ao longo da história se sobrepôs a qualquer ética universal abstrata. O primeiro Estado do mundo erigido com base numa ética universal abstrata foram os Estados Unidos, e mesmo lá ainda houve concorrência entre duas correntes: uma, aristocrática, que desejava um governo oligárquico à maneira antiga, e outra que desejava uma democracia radical.

A confusão em torno de norma moral e Estado chegou ao paroxismo no século XX com obras como a do teólogo mussulmano Sayyid Qutb. Este, interpretando o Corão a ferro e fogo, dizia que só existe uma lei para todos os seres humanos, a lei corânica; logo, todo Estado que não esteja explicitamente organizado em torno das normas do Corão é demoníaco e deve ser combatido por todo mussulmano.

Isto demarca uma nova interpretação do *jihad*. Sua interpretação tradicional afirma que a guerra santa só pode ser formalmente declarada se a comunidade como um todo concordar. E, mais do que guerra, *jihad* significa qualquer esforço excepcional em prol do mundo islâmico, o qual eventualmente poderá justificar até o martírio de si próprio e a matança dos outros.

A interpretação de Sayyid Qutb é outra: não é necessário que o *jihad* seja declarado; onde quer que haja um Estado não islâmico, haverá um estado de guerra santa perpétua, o qual não precisa ser decretado explicitamente. Ou seja, qualquer mussulmano que esteja num país não islâmico pode e deve se valer de sabotagem, terrorismo, traição, espionagem etc. para minar o poder desse Estado e conduzi-lo a uma estruturação mais conforme os preceitos corânicos. O Estado se torna objeto de demandas morais rigorosíssimas, com grande incompreensão da distância que vai do Estado a um indivíduo concreto quanto à capacidade de cumprimento de normas morais.

A obrigação de ser humilde

O Estado e a sociedade só podem ascender em nível de cumprimento de uma norma moral clara se você mesmo se comprometer pessoalmente a ter clareza acerca do sistema moral subentendido em suas ações. Na verdade, a sociedade enquanto tal não tem de ter moral nenhuma, muito menos o Estado, que é a realidade física do esquema de poder existente num dado momento. O Estado é quem *tem* o poder, e não quem *deveria ter* o poder. Não se pode confundir o Estado com o conjunto das leis ou das instituições, as quais podem ser totalmente falseadas, como no caso brasileiro: quem manda não é necessariamente aqueles que o conjunto das leis e instituições indicaram como mandantes. Pode ser que a condução formal dos negócios públicos esteja nas mãos de determinadas pessoas e o poder efetivo esteja nas mãos de outras. Numa situação como essa, como pensar que ao Estado deveria caber alguma obrigação moral, se sua própria ordenação não corresponde ao que normativamente se esperaria dele?

Só nós podemos ter clareza acerca de um sistema normativo e regular nossas ações de acordo com ele. Você se torna assim a régua de seu meio; as possibilidades do seu país podem ser medidas através de você.

Se a cabeça de um estudante de filosofia vive um caos moral, imaginem a cabeça dos outros, que não se preocupam diretamente com esses assuntos. A obrigação fundamental de um estudante de filosofia é tentar se situar na realidade. Deve de saída negar terminantemente a violência. É uma violência impor a sua vontade ao outro, coisa que você faz toda vez que age perante alguém tomando um mero impulso como norma universal válida. A abdicação desse ato tem de ser total e definitiva em todas as esferas da vida. Os seus sentimentos perderão autoridade para sempre; não importa o que gostamos ou não; o sentimento de ninguém é mais importante do que o dos demais. Para alcançar compreensão disso, você precisa descer da montanha sobre a qual instalou o seu "eu" e perceber que você é apenas mais um indivíduo qualquer. Com isso se realiza o mandamento de amar ao próximo como a si mesmo, e fazemos com que nossa conduta se adéqüe à realidade — a realidade de que somos membros de uma mesma espécie, de que enquanto animais temos exatamente os mesmos impulsos básicos, ainda que em diferentes níveis. Não faz sentido colocar a si próprio no centro do mundo e relegar os outros à periferia.

A opção pela razão deve se traduzir imediatamente numa efusão de boa vontade para com o mundo. A boa vontade implica que você irá colaborar, não irá encher o saco, será respeitoso, abrirá facilmente mão do seu desejo em prol do desejo alheio, fazendo-o em nome da paz e da ordem. Ou se opta por isso, ou restará apenas a opção pelo Leviatã de Hobbes, pelo Estado tirânico tornado necessário para que os seres humanos não se aniquilem uns aos outros. O poder tirânico é uma violência superior e mais ampla que se impõe como modo de dissuadir as violências particulares.

Parta sempre do princípio de que os seus julgamentos morais estão errados, de que o acerto é coisa rara — a consciência da norma moral de seus atos tornará isso evidente. Tenha em mente que o próprio ato de julgar os outros já é em si erro. Nada, a princípio, lhe obriga a julgar os outros. Em geral você julga porque quer manter um simulacro de ordem cósmica baseado no princípio de que você está certo e o outro está errado. Mas *isto* é a própria desordem cósmica! Você só deve julgar quando for obrigado a fazê-lo e dentro dos limites da sua obrigação. Um pai é obrigado a julgar o procedimento do filho porque cabe a ele sua educação. O gerente de uma firma tem de julgar o procedimento dos empregados na medida em que afete a vida da empresa, e só. O julgamento só é lícito se for obrigatório.

Você não tem o direito de julgar nem mesmo uma pessoa que tenha lhe prejudicado. Você tem o direito de se defender, às vezes até mesmo com violência, caso se trate de ameaça física, mas não tem o direito de julgar. Defendendo-se, você pode chegar até a matar um indivíduo; mas não pense mal dele...

A sistematicidade do conhecimento

Lemos em Husserl que a verdade forma um sistema coeso. Isso significa que você não pode aceitar uma verdade e ao mesmo tempo livrar-se de todas as demais verdades que ela implica como causa ou conseqüência. Se você realmente aceita uma verdade, aceita necessariamente todas as demais por ela implicadas.

A expectativa de conhecer algum aspecto do real requer que estejamos dispostos a aceitar aquilo que, imprevisível a princípio, nos desagrada. *Cada conhecimento conduz ao sistema do qual ele faz parte*, assim como cada norma moral particular supõe uma normal universal. Você não pode querer uma coisa e ao mesmo tempo recusar tudo o que ela implica.

Você precisa ser dócil à verdade, aceitar o modo como ela se manifestar perante você em toda a sua complexidade. *A verdade não precisa ser perseguida, precisa é ser aceita*. A solução de quase todos os problemas de ordem filosófica aparece sozinha, desde que você permita. A aceitação de um único dado da realidade, se verdadeira, leva à aceitação de um conjunto muito maior de dados verdadeiros. O conhecimento como que foi até o indivíduo, que, a partir de algo mínimo, pôde aceitar uma parcela bem mais expressiva de verdade sobre o real. Tudo depende de que você se disponha a encarar a realidade, de que você se recuse a viver num mundo fictício onde se pode aceitar um pedaço de uma cadeia causal e recusar o seu resto. É preciso ter, como diz Hegel, a coragem do conhecimento, sem a qual você não vai descobrir nada.

Muitas pessoas não querem admitir, por exemplo, que a natureza é terrível. Pensam que a natureza é paradisíaca, se bem que até começa a parecer mesmo em comparação com as nossas cidades infernais. Só que as pessoas esquecem que ao longo da história humana o horror sempre se identificou com a natureza. A natureza era vista como o lugar do desconhecido e da desordem, algo de indomável. As pessoas hoje, contudo, querem tomar somente um aspecto da natureza e ignorar todos os demais, mesmo que seja uma informação tão fundamental, como esse componente selvagem do mundo natural.

Moral provisória

Se você quiser mesmo fazer o que é certo, terá de começar a conjugar as suas opiniões e adotar, como Descartes, uma moral provisória: você irá se conduzir medianamente como os outros, mas pondo em parêntese essa mesma conduta, não a julgando nem certa nem errada, até que você seja capaz de conhecer a verdade. Só então você afirmará a norma de seus atos, pois verdade conhecida é verdade obedecida.

Quando você descobrir a norma moral por esforço próprio, saberá o que é autonomia de julgamento. É uma grande conquista, no sentido que ela dá a você uma noção da dignidade humana, de como ser livre.

A liberdade humana consiste em agir segundo o elo de necessidade lógica do pensamento, e não segundo um elo de necessidade causal externa. Em vez de seguir um encadeamento causal, você vai seguir um encadeamento lógico. Quando for capaz de fazer isso repetidamente, terá descoberto o caminho do espírito. Nesse sentido, você passa a ser um causador de efeitos. Cria um estímulo de ação racional ao qual irá obedecer; cria o desejo, cria a motivação, efetiva-a com seus atos. A liberdade aí surge juntamente com a responsabilidade. A culpa de seus atos é só sua e de ninguém mais.

Nesse ponto, você descobre que cada ser humano está situado no topo da montanha cósmica, está até acima do cosmos, é uma espécie de ligação direta com o universal. A consciência cósmica do homem se materializa por meio da aceitação do real em sua totalidade. Cada um deve repetir perante o mundo o ato de Deus no sétimo dia da Criação: "E Deus viu que era bom".

Preleção XIX
20 de março de 1993

30. Norma e teleologia

A DISTINÇÃO ENTRE CIÊNCIAS TEÓRICAS, normativas e técnicas é incontornável. Esses três tipos de ciência correspondem ao que Husserl chamaria de "esferas objetivamente cerradas da realidade", as quais não se confundem de maneira alguma.

Você pode atestar isso partindo de qualquer julgamento que faça sobre qualquer coisa, nele aferindo os elementos normativos pressupostos que o fazem possível. Em geral mesclamos vários sistemas normativos ao emitir um juízo, mas é perfeitamente possível isolar cada um deles e apontar sua norma fundamental.

Posso afirmar que um determinado carro seja bom; minha afirmação pode se basear em diversas normas, como a da beleza, a da economia ou a da eficiência mecânica. Mas estou falando de um automóvel; bom ou feio, caro ou barato são valores que podem se aplicar a um universo imensamente maior de objetos, ao passo que eficiência mecânica, e especificamente eficiência mecânica de motor a explosão, se aplica a um universo bem mais limitado, e portanto faz parte de um sistema normativo que diz respeito mais de perto ao que seria um bom carro. Assim, a própria definição de automóvel — veículo movido a motor a explosão — sugere uma das normas de julgamento mais adequadas para avaliar um carro; a idéia de rendimento é inerente à idéia de motor, um engenho que produz determinado trabalho.

Notem o acerto de Husserl ao dizer que toda norma se baseia na avaliação de se um determinado objeto possui uma determinada propriedade — X só será um bom X se contiver também Y. Segundo essa fórmula, um motor será um bom motor se tiver um bom rendimento; um motor pouco possante não deixará de ser um motor, mas não realizará plenamente a idéia de motor. Um motor é fabricado para que realize uma tarefa melhor do que nós a realizaríamos, e especialmente para que a realize maximamente bem. Essa é a sua finalidade, oriunda da norma de que só será um bom invento se cumprir inteiramente uma determinada condição.

Só pode existir norma onde houver uma finalidade humana. Não podemos julgar normativamente um ente da natureza. Nenhum ente da natureza possui uma finalidade única; possui, isto sim, uma pluralidade de fins. Podemos falar de uma finalidade das formigas em relação a nós, mas não de uma finalidade das formigas em si mesmas. Elas podem ser prejudiciais do ponto de vista dos agricultores, isto é, as formigas podem ser um auxílio ou um impedimento à ação humana, mas é esta ação humana que tem uma finalidade, e não a formiga.

Metafisicamente, você até pode falar da finalidade do cosmos, mas nesse caso estará subentendendo um Deus quase antropomórfico, um Deus que pensa como nós. Mas o conceito de finalidade não pode ter o mesmo sentido quando aplicado a um ser humano e quando aplicado a Deus, independente de se você crê na existência d'Ele ou não. Se Deus é eterno, não existe para ele diferença entre finalidade, causa e meio. Em Deus toda causa gera inteiramente suas conseqüências com plenitude de meios, de maneira que não há separação entre a norma e sua implementação. Deus diz que a luz se faça, e a luz simplesmente se faz. Poderíamos, perante Deus, falar em finalidade do cosmos, mas estaremos falando de maneira metafórica: não sabemos que finalidade Deus imprimiu no cosmos.

Entre o mundo natural, onde nenhum ente possui uma finalidade única, e o mundo divino, ao qual o conceito de finalidade só se aplica com um sentido metafísico, que é bem outro e quase inexato, *o homem é o único ser cuja existência comporta a conjunção de norma e finalidade*. As disciplinas normativas só se aplicam ao mundo humano, o mundo das ações, intenções e finalidades humanas, e é por isso que podemos julgar normativamente um automóvel (um invento humano), mas não Deus nem as formigas.

Ciência normativa e técnica

Toda ciência prática ou técnica subentende uma norma. A técnica é um conjunto de meios para fazer alguma coisa, cuja plena execução requer um conceito ideal, uma finalidade, a fim de que se possa aferir se aquilo que foi criado realmente corresponde à intenção original. Poderíamos, assim, definir a técnica como *o ajuste entre a teoria e a norma*. Dito de outro modo, é o ajuste entre o que você sabe que é, que aí está, e o que você acha que *deve ser*. A transição do ser real, a situação dada, para o ser potencial almejado é a técnica, na qual portanto não há novo conhecimento, e sim uma relação entre duas órbitas de conhecimento.

Por outro lado, na própria formação da norma orientadora do projeto que a técnica realizará está implícito um conhecimento teorético: se você não tem a menor idéia do que é idealmente o objeto que almeja, como poderia ter uma idéia do que esse objeto deveria ser? Você pode transformar uma vaca num bife, mas não sem antes saber que a vaca é comestível.

A rigor, podemos dizer que só existe um tipo de conhecimento, o teorético. O conhecimento normativo resulta de uma livre decisão humana, e o técnico é um ajuste entre essa decisão e a teoria.

Técnica e cultura

A técnica é um conjunto de meios que tenham sido aprendidos ou inventados. Você não pode dizer que a respiração é uma técnica, ou que a digestão é uma técnica, embora você possa inventar técnicas para melhorar a respiração e a digestão, ou até, eventualmente, para piorá-las. Quase todas as ações humanas, mesmo as mais simples, dependem de um conhecimento que foi ensinado e transmitido, ou inventado por você. Dependem, portanto, de técnicas.

O ato de comer parece simples, mas não existe nada de natural em comer de garfo e faca. Tampouco é coisa instintiva preparar um café da manhã, ou o hábito de guardar comida para o dia seguinte ou mesmo para um mês inteiro. Todos esses atos da vida cotidiana e todas as técnicas implicadas por esses atos advêm de um legado cultural de milênios. A noção de técnica liga-se profundamente à noção de herança cultural.

A condição do homem não é inteiramente humana. A nossa estrutura biológica apenas nos predispõe a uma condição humana, mas não a impõe. Temos um organismo apto a desenvolver linguagem e técnicas, mas essa aptidão não é uma necessidade. Quem se dedica ao desenvolvimento da consciência deve estar sempre avisado de que o mundo da inteligência humana não é coisa natural, ele existe como parte de um esforço humano acumulado. Você está sempre lidando com um imenso legado civilizacional. Levamos milênios para perceber algo como a existência de estações do ano! Estamos em constante perigo de perder — abandonar — tudo aquilo que nos foi legado, tanto mais em virtude da crença no progresso, na autonomia da mente individual que prescinde do socorro da tradição.

Quase tudo o que existe tem por base a intermediação da ação humana. Nem mesmo à natureza temos um acesso não mediado: *faz milênios que não temos contato direto com a natureza*. Vivemos num mundo inteiramente inventado pelo homem, produzido pelo acúmulo das ações e artefatos humanos, e na verdade sempre foi assim. Há quem pense que o índio vivesse integrado à natureza, que para ele seria uma maravilha. Essas pessoas nunca ouviram o que um índio pensa a respeito; o índio tem pavor da natureza.

O índio faz o cercado da taba e em geral dali não sai, porque além do cercado estão as trevas exteriores. Somente o índio que tiver grande experiência dos riscos é incumbido de sair da tribo e penetrar a floresta. Mas, se uma criança entra na mata, instala-se o pânico na aldeia. Um homem hoje é capaz de deixar seus filhos acamparem na Floresta da Tijuca, mas um índio jamais permitiria uma coisa dessas. Tanto mais que a presença do homem branco só torna ainda mais desconfortável sua situação: com suas máquinas diabólicas, o homem branco se apresenta como parte do mundo exterior, como parte especialmente perigosa da floresta.

Vivemos a natureza como uma experiência mediada por nossas técnicas, e assim também a vivia o homem primitivo, embora lhe atribuindo outros sentidos.

Norma fundamental e civilização

Leiamos um trecho do *Organon da medicina* de Samuel Hahnemann, o qual exemplifica o que acabo de discutir:

> A única e elevada missão do médico é restabelecer a saúde dos enfermos, que é o que se chama curar. O ideal mais elevado de cura é restabelecer a saúde da maneira mais rápida, suave e permanente, ou extirpar e destruir toda enfermidade pelo caminho mais curto, mais seguro e menos prejudicial, baseando-se em princípios de fácil compreensão.

Esses princípios constituem uma norma; quaisquer procedimentos que a respeitem serão tidos como bons. Hahnemann esclarece em seguida:

> Se o médico percebe com clareza o que é preciso curar nas enfermidades, ou seja, em cada caso patológico individual (conhecimento da enfermidade), se percebe claramente o que existe de curativo nos medicamentos, isto é, em cada medicamento em particular (conhecimento do poder medicinal), e se sabe como adaptar, segundo princípios perfeitamente definidos, o que há de curativo nos

> medicamentos ao que há de indubitavelmente mórbido no paciente, de modo que sobrevenha o restabelecimento, se sabe também adaptar de maneira conveniente o medicamento mais apropriado, segundo o seu modo de agir, ao caso que se apresente, assim como também ao modo exato de preparação, e quantidade requerida, e o período conveniente para repetir a dose, e se, finalmente, conhece os obstáculos para o restabelecimento em cada caso, e é apto a removê-lo, de modo que o referido restabelecimento seja permanente, então terá compreendido a maneira de curar judiciosa e racionalmente, e será um verdadeiro médico.

Com base na norma fundamental se estrutura o sistema normativo, e deste se desce até cada caso individual, até cada substância individual. Para cada substância haverá um critério normativo, com análoga hierarquia que vai do geral para o particular, desde a norma fundamental até as normas mais particularizadas, as quais formalizar sua aplicação, que também deve ser normativa.

Qualquer regulamento é um sistema normativo. Sociedades inteiras são regidas por normas fundamentais, das quais os indivíduos podem estar mais conscientes ou menos. Por toda parte, em qualquer época, existe um sistema de valores e normas que se expressam em símbolos e nas ações rotineiras da vida cotidiana. Faz parte da civilização medieval, por exemplo, a idéia de que um Deus onipotente observa todos os atos de todos os indivíduos; como diz a Bíblia, Ele "sonda rins e corações". Isto significa que para o homem medieval não existe comportamento moralmente neutro frente a Deus. A consciência de pecado é um dado dessa cultura. Não que as pessoas fossem boazinhas, talvez pecassem muito mais do que hoje; de todo modo, durante quase um milênio os indivíduos agiram com a permanente consciência de estar pecando.

A consciência de estar errado pervade a civilização medieval. A idéia de que "ninguém presta" é característica da Idade Média, o que para os gregos ou romanos pareceria uma idéia muito esquisita, até imoral. A consciência de ser mau é um dado da civilização medieval decorrente de uma norma fundamental: a onisciência vigilante de Deus. Não importa que a norma fundamental esteja totalmente explícita, o que importa é que ela seja realmente obedecida: as pessoas agem de acordo com ela, e é isso que diferencia uma cultura de outra.

De igual modo, *a consciência civil está para a civilização romana como a consciência de pecado para a civilização medieval.* Um cidadão romano não se esquecia por um minuto sequer de sua condição de romano. Todos seus os atos estavam absolutamente referidos ao Estado, isto é, à integridade do Estado e à manutenção da ordem pública. Não havia atos que fossem neutros em relação ao Estado romano. Pode-se de igual modo dizer que hoje em dia a consciência do fator econômico abarca todos os atos da vida. É uma novidade que cada ato humano esteja referido à economia, que não exista ato economicamente neutro. A consciência de que cada ato vai afetar o seu estado econômico ou o alheio é uma característica desta cultura atual, que traduz algo de sua norma fundamental. O fato de que nenhuma lei escrita expresse isso em nada altera o fato; é normal que haja alguma descontinuidade entre o que efetivamente se passa quanto ao ordenamento efetivo de uma sociedade e o que o seu arcabouço legal contempla. Mas o fato é que impera uma ética de tipo calvinista que identifica o ato de você prosperar financeiramente com o seu valor pessoal. Isso se torna cada vez mais observável no Brasil, à medida que o país se adequa à economia capitalista, para tanto tendo de absorver determinados valores (como a norma calvinista a que aludi) de uma maneira muito rápida. O que outras nações levaram séculos para formar foi assimilado com pressa e confusão pelo Brasil em dez anos.

Qualquer explicação histórica depende da compreensão da norma fundamental do momento analisado. Não podemos mecanicamente afirmar que D. João VI, por exemplo, fugiu para o Brasil simplesmente porque foi acuado por Napoleão. Havia todo um sistema de opções de que o rei podia lançar mão; temos de nos esforçar para nos colocar em seu lugar e visualizar com clareza sua ação à luz daquelas opções, e sobretudo à luz das normas e valores mais fundamentais de então. Uma norma fundamental da geopolítica portuguesa da época é que não se deveria fazer guerra a menos que a Inglaterra assim desejasse. A ação de D. João VI era conseqüente com essa norma e racional tendo em vista as demais opções disponíveis.

Compreender dessa forma a história implica um desprezo pelo modelo causalista e mecânico com que em geral hoje se ensina história. Nós não somos simples produtos de causas externas, e tampouco os personagens históricos o são. Cada ato histórico foi um ato humano, muitas vezes dependente de muitos sujeitos, não só de um. É preciso compreender os valores e normas de um monte de pessoas para chegar à realidade dos atos. Não sendo assim, só a nossa realidade pessoal parecerá rica, complexa, incerta, enquanto a realidade histórica parecerá um mundo de fantasia regido por uma causalidade não-humana. Temos de armar em nossa própria mente o drama que se passa na cabeça do personagem histórico. Notem que a própria psicanálise consiste na descoberta de um sistema de normas já esquecidas que determinaram ações passadas; por meio dela, você escava até encontrar a lógica embutida numa ação ou num sentimento passado.

Vejam o que ocorre hoje em dia com a herança. A partir do advento do capitalismo, toda herança se torna necessariamente culposa. Se você tomar em consideração o sistema de herança do mundo pré-capitalista, feudal, ou até dos impérios antigos, verá que ocorria exatamente o contrário. A herança dignificava o sujeito. Não existia uma individualização tão intensa como passou a haver nos últimos séculos; fazia parte da estrutura de caráter do sujeito que ele se compreendesse como um prolongamento dos pais, e não como um indivíduo que tivesse de por si só começar tudo de novo. Mas surge a ética calvinista, segundo a qual você tem de ganhar o seu próprio dinheiro e fazer valer o seu próprio valor, isto é, apropriar-se somente daquilo pelo que você trabalhou e pagou, postura incompatível com o princípio de herança. Toda herança se torna injusta; na esfera psicológica o princípio de herança é negado, mas na esfera jurídica ele é afirmado. Isto é uma neurose social, um conflito de gerações, o tipo de elemento complexo do meio social num determinado momento que sempre se deve levar em conta na análise das motivações dos indivíduos, por fazer parte do sistema de normais fundamentais.

Preleção XX
14 de abril de 1993

31. Da objeção cética à consciência transcendental

Capítulo III
O psicologismo, seus argumentos e sua posição face aos contra-argumentos costumeiros

§ 17. *A questão de se os fundamentos teoréticos essenciais da lógica residem na psicologia.*

[...] que ciências teoréticas fornecem os fundamentos essenciais à teoria da ciência? [...] é exato que as verdades teoréticas da lógica tradicional e moderna [...] têm seu lugar teorético dentro das ciências já estabelecidas?

Nesse parágrafo, Husserl resume a tese psicologista. Para compreendermos sua formulação, porém, precisamos rever alguns pontos da história da idéia de ciência.

A teoria da ciência tal como Aristóteles a desenvolveu tem, segundo Husserl, uma grave deficiência: ela enfoca apenas as categorias de objetos e os tipos de relações que pode haver entre esses objetos; ela não enfoca esse mesmo assunto do ponto de vista do sujeito. Seria preciso adotar também esse ponto de vista subjetivo porque a fundamentação do conhecimento científico deveria oferecer resposta suficiente às objeções da escola cética, isto é, às negações da possibilidade de conhecimento.

Toda negação da possibilidade de conhecimento se baseia na conhecida sentença de Protágoras, "O homem é a medida de todas as coisas".

Com isso, tem-se em mente dizer que tudo o que você conhece, pensa e percebe é algo que *você* conheceu, *você* pensou, *você* percebeu, ou seja, é uma vivência psicológica sua, é uma representação. Se tudo o que você conhece é uma representação que você mesmo cria, se tudo o que você conhece se passa apenas dentro de você, como poderia comparar a representação de uma coisa com a coisa mesma? Você só poderia comparar uma representação da coisa com outra representação da mesma coisa.

Aristóteles nada diz que pudesse responder a esse questionamento. Toda a lógica de Aristóteles diz respeito apenas à coerência do discurso, e não às condições de possibilidade do conhecimento, o problema central da teoria da ciência.

É por isso mesmo que Husserl afirma que as ciências que se desenvolvem a partir da lógica de Aristóteles (a biologia, a psicologia, a história natural, a política etc.) são *dogmáticas*, isto é, partem da afirmação de um mundo real, partem da afirmação de que nossas representações correspondem mais ou menos ao mundo real, sem fazer previamente um exame da objeção cética, respondendo-a com a fundamentação de um ponto de partida de absoluta segurança.

Vivemos, é verdade, permanentemente baseados na crença de que o conhecimento é possível e de que existe um mundo exterior a que temos acesso. Ninguém conseguiria viver se orientando pela dúvida cética. Esta se apresenta como uma espécie de armadilha, de jogo de palavras do qual você não sabe como sair. Você não tem resposta para a objeção cética, mas continua vivendo como se essa objeção não existisse; sua resposta é apenas *ad hoc*, você a dá na esfera prática, como se provasse a possibilidade do movimento pelo simples expediente de andar. Isso equivale a dizer que não existe conhecimento teórico, somente o conhecimento prático, e que todas as ciências, no fim das contas, só terão fundamento no mundo da ação prática. É com base nisso que mais de dois milênios depois de Aristóteles surgiria o pragmatismo, segundo o qual a prova da verdade da ciência não está na esfera da verdade propriamente dita, mas na esfera de sua praticidade; a ciência se demonstra verdadeira quando é capaz de produzir certas transformações.

Que percurso o da ciência: nasce com uma pretensão de conhecimento objetivo indestrutível, para ao fim se afirmar como nada mais do que um convencionalismo que funciona.

Depositamos toda a nossa confiança na eficácia de uma tecnologia que se funda numa ciência cujos fundamentos desconhecemos completamente. Aí, é grande o contraste entre a confiança cada vez maior que conferimos à ciência e a consciência que temos de que ela não tem fundamento, de que ela não passa de uma tecnologia. É uma situação que nasce historicamente do fato de que a objeção cética não foi enfrentada seriamente (ou, ainda, do fato de que a resposta dada pela fenomenologia ao problema não se tornou de conhecimento comum).

Husserl afirma que Descartes foi o primeiro a enfrentar a objeção cética. O primeiro ponto arquimédico de que se tem notícia é o seu *cogito*, com base no qual se poderia sustentar a construção do mundo do conhecimento. Mas Descartes se detém muito pouco nesse assunto, seus reais interesses estavam nas ciências físicas. Ele realiza um exame introspectivo para encontrar o fundamento absoluto, e em seguida se dedica a coisas bem diversas, exatamente como fez Aristóteles.

O *cogito ergo sum* é só um princípio de resposta, não é uma resposta extensiva; tanto é insuficiente, que poderíamos perguntar como, a partir desse eu absolutamente certo, se pode fundamentar a existência do mundo e sua cognoscibilidade. Nesse ponto

Descartes apela para a idéia de Deus: Deus tem conhecimento de mim, e em mim noto que se manifesta um conhecimento do mundo. Para afirmar que toda essa experiência de mundo não passa de um engano, eu precisaria supor que esse Deus seja maligno, que se compraza em me iludir, que seja um gênio mau, em suma. Como um Deus assim é uma contradição em termos, rejeito a idéia, e afirmo que minha experiência de mundo é real. Mas ora — isso não é uma resposta, é uma apelação. Uma coisa é você encontrar o fundamento absoluto, outra coisa é você encontrar apenas uma justificação suficiente para afirmar que a posição cética leva a embaraços lógicos. Aquilo que falta à teoria da ciência, contudo, é precisamente a evidência de um fundamento indestrutível, o qual garanta a viabilidade do conhecimento.

A segunda tentativa teria sido feita por Kant, o qual na verdade acaba por dar razão aos céticos, uma vez que para Kant só existe conhecimento na esfera do fenômeno ou na esfera do puro formalismo; dito de outro modo, por um lado só conheceríamos puras relações lógicas, as quais não existiriam na realidade, e por outro só conheceríamos o fenômeno, nunca a objetividade propriamente dirigida à coisa em si. Para Kant, a "coisa em si" é incognoscível, nós só conhecemos fenômenos; mas, se conhecemos apenas os fenômenos, e fora dos fenômenos só conhecemos formas *a priori*, formas próprias de nossa lógica de apreensão, então os conhecimentos que alcançamos não se referem de modo direto a nada. Conhecemos nossos esquemas mentais e conhecemos aparências de fenômenos. O mundo se torna uma fantasmagoria.

Ora, a objeção cética, diz Husserl, consiste em última análise em dizer que tudo aquilo que você conhece lhe aparece de certa maneira. Você tem percepções sensíveis, porém as percepções sensíveis nunca são iguais; a cada vez que você vê uma pessoa, percebe-a de uma certa maneira, a qual se esgota naquele momento. No entanto, se você somar todas essas impressões, elas não serão suficientes para formar uma pessoa inteira. Então você supõe que os seus objetos de conhecimento têm uma unidade, e que essa unidade está por trás de todas as percepções que você teve deles. Essa unidade seria a própria realidade. Mas, assim tomada, a realidade é precisamente tudo o que você não conhece, e o que você conhece é precisamente o que não é realidade, não é a "coisa em si". Este é o ponto central da objeção cética, a qual é solidificada pela teoria do conhecimento de Kant.

O psicologismo como ceticismo

O psicologismo não se apresenta como um ceticismo, mas conduz necessariamente a ele. A perspectiva psicologista transfere para determinadas zonas da experiência — a conformação social ou a constituição biológica do sistema nervoso — a justificação da conseqüência lógica. Todo o grande desenvolvimento técnico das chamadas ciências modernas acabou por radicalizar essa impressão: os avanços tecnológicos, cada vez mais distantes de qualquer fundamentação, apegam-se à sua mera funcionalidade ou eficiência, assim tornada meio de auto justificação formal de áreas inteiras do saber. As ciências fornecem, afinal, bases para o ceticismo.

Toda formulação psicologista proclama que o mundo da experiência humana é o fundamento da lógica; seria um fundamento empírico, portanto. Mas qual é o fundamento da validade da experiência? Se afirmo que o fundamento da validade da experiência advém da própria experiência, então devo concluir que a experiência na verdade não tem fundamento algum.

A experiência não pode ser o fundamento de sua própria validade, é preciso que haja outro fundamento — diremos que um fundamento lógico. Mas em que consistiria esse fundamento lógico? Consistiria nos padrões de pensamento que podem ser alcançados pela psicologia, a qual é uma ciência da experiência — de modo que assim retornamos à experiência incapaz de fundamentar a si mesma, o que faz a lógica surgir como carente de fundamento, e por conseguinte todas as ciências se revelam infundadas.

Ou a lógica tem um fundamento absoluto que valha independentemente da experiência, que seja prévio à experiência, ou você não sai do subjetivismo jamais.

Claro que existe a refutação *lógica* do ceticismo, mas a refutação lógica é uma coisa, e a *fundamentação* da possibilidade de conhecimento é outra.

Quando o cético lhe diz que "o conhecimento é impossível", você pode responder que essa afirmação, enquanto afirmação de um conhecimento, é impossível. Se você sabe que todo conhecimento é impossível, então você sabe alguma coisa, e portanto algum conhecimento deve ser possível. Se bem que o ceticismo seja autocontraditório, nem por isso você pode pensar que refutá-lo logicamente seja algo mais que uma resposta negativa; é preciso ir além da refutação do ceticismo, é preciso alcançar a fundamentação absoluta da objetividade do conhecimento. Dito de outro modo, uma coisa é você dizer que o sujeito não tem argumentos, ou que a tese dele leva a resultados contraditórios; outra coisa é você dizer que a tese dele é absolutamente impossível sob qualquer aspecto. Mais ainda, não se trata tanto de refutar a tese contrária, trata-se de provar a própria tese.

Tudo que conhecemos, conhecemos por uma evidência. Se você não tem a evidência, pode obter uma prova; esta, porém, pode ser contestada. Cada prova pode ser objeto de muitas objeções, e essas objeções seriam, por sua vez, objeto de refutações. Derrubada uma objeção, poderiam surgir outras e mais outras, e assim não acabar mais. Mas, se existir uma evidência inicial inegável, então qualquer objeção já ficará de saída repelida. Objeções se dão no plano da linguagem. Mas nesse plano nenhum conhecimento evidente pode ser negado sem que se incorra em sentenças de duplo sentido, conforme argumentei na Preleção I. Uma evidência é um juízo para o qual não existe negação unívoca; sua negação não é formulável.

O projeto fenomenológico

A proposta de Husserl é justamente a de encontrar esse fundamento absoluto do conhecimento, essa evidência inabalável.

Ora, ele acredita que o fundamento está lá mesmo aonde se dirige a objeção cética.

Se a objeção cética consiste em dizer que todo conhecimento é algo que se dá no sujeito, algo que ocorre no sujeito, ou seja, na consciência, então é na consciência mesma que deve estar o próprio fundamento, porque neste ponto a objeção cética tem sua cota de verdade. Tudo que conheço é uma *aparência*, é algo que aparece a mim. A fenomenologia, essa espécie de ciência do aparecer, irá propor a questão: será que no próprio modo de aparecimento dos fenômenos ante à consciência já não estão presentes traços distintivos do verdadeiro e do falso? Como as coisas me aparecem? Uma fantasia aparece do mesmo jeito que uma percepção sensível? A percepção sensível aparece do mesmo jeito que uma construção lógica? Uma evidência aparece do mesmo jeito que uma probabilidade? Quando percebo uma coisa como verdadeira, essa percepção que tenho dela como verdadeira não é essencialmente distinta da percepção de mera probabilidade?

Longe de tentar afastar a questão para longe da consciência e apelar a uma suposta "coisa em si", que estaria fora da consciência, Husserl acha que é na própria consciência que se tem de encontrar o fundamento da objetividade. Porque toda tentativa de dizer que o conhecimento objetivo é aquele que tem um objeto fora da consciência vai esbarrar sempre na mesma objeção cética contra a falta de fundamento da experiência sensível. Assim, crê Husserl, deve existir uma consciência de veracidade especificamente distinta de outras formas de consciência. Esta consciência de veracidade é o que ele chamava de *evidência*.

Uma das primeiras constatações de Husserl é a de que toda consciência é sempre consciência de alguma coisa, não existe consciência relativa. *Ter consciência é ter uma intenção dirigida a algo*. Não interessa se esse algo está fora ou se está dentro de você, o essencial é que existe algo que não é a própria consciência. A consciência é uma intenção, mas ela só se torna consciente diante da presença de algo. É nesse movimento intencional que se deve buscar a diferença fundamental entre o verdadeiro e o falso. Para isso, é necessário desenvolver uma parte da lógica de que Aristóteles não tratou, a parte que chamaríamos de fenomenologia, a qual investiga as modalidades de aparecimento das coisas ao sujeito. Husserl acredita que, do mesmo modo como existem categorias lógicas, formas de objetos e tipos de relação entre objetos, devem existir tipos de aparecimento dos objetos à consciência.

Nenhuma das ciências existentes é capaz de investigar a consciência, para então averiguar quais são esses modos de aparecimento. Qualquer estudo psicológico da consciência, por exemplo, já pressupõe a própria consciência como um dado. Logo, o fundamento do conhecimento não poderá ser obtido por nenhuma ciência em particular; descobri-lo só será possível por meio de uma espécie de consciência imediata que a consciência tem de si mesma.

Surge, contudo, a questão: como pode a consciência ter uma consciência imediata de si mesma, se toda consciência é consciência de algo? Como você pode ter consciência da consciência? Você só pode ter consciência de que teve consciência de algo; você nunca poderá tomar a consciência por objeto — e no entanto você tem consciência de que tem consciência.

Bom, aí constatamos uma dupla modalidade de aparecimento de objetos à consciência: *a maneira de a consciência aparecer ante si mesma não é a mesma pela qual um objeto qualquer lhe aparece*.

Imagine que você captasse todas as suas modalidades de consciência que você tem, ou todas as modalidades de consciência possíveis, do mesmo modo como em lógica você abrange todas as modalidades de objetos possíveis (substância, qualidade, quantidade, e assim por diante). Imagine que você abarcasse todas as categorias subjetivas, todas as modalidades de aparecimento. Pergunte-se: a partir de qual posição você conseguiria captar todas essas modalidades que se referem ao objeto, a você e às formas como você reage intencionalmente ao que lhe está presente à consciência? Bem, esse ponto de vista se chama *consciência transcendental*, a consciência que abarca todas as modalidades de consciência.

Husserl diz que a objeção cética nos obriga a captar o ponto de vista transcendental. Esse ponto de vista coloca entre parênteses toda a universalidade dos objetos conhecidos e toda a universalidade das operações de consciência, tudo percorrendo numa visada única. Se não existisse consciência transcendental, a objeção cética seria impossível, pois esta se refere a *tudo* o que você conhece, a *todas* as modalidades do conhecer. O seu escopo é transcendental. Como a objeção pode ser formulada, é forçoso admitir que a consciência pode se colocar acima e fora de todos os seus objetos e de todas as suas operações, pode atingir a transcendentalidade.

Ou o cético diz que sua objeção abarca todo o conhecimento possível e portanto é válida em si mesma, ou diz que ela só abarca uma parte e portanto não é válida; no primeiro caso, terá de abarcar todas as modalidades de consciência e assumir-se como consciência transcendental. No segundo caso ela se invalida a si própria *ipso facto*.

A consciência reflexiva pode ser consciência subjetiva, mas a consciência transcendental não pode ser subjetiva, pois se refere a todas as modalidades de objeto possíveis, a todas as modalidades de consciência possíveis, a todas as modalidades de consciência reflexiva possíveis; ela não é individual. Ela transcende o próprio indivíduo. Por meio dela sou capaz de uma universalidade que transcende da própria consciência individual. Encontro-me fora da prisão da consciência subjetiva.

Em suma, *a objeção cética é o próprio fundamento do conhecimento objetivo*. Aí está a prova, aí está uma evidência indestrutível para fundamentar a possibilidade de conhecimento. A objeção cética se surpreende a si mesma como uma negação de evidência, porque a possibilidade da sua emissão repousa na falsidade do seu conteúdo. Ela só pode ser formulada como falsa, porque para formulá-la é necessária a consciência transcendental, que desmente o seu conteúdo.

Transcendentalidade da consciência e vocação

Existe algo no homem que já não é apenas humano, que não depende da sua individualidade. Este é o universal que está em você e do qual você não pode escapar.

Se você dispõe dessa potencialidade, e no entanto lhe dá as costas e se centra apenas em sua vida pessoal, é porque resolveu ignorar aquilo que realmente o sustenta. Essa escolha fará com que sua consciência transcendental opere contra você; é como se você apostasse contra algo que é mais forte do que o universo inteiro, e portanto você já perdeu. Você se negou a reconhecer a verdade mais fundamental da universalidade de sua experiência. É isso que se chama de pecado contra o Espírito Santo, o único pecado que não é perdoado.

Reconhecer-se como consciência transcendental faz com que você se perceba maior do que o mundo inteiro, e é por isso mesmo que nenhum conhecimento lhe parece suficientemente fundamentado. E não é mesmo. O único fundamento pleno é a consciência transcendental. A totalidade da ciência e da cultura estão aquém dessa consciência, é absorvida por ela. Essa consciência de si próprio como consciência, esse conhecimento de elevada responsabilidade, impõe que você perceba a extensão da capacidade intelectual humana; nossa inteligência é algo de monstruoso, descomunal mesmo, e contrasta com a fragilidade da substância individual.

Por um lado você tem a possibilidade de ascender a uma dimensão à altura da qual você coloca tudo entre parênteses e se torna maior do que o mundo, e por outro lado você tem uma memória frágil, sensações enganosas, sentimentos desencontrados; o homem é exatamente essa dualidade, da qual não temos como escapar.

A subida até a consciência transcendental é a subida do Monte Sinai. Assim como Moisés, ao descermos não podemos perseverar em nossa atitude anterior; a postura do sujeito que conhece seu fundamento transcendental é imperativa: você manda em você; você sabe o que quer fazer, faz o que quer e age na realidade como uma força basilar. Ninguém pode lhe ajudar, e na verdade você não precisa de ajuda alguma. Só assim você estará realmente instalado na vida humana e, em cumprimento da promessa de Cristo, poderá dizer: eu vejo o céu aberto e os anjos de Deus subindo e descendo. A fenomenologia é, com uma feição técnica e matemática, uma escola iniciática, ela requer ascese.

A partir do momento em que o indivíduo tomou consciência de que existe a consciência transcendental, seu esforço deve ser de completar, a todo instante e com a maior brevidade possível, a universalidade do seu conhecimento, conhecer *tudo*, dominar o mundo da cultura na sua inteireza, a fim de colocá-lo entre parênteses e reencontrar a consciência transcendental.

Nesse sentido, Descartes tinha razão. O árbitro entre o sujeito e o objeto é Deus, mas não o Deus Pai nem o Deus Filho; na verdade é, digamos assim, o Deus humano, o homem universal, que é o homem enquanto detentor da totalidade da possibilidade da espécie humana, e não enquanto detentor apenas de suas possibilidades pessoais: quer dizer, não sou eu enquanto Olavo, nem você enquanto Alexandre ou Denise, mas enquanto *gente*.

Também nesse sentido a sentença de Protágoras, agora interpretada numa clave superior, é verdadeira. O homem é a medida de todas as coisas não enquanto indivíduo singular, porque assim incorreríamos na objeção cética, mas enquanto homem universal, que é de fato a medida do universo.

Aquilo que é apenas individual está sempre cindido em objeto e sujeito, está sempre dividido entre a sua objetividade e a sua subjetividade, entre aquilo que ele é e aquilo que ele sabe. Você só escapa disso subindo até a consciência transcendental, até a totalidade das formas da consciência reflexiva e a totalidade da cultura.

Quem ascende à consciência transcendental se vê no lugar de Hamlet, tendo de escolher se, na condição de sábio, irá se retirar do mundo ou irá para o mundo como uma força transformadora. Esse é o problema hamletiano, o problema de quem se sabe uma consciência transcendental e, contudo, ainda não encontrou a sua vocação. Hamlet é o protótipo do homem bom, correto, indivisível porque entende tudo. Ele é indeciso apenas no plano da ação, mas não no plano do fundamento; ele não precisa tomar uma decisão psicológica (todas as opções já foram potencialmente vislumbradas e absorvidas como puras possibilidades da consciência transcendental), sua decisão é de ordem espiritual. É a decisão que o homem completo tem de tomar.

Preleção XXI
17 de abril de 1993

32. Consciência transcendental e fenomenologia

A OBJEÇÃO CÉTICA ATRAVESSOU OS SÉCULOS, e em determinados períodos gozou de uma autoridade fora do comum. Husserl afirma que o único sujeito antes dele que se preocupou com o problema dos fundamentos absolutos do conhecimento, e assim buscou minar de uma vez por todas a dúvida cética, foi Descartes. Sua dúvida metódica, ao admitir que todos os conhecimentos são duvidosos, aceita a parcela de veracidade da objeção cética, e não a recusa logo de saída, como faz Aristóteles, o qual se contenta com notar sua absurdidade intrínseca e suas aporias e, assim, dispensa-se de examinar se os conhecimentos que possui são fundamentados ou não em última instância.

Descartes percebe que existe um limite para a dúvida, porque na hora em que você tem uma dúvida não duvida de que está em dúvida. Isso quer dizer que existe por baixo de toda negação cética a afirmação de um sujeito que nega, e portanto o sujeito cognoscente é inquestionável.

Descartes repetirá, no entanto, o gesto de Aristóteles de afastar a hipótese da falta de fundamentação última do conhecimento, sem examiná-la de fato, mas se baseando apenas em sua absurdidade; fará isso ao repelir a hipótese do gênio mau. Ele apela para Deus, e diz que um mundo inteiramente ilusório só poderia ser obra de uma divindade maligna; mas como essa imperfeição total, essa malignidade completa, é incompatível com o conceito de Deus, a hipótese é repelida. Isto é: Descartes retoma o procedimento aristotélico de afirmar o absurdo da tese contrária, sem exibir prova positiva da sua própria tese. Sua rejeição é liminar, ao passo que a de Aristóteles era preliminar.

Husserl, preocupado com a crise das ciências, isto é, com a penetração do absurdo na esfera da própria ciência, faz a grande descoberta de que a própria objeção cética fornece a prova final da fundamentação de todos os conhecimentos. Baseando-se na contribuição de Descartes, na validade parcial da dúvida cética, e admitindo essa dúvida como filosoficamente válida, chega à conclusão de que, se a consciência é capaz de negar a totalidade dos seus conteúdos, é porque ela transcende esses mesmos conteúdos.

O cético dirá que todos os conhecimentos são inválidos porque, subjetivos, não alcançam o mundo objetivo. Mas essa subida transcendental nos permite ver que foi a própria consciência que delimitou o objetivo e o subjetivo. Ao ser capaz de negar ou afirmar tudo o que sei a respeito de tudo, todas as formas de saber, abranjo não só a distinção entre subjetivo e objetivo, mas até a distinção entre verdadeiro e falso. A consciência estabelece o que é verdadeiro e falso a partir de um dado absolutamente verdadeiro, que é ela mesma. De modo que, para ser objetivo, o conhecimento não precisa transcender a esfera da consciência, porque a esfera da consciência transcende o objetivo e o subjetivo. A percepção desse fato nos situa como consciência transcendental, a qual absorve a objeção cética.

Ora, talvez seja interessante saber que a tese da consciência transcendental já tinha sido enunciada antes de Husserl por Vladimir Soloviov. Mas Soloviov a enuncia como um velho crente e não a fundamenta: segundo ele, o que caracteriza o homem não é a faculdade de pensar, nem sequer de conhecer, é a capacidade de julgar e dizer sim ou não à totalidade dos seus conhecimentos. O homem é portador da idéia da veracidade e da falsidade absolutas, e a grande capacidade humana, no fundo, é a capacidade da dúvida cética. Mas essa capacidade só existe na medida em que essa dúvida é falsa.

Dito de outro modo, a capacidade de afirmar o falso é especificamente humana. Hegel, por exemplo, afirma que o que define o homem é a negatividade. Ciente disso, ele bem poderia ter voltado a negatividade contra a dúvida cética e estabelecido uma fundamentação segura para o conhecimento. Mas ele não se deu conta disso, de que a suprema capacidade humana é a capacidade para o falso, mas essa capacidade só pode existir se o falso for falso e se você souber que o falso é falso. É como se o homem se descobrisse portador da liberdade de optar entre o verdadeiro e o falso, mas só conservasse essa liberdade ao optar pelo verdadeiro. Optar pelo falso é optar pelo fim da própria liberdade de opção. É por esse motivo que a natureza humana se contradiria se alcançasse a certeza universal de tudo. Você não pode ter certeza universal de tudo, porque isto seria o fim da possibilidade do falso.

Isso equivale a dizer que o homem não é um ser integralmente verdadeiro; existe um resíduo de falsidade nele, o qual o define precisamente como homem e não como Deus. O máximo que pode se aproximar da verdade absoluta está na consciência de que a falsidade é uma simples opção; do contrário, ele seria um Deus, ao qual não é dado optar pelo falso. Como se o homem pudesse fazer algo impossível ao próprio Deus: Deus não pode mentir, mas o homem pode. (Tampouco o demônio pode dizer a verdade, a não ser em função de uma falsidade. Ele não tem liberdade alguma, não pode optar entre o verdadeiro e o falso: a falsidade lhe é uma necessidade absoluta).

A consciência transcendental é a instância inegável; você não pode negá-la de jeito nenhum, a dúvida cética não a alcança:

ao contrário, afirma-a. Toda vez que você expressar a dúvida cética estará afirmando a consciência transcendental, a qual, em si mesma, não pode ser abarcada. Ela não é apenas o eu subjetivo, como diz Descartes; é algo mais, é um legislador, porque foi ela que limitou o objetivo, o subjetivo, o verdadeiro, o falso. Tudo a que a consciência atribui veracidade ou falsidade é parte da busca que ela empreende de sua própria veracidade, ou da falsidade da sua própria autonegação.

Fenomenologia e modalidades de fenômeno

Quando digo que um conhecimento é objetivo, digo nesse mesmo ato que não fui eu quem o criou, pois enquanto consciência transcendental sei o que eu fiz e o que não fiz. Eu sei que eu não poderia estabelecer aquele objeto naquelas condições específicas. Nesse reconhecimento está o fundamento da fenomenologia, a qual a partir daí exibirá as modalidades de consciência, as modalidades de fenômeno, as modalidades de aparecimento dos objetos perante você. A distinção dessas modalidades é suficiente para saber o que é objetivo e o que é subjetivo. Nenhum objeto do mundo físico, por exemplo, jamais aparece exibindo à nossa consciência todos os seus lados ao mesmo tempo. Cada lado que você percebe sempre pressupõe uma infinidade de outros, que podem continuar sendo percebidos sucessivamente de modo indefinido. Isso, contudo, já não se aplica absolutamente a objetos imaginários. Imaginariamente você pode até conceber uma mesa que tem um lado só. Os objetos imaginários têm uma propriedade a mais que os objetos sensíveis não têm. Conceba uma superfície pintada, inexistente, que seja constituída apenas de sua cor. Como pode a cor, por si só, possuir extensão? Você estabelece mentalmente o conceito de cor de modo independente da extensão, mas sabe que isso é algo que você inventou, sabe que é algo pensado como impossível. Ao conceber "cor sem extensão", você concebe um conhecimento impossível. É válido, mas é falso, isto é: a cor sem extensão evidentemente ou é um truque mental, um puro esquema mental, ou é uma falsidade. E você a inventou como tal. Isto quer dizer que faz parte da estrutura da consciência uma apercepção absoluta do verdadeiro e do falso, da qual você não pode escapar nem por um único momento.

Dialética aquém da transcendentalidade

Precisa-se da dialética para se chegar, de dúvida em dúvida, à consciência transcendental, mas esta não é mais dialética. No momento em que você percebe que a objeção cética é falsa, percebe também que ela é apenas um produto da sua liberdade, algo que depende de sua volição e que, assim como pode ser proposta, pode ser recusada. Não existe necessidade absoluta do confronto entre teses opostas. Portanto, cessa a dialética.

A exigência da dialética é de ordem prática, não teórica. Ela opera por negações, e assim você recorre a ela somente quando trata daquilo que você não sabe, com o propósito de, por meio da negação, alcançar conhecimento. Mas a consciência transcendental não está mais buscando nada; de certa maneira, ela sabe tudo: por um lado só conhece a si mesma, mas por outro sabe que todos os conceitos, todas as percepções, todos os esquemas de verdadeiro e falso são dispostos por ela mesma; ela sabe que transcende qualquer realidade e qualquer experiência e que não se identifica com o meramente subjetivo — fez o subjetivo ser absorvido pelo objetivo. Daí em diante, a consciência só irá operar por meio da lógica, da derivação de elementos a partir de si mesma; ou, melhor ainda, irá operar somente através da intuição imediata de si mesma, isto é, da intuição imediata de potencialmente tudo que existe.

Objetividade e subjetividade segundo a consciência transcendental

Como não existe nada que esteja fora da consciência transcendental, todo o quadro de referências se altera e cessa a distinção rotineira de sujeito e objeto. O objeto passa a ser um dado de consciência, você não tem de sair da consciência para ir até o objeto e examiná-lo.

Objetividade é uma modalidade de aparecimento ante à consciência. Você só vai se perguntar por um objeto se ele aparecer à consciência; e, se ele apareceu à consciência, se ele já é conhecido, somente falta perguntar pelo seu modo de aparecimento, mas isso já não é perguntar sobre o objeto, e sim sobre a própria consciência. Portanto, não se trata mais de uma relação sujeito-objeto num indivíduo colocado ante um objeto, mas de *um sujeito empírico situado dentro de um sujeito transcendental*.

O conhecimento não é mais o encontro com o objeto, mas é um recuo desde o nosso sujeito empírico, que é o sujeito de todos os dias, até a esfera da consciência transcendental, onde estão dados todos os objetos. Dito de outro modo, *todo conhecimento é um autoconhecimento da consciência transcendental*. Somente ela conhece, e ela conhece conhecendo o todo.

Então você primeiro se depara com a esfera do realismo ingênuo, para o qual existe o objeto; depois se depara com a esfera da dúvida cética, para a qual tudo o que existe não é nada mais que o sujeito preso dentro de si mesmo e incapaz de conhecimento; daí se passa à esfera do sujeito reflexivo, a esfera do cartesianismo, na qual o indivíduo começa a se descobrir como uma realidade incontornável; e, por fim, se alcança a consciência transcendental, que na verdade não é um prolongamento desse sujeito reflexivo, mas algo que abarca tudo. Nesse ponto se pode falar do que denomino *tripla intuição*: a intuição simultânea do intuído, do ato de intuição e das condições do ato intuitivo.[1]

A relação sujeito-objeto só vale no plano empírico, mas a finalidade do processo cognitivo é ultrapassar esse plano, e na hora em que você o ultrapassa vê que a "relação" só existia no plano empírico, o qual é provisório e mais metafórico do que real. Na realidade ninguém jamais encontrou um objeto fora de si mesmo. Se a objetividade de um conhecimento dependesse de um ato de transcendência da consciência, de um salto para fora da consciência, poderíamos dizer que um conhecimento só seria objetivo se fosse inconsciente... Nesse caso, temos conhecimentos conscientes porém puramente subjetivos e inválidos, e temos conhecimentos válidos e objetivos porém todos inconscientes. Não estará aí a raiz da idolatria do inconsciente? Como se o inconsciente fosse profundamente sábio, como pretende Jung. Mas ele não é nada mais que uma sombra da consciência transcendental. Você, não tendo se elevado à consciência transcendental, mas sabendo que existe algo para lá do objetivo e do subjetivo, chama-o de inconsciente.

A consciência transcendental é a condição de possibilidade de todo conhecimento, já conhecido ou a conhecer, consciente ou "inconsciente", e ela está subentendida já na primeira palavra que uma criança fala, na primeira percepção que um recém-nascido tem, no qual ela não existe empiricamente, mas essencialmente. Ela não se desenvolve nem deixa de se desenvolver, ela é a própria estrutura do ser humano, é a própria condição humana. Portanto, só quem conhece o universal no homem é o homem universal — o sujeito empírico não conhece nada.

Muitas tradições antigas guardam esse dado acerca da consciência transcendental. O vedanta, por exemplo, de certo modo incorpora a dúvida cética. Seu exercício de negação absoluta de

---

[1] Cf. minha apostila inédita "A tripla intuição", disponível em www.seminariodefilosofia.org.

tudo que se apresenta à consciência se direciona para a percepção da consciência transcendental como fonte de toda afirmação e toda negação. Como, contudo, o vedanta não é proposto em termos de uma definição rigorosa, como possui uma nomenclatura um pouco mitológica, torna-se mais difícil perceber esse seu conteúdo filosófico, o qual coincide com a observação que Aristóteles faz sobre a inteligência: segundo ele, a inteligência é mais verdadeira do que a ciência. A inteligência, ou consciência transcendental, engloba toda ciência possível.

Muitos deixaram de enfrentar a objeção cética e por isso não foram capazes de ascender à transcendentalidade. De fato, não se trata de coisa simples. A objeção cética tem perante a consciência a mesma função que o demônio tem perante a alma. Ela irá persegui-lo para que você peça socorro a Deus.

33. Finalidade da fenomenologia

Sigamos com outra seção do texto.

[...]

§ 18. *A demonstração da tese psicologista.*

Defina-se a arte lógica como se queira [...], sempre encontraremos atividades ou produtos psíquicos como seu objeto de regulação prática. E, assim como em geral a elaboração técnica de uma matéria supõe o conhecimento de suas propriedades, assim ocorrerá também com uma matéria psicológica.

[...] De que se fala continuamente na lógica?[2] Dos conceitos, juízos, deduções, induções, definições, classificações etc. — tudo psicologia, se bem que selecionada e ordenada desde os pontos de vista normativos e práticos.

---

2 Paráfrase.

É ou não é verdade que, se definirmos a lógica como uma técnica do pensamento coerente, os atos que serão dirigidos por ela serão atos psicológicos, atos psíquicos?

É ou não é verdade que todos os atos que serão dirigidos por essa técnica serão atos psíquicos? Elaborar um conceito, fazer um juízo, desencadear proposições, pensar — tudo isso de fato é psíquico, e até aí não temos o que objetar.

[...]

> § 19. *Os argumentos habituais do partido contrário, e sua solução por parte dos psicologistas.*
>
> A parte contrária crê poder fundar a rigorosa distinção de ambas as disciplinas no caráter normativo da lógica. A psicologia — diz-se — considera o pensamento tal como ele é; a lógica, tal como deve ser. Assim, lemos nas [...] *Lições de lógica* de Kant: "Alguns lógicos antepõem à lógica princípios *psicológicos*. Mas isso é tão absurdo como deduzir a moral a partir da vida. Se tomássemos os princípios à psicologia [...], só veríamos *como* acontece o pensamento, sob condições subjetivas; isto só nos conduziria a leis meramente *contingentes*. Pois bem, a lógica não se pergunta por regras *contingentes*, mas *necessárias*; não se pergunta como pensamos, mas como devemos pensar [...] o que encontramos em nós, prescindindo de toda psicologia.

Em muitos tratados de lógica você não vai encontrar essa distinção entre o ponto de vista lógico e o ponto de vista psicológico. É uma distinção que basta para fins práticos.

Caso se diga, no entanto, que a diferença entre o ponto de vista lógico e o ponto de vista psicológico é que este último estuda o pensamento como ele efetivamente se dá no sujeito concreto, ao passo que o primeiro procura um pensamento correto, será isso um argumento suficiente para impugnar a tese psicologista? Não é. De fato, podemos pensar de maneira incoerente ou de maneira coerente, mas nos dois casos se tratará de pensamento; continuará sendo coisa da alçada psicológica.

> A lógica deve ensinar-nos o reto uso do entendimento, isto é, o uso concordante consigo mesmo". Herbart toma posição análoga [...].

Sobre o "uso concordante consigo mesmo", o psicologista pode objetar que, dado que a lógica estude o uso do pensamento que seja concordante com o próprio pensamento, ela ensinará, no fim das contas, o uso natural do pensamento. Sempre que o pensamento seguir o seu curso natural ele estará sendo implicitamente correto. É algo aceitável tendo em vista o que foi até aqui disposto.

> [...] O lógico psicologista responde: o uso necessário do entendimento é uso do entendimento [...] o pensamento tal como deve ser é apenas um caso especial do pensamento tal como é.

Claro: entre as muitas formas de pensamento, há algumas que são chamadas de corretas, mas também elas são pensamento. Por enquanto não saímos da esfera do psicologismo.

> [...] não existe nenhuma coisa que possamos pensar ou que possa ser objeto do nosso conhecimento, tal como é, prescindindo da forma em que havemos de pensá-la; quem compara seu pensamento sobre as coisas com as coisas mesmas só consegue, de fato, medir seu pensamento contingente, influenciado pelo hábito, pela tradição, pelas inclinações e aversões, com a régua daquele pensamento que, livre de tais influências, não obedece a outra voz senão a de suas próprias leis.

Voltamos aí à idéia do pensamento lógico, do pensamento correto, como sendo o pensamento natural. Existiria o pensamento natural, que é o pensamento correto, e existiria um outro pensamento, que é influenciado pelo preconceito, pelo hábito, pelas forças externas etc., e que se desviaria do curso natural. Essa seria a tese psicologista.

Nesse sentido, o estudo do pensamento correto seria o estudo das diversas formas de pensamento possíveis. Seria um capítulo importante da lógica, segundo os psicologistas, descobrir a origem dos erros, isto é, os fatores que determinariam o desvio do modo natural (correto) de pensamento.

Francis Bacon, por exemplo, seria um psicologista *avant-la-lettre*. Ele dedica muito espaço à discussão dos preconceitos, aos quais chama de "ídolos". Fala dos ídolos do foro, do teatro, da praça pública, as idéias prontas que você recebe desde fora. Do mesmo modo, na lógica de Pierce dá muita atenção ao problema de como se produzem os erros pela força do hábito, do preconceito, do temor etc. Nesse caso, os estudos das causas psicológicas, sociológicas e históricas do erro são integrados à lógica. Se existe um pensamento natural, que é o pensamento concordante consigo mesmo, e um pensamento não-natural, que é um pensamento patológico, influenciado por outras coisas que não ele mesmo, então é evidente que o estudo do erro deve ser empreendido desde o ponto de vista psicológico, estudo esse que faria parte da ciência da lógica.

A linha de objeção que Husserl vai seguir mais tarde é a de que a psicologia só pode estudar os atos do pensamento, o modo como se produz o erro. Mas qual é o conteúdo desse pensamento natural? Como podemos saber o que é um pensamento natural não apenas segundo sua naturalidade, isto é, segundo sua qualidade de ser concordante com as suas próprias regras, mas em sua própria natureza, em sua essência? Em suma: em que consiste precisamente esse pensamento natural?

Natureza e acidentalidade

Para distinguir um pensamento natural de outro artificial, preciso ter definido a norma do pensamento correto. Como eu poderia saber a lei do pensamento correto, contudo, me limitando ao estudo do conjunto dos pensamentos existentes? O erro no pensamento, afinal, é tão natural quanto a verdade. Claro que você pode, metaforicamente, proceder como o pessoal do movimento ecológico e holístico e dizer que a doença não é natural, que só a saúde é natural. Essa natureza, porém, não é definida como a natureza efetivamente existente, e sim como uma natureza ideal.

Idealmente o homem natural não possui doença alguma, mas o homem que de fato conhecemos na natureza tem, sim, doenças. A natureza da qual estão excluídos o erro e a doença não é a natureza que conhecemos por experiência, é uma outra natureza inventada, que não pode ser conhecida por experiência. Ora: do mesmo modo como a saúde e a doença são ambos fenômenos naturais, o acerto e o erro também são fenômenos naturais do pensamento.

Quem nega a naturalidade da doença nos organismos ou do erro na psique está, sem perceber, jogando com o duplo sentido da palavra "natureza": confunde a natureza no sentido do mundo natural que está a nossa volta, o mundo da natureza física, com a natureza como essência. Quando alguém diz que o homem não fica doente por natureza, está apenas dizendo que o homem não é essencialmente doente. Isto é, não existe doença essencial, toda doença é acidental. Porém a natureza física que nos rodeia está cheia de acidentes. Se você suprimir a acidentalidade da natureza e conservar somente a essência da natureza, esta não vai se parecer nada com este mundo físico; será um conjunto de formas abstratas.

Essa essência da natureza não é conhecida por meio da experiência que temos dela tal como de fato existe, porque essa experiência se dá em meio à acidentalidade. Você conhece aquela essência através da distinção entre essência e acidente.

Diante da ocorrência do pensamento certo e do pensamento errado, o psicologismo afirmará que você distingue um do outro por meio da experiência. Mas a experiência traz misturados o erro e o acerto, o que nos leva a um círculo vicioso: distinguimos o pensamento certo do errado por meio do próprio pensamento, mas o pensamento só é capaz de nos apresentar equivocamente o erro e acerto sem delimitá-los claramente. Isso é como querer definir os quatro pontos cardeais por meio da observação dos caminhos efetivamente percorridos pelo homem. Você demarcaria todas as direções por onde o sujeito andou e, com base nisso, tentaria encontrar norte, sul, leste e oeste. É uma impossibilidade, pois o sistema de coordenadas não pode se confundir com os caminhos acidentalmente percorridos: a acidentalidade destes depende de que, de maneira à parte, se estabeleça o sistema de referência. O naturalismo psicológico, o psicologismo lógico, é uma fuga do assunto. E o assunto é este: ou existem leis ideais do pensamento que são totalmente independentes do acontecer psicológico (como o sistema dos pontos cardeais), ou então não é possível sequer entender as leis do acontecer psicológico. O psicologismo se revela uma forma larval de ceticismo, que em última análise será relativismo — ausência de qualquer critério seguro e universal de veracidade.

Ideal e real

A troca da natureza real pela natureza ideal, ou do pensamento corrente pelo pensamento idealmente "natural" e correto, depende de que se tome uma posição equivocada acerca da inter-relação entre o modo unitivo e ideal pelo qual opera a inteligência humana e o modo fragmentado e descontínuo como a realidade nos chega. Por exemplo, tomo em consideração uma pessoa, testemunho vários atos dela, reconheço várias características suas, mas não posso dizer que a vi por inteira. A unidade dessa pessoa só pode ser concebida como uma totalidade ideal que está além da minha experiência. Por mais que a conhecesse, no mínimo pesaria o fato de eu não a conhecer por dentro, a partir da experiência dela própria, e só por fora, a partir da experiência externa que tenho dela. Assim, conheço-a com base naquela forma ideal, *a priori*, a partir da qual componho numa totalidade todas as partes da experiência. Se eu me limitasse a considerar apenas cada elemento componente de modo individual, eu jamais conseguiria ter uma imagem completa da pessoa.

Como então sei que uma pessoa é *uma* e não duas? Como sei que a Heloísa que entra aqui é a mesma que havia saído antes?

Sei porque componho uma unidade chamada "Heloísa" a partir dos incontáveis elementos apartados que tomo da experiência.

Tenho de supor, portanto, uma unidade ideal. O que equivale a dizer que a unidade do mundo real não é conhecida por experiência. Como você sabe que existe o mundo? Como você sabe ao acordar que não está num outro mundo completamente diferente? Como você sabe que existe a própria unidade da sua pessoa? Nada disso pode ser conhecido por experiência, nem tampouco através de indução. De onde então você tirou isso?

Bom, você poderá dizer, como Kant, que essa construção não passa de uma forma *a priori*, a qual é assim *porque* é assim, isto é, tem sua forma *a priori* justamente em razão de ser *a priori*, e em última análise todo o mundo do conhecimento estará baseado num misterioso apriorismo.

Outra hipótese é a de que não existe forma *a priori* alguma e que a unidade suposta simplesmente não existe. Sobraram-lhe só os elementos de experiência, de modo que você fragmenta o mundo num caos incompreensível.

A terceira hipótese é a de que existe a consciência transcendental; e essa hipótese é inescapável. A unidade da consciência transcendental é uma necessidade absoluta. Não é algo que me foi proposto desde fora; eu *percebo* que é assim, e percebo por uma intuição evidente. Na consciência transcendental já está dada a unidade do mundo, em cuja direção Kant apenas aponta. Ele chama de transcendental uma atitude que é apenas reflexiva; ao passo que a atitude transcendental engloba o ato de conhecimento como seu sujeito e como seu objeto, e assim não abarca só este ou aquele ato, e sim a totalidade do ato de conhecimento em sua pureza e universalidade. Isso, para Kant, é só uma espécie de ideal: ele não diz propriamente o que é essa consciência transcendental, ele não a situa no plano de uma evidência direta. As próprias formas *a priori* são apenas deduzidas retrospectivamente, e não vividas numa apreensão direta. De algum modo, ele repete o ato de fé de Descartes: este opta por não fundamentar diretamente a possibilidade do conhecimento, e sim apenas mostrar de modo negativo a inviabilidade da objeção cética, e de modo análogo Kant opta por fundamentar as formas *a priori* da sensibilidade e não as formas *a priori* de apresentação das coisas em si mesmas, já que estas seriam inacessíveis. Mas a mera conscientização das formas *a priori* e da unidade do eu pensante (a "apercepção transcendental", como a chama Kant) ainda é parte do plano apenas reflexivo, não ascende ao plano da consciência transcendental. A esta só se chega pela negação absoluta de todo conhecimento; só se chega realmente pelo caminho do corte cartesiano levado muito além do ponto até o qual Descartes o levou.

Lógica e consciência transcendental

A transcendentalidade de Kant ainda está no nível reflexivo, discursivo. Mas na consciência transcendental que conhecemos por experiência não existem mais os discursos poético, retórico, dialético e lógico. Para além dos quatro discursos, instaura-se a própria verdade em toda a sua evidência. Essa quinta função da atividade inteligente, que se pode chamar de espírito, está além de *trivium*, *quadrivium* e de toda a ciência. E é só com ela que a filosofia propriamente dita começa.

Ciência filosófica, na definição de Husserl, é a ciência dos fundamentos absolutos, a ciência da certeza absoluta, na qual já não há dialética nem discurso. Quando você trata da consciência transcendental, você se vale de certo *modus exponendi* e isso dá a impressão de que a matéria discursiva ainda está presente nesse patamar transcendental. Mas isso é uma falsa aparência. Não à toa, quando comecei a elaborar a teoria dos quatro discursos, eu a chamava de Propedêutica Geral. Os discursos são apenas uma preparação à filosofia, cuja finalidade não é a descoberta da consciência transcendental, mas é a descoberta dos *conteúdos* das ciências transcendentais: aí temos o mundo do conhecimento em toda a sua infinita riqueza. Assim vista, a lógica é uma doação da consciência transcendental, é uma pálida imagem da sua unidade, pois na consciência transcendental está a unidade do real como um todo. Nessa restauração do estado adâmico, tudo se torna intuitivo, imediato, certo e evidente. A lógica não é mais necessária, ela e os demais discursos eram parte de uma iniciação aos pequenos mistérios. Só com a instalação do indivíduo em sua consciência transcendental é que ele é iniciado aos grandes mistérios, ao estado de evidência a que se costuma chamar de contemplativo.

A partir desse ponto, não há mais o que investigar porque se trata apenas de observar, de descrever. Podemos então nos colocar a questão da essência de alguma coisa e ver como essa essência se manifesta a nós, como ela aparece, qual a sua forma de apresentação, e assim você se torna capaz de descrever essa essência.

É claro que o estudo fenomenológico não esgota o objeto, esgota apenas a sua essência. Porém, conhecida uma essência, podemos reconhecer outras infinitas formas suas de manifestação existencial. O estudo das essências é o estudo do sentido originário de algo que está presente à consciência, não de tudo o que está acontecendo fisicamente.

Isso quer dizer que, depois de muitos séculos, restaurou-se aquela famosa subida platônica até o mundo das essências. Trata-se do estudo do sentido originário. Você pode construir um triângulo a partir das instruções que eu lhe der, mas o fato é que você só pode aprender a construí-lo geometricamente se souber o que é um triângulo. Existe uma diferença entre a definição geométrica de triângulo e a exposição da sua essência originária — a que você, como consciência transcendental, tem acesso —, a qual fundamenta a consciência geométrica.

De igual modo, você pode expor o conceito biológico de ser vivo, mas esse conceito biológico é apenas um esquema que lhe permite distinguir os seres vivos dos demais; a inteligibilidade desse esquema se fundamenta na experiência originária do ser vivo, no sentido do ser vivo. Uma coisa é a definição biológica de ser vivo, outra sua essência fenomenológica.

Todos os conhecimentos de quaisquer ciências subentendem uma infinidade de essências fenomenológicas mais ou menos inconscientes. Por baixo do conhecimento científico existe um fundamento fenomenológico, que é, vamos dizer, o mundo verdadeiro e que Husserl chama "mundo da vida", *Lebenswelt.*

Para retomar o exemplo de conceitos biológicos: o homem biológico é um recorte que você faz dentro de uma unidade de sentido que chama de homem e que você sabe perfeitamente o que é. É o homem no sentido antropológico? Não, é o homem no sentido fenomenológico, é o homem no sentido em que eu sei que você é homem e que esta parede não é. É um saber prévio a qualquer outro saber.

Quando você desenvolve um estudo científico sobre determinado assunto, começa a duvidar do senso comum, das idéias habituais, e com elas pode acontecer de você colocar em dúvida também o sentido originário que aquele objeto de investigação tinha a princípio para a consciência. Dessa forma, o saber científico se torna uma ignorância, e essa é a raiz da crise das ciências.

A ciência tem o direito de questionar o senso comum, quer dizer, o hábito de pensar, mas a partir do momento em que questiona as vivências originárias da consciência se torna uma cegueira.

Preleção XXII
21 de maio de 1993

34. Sacrificar-se pela vida teórica

Fato e norma

PARA RETOMARMOS A LEITURA DE HUSSERL, poderíamos começar perguntando o que Kant, na passagem citada nas *Investigações* (segundo lemos na última aula), quis dizer ao afirmar que seria absurdo deduzir a moral a partir da vida.

Você conseguiria deduzir princípios morais por meio da simples observação da vida, de seu funcionamento? Da observação de um fato podemos deduzir alguma norma com relação a ele? Do fato de que habitualmente as pessoas não matam as suas mães se pode deduzir que não se deve matar a mãe?

Por que, em suma, existe segundo Kant uma incomensurabilidade entre fato e valor?

Entendo que o valor deveria imperar necessariamente em todos os casos. As situações, de fato, são contingentes — podem ou não acontecer, podem ou não ser existentes, isto é, podem ou não ser verdadeiras. Mas, seja como for, sempre afirmamos o fato da existência como um valor em si mesmo. Isto é: a existência é um fato e um valor ao mesmo tempo. A rigor, *não pode haver, do ponto de vista normativo, distinção entre fato e valor*. Você aceita que $2 + 2 = 4$ e não aceita que $2 + 2 = 5$ porque reconhece o verdadeiro como preferível ao falso. Ser verdadeiro, nesse caso, significa ser real, e o real é sempre preferível ao que não é real. *O real é um valor.*

Mas não é dessa forma que Kant raciocina. Ele parte da distinção entre juízo de realidade e juízo de valor. Assim vistas as coisas, a psicologia lida com fatos, ao passo que a lógica lida com valores, com normas; seriam áreas pertinentes a diferentes tipos de juízo.

Bom, voltemos ao texto.

> [...] Tanto a lógica quanto a psicologia investigam as leis das operações do pensamento;[1] mas "lei" significa para ambas algo totalmente distinto. O problema da psicologia é investigar as leis da conexão real dos processos de consciência entre si [...]. Lei aqui significa uma fórmula sintética do enlace necessário e sem exceção na coexistência e na sucessão. A conexão é causal. Mas a missão da lógica é de índole totalmente distinta. A lógica não pergunta pelas origens e conseqüências causais das operações intelectuais, mas sim pela verdade de seu conteúdo [...].

Então por que em determinado momento você pensou tal ou qual coisa? Porque a direção que vai tomando o seu pensamento é determinada por mudanças que se dão na sua psique: por alguma associação de idéias, por alguma percepção que teve vinda de fora, por sua abstração etc.

A conexão psicológica entre um pensamento e outro é dada por uma causa que intervém e muda o seu curso. Porém, quando nós falamos em conexão lógica, não é a isso que nos referimos. Quando um pensamento contém um outro como conseqüência lógica, a conexão entre o primeiro e o segundo não é determinada por nenhuma causa que tenha intervido na cabeça do sujeito pensante. É o caso do silogismo. Tanto que o curso dos seus pensamentos pode se desviar da conclusão do silogismo, levado por alguma causa. Num caso existe uma causa real que determina que depois

---
1 Pequena adaptação neste ponto, que importou na síntese de algumas palavras de Husserl.

de um pensamento apareça outro, e noutro caso temos apenas um pensamento que está contido no outro como uma *parte* está contida num *todo*. Como é o caso do silogismo. Não se trata de uma sucessão temporal. Não é que, primeiro, todo homem seja mortal, depois Sócrates seja homem, e então só depois Sócrates seja mortal. Tudo isso é simultâneo. Porém esses juízos não são *pensados* simultaneamente, mas em sucessão. E a sucessão pode ser alterada por uma causa psicológica qualquer, por exemplo, a distração.

Uma conseqüência lógica não está contida no seu antecedente em um sentido temporal. Trata-se de uma relação por implicação, como um conjunto maior que contém o conjunto menor. O curso real do pensamento, contudo, não é assim. Um pensamento se segue ao outro em função de alguma causa e não por uma implicação; intervém a ação de causas fortuitas, por exemplo, que alteram seu curso temporal.

> [...] Os juízos justos e os falsos, os inteligíveis e os cegos vão e vêm segundo as leis naturais [...]. Mas estas conexões naturais não interessam ao lógico; este busca as conexões ideais, as quais nem sempre se realizam, senão excepcionalmente. Seu objetivo não é uma Física, mas uma ética do pensamento. Com razão sublinha Sigwart que na consideração psicológica do pensamento não desempenha "a antítese do verdadeiro e do falso nenhum papel [...],[2] como tampouco é psicológica a antítese do bom e do mau nas ações humanas".
>
> Com semelhantes meias tintas — responderiam os psicologistas — não podemos nos dar por contentes. [...] Como a lógica poderia buscar as conexões ideais sem estudar as naturais? [...] "A questão do que se deve fazer é redutível sempre à questão do que se tem de fazer para alcançar um objetivo determinado [...]". [...] a lógica se comporta com relação à psicologia como a parte com o todo. Seu objetivo principal é, antes de tudo, assentar proposições desta forma: assim precisamente e não de outro modo têm de

---

2 Supressão presente no próprio texto de Husserl.

> conformar-se, ordenar-se e conectar-se às operações intelectuais para que os juízos resultantes apresentem o caráter da evidência, do conhecimento no sentido estrito da palavra.

Entre muitas outras possibilidades de que o curso do pensamento siga essa ou aquela ordem de sucessão, existe uma que é o encadeamento necessário para que se chegue a um resultado certo. Ou seja, voltamos ao caso anterior: o pensamento certo é apenas um caso do pensamento em geral.

> [...] O argumento seguinte também não é suficiente para enfraquecer o partido psicologista. A lógica não pode apoiar-se sobre a psicologia, como tampouco sobre nenhuma outra ciência, pois toda ciência só existe como tal pela sua harmonia com as regras da lógica e supõe precisamente a validez destas regras.

Por que a psicologia é uma ciência? Não é porque ela obedece a certas regras lógicas? Mas, se assim for, como essas regras lógicas poderiam se apoiar nos próprios resultados da psicologia? Forma-se um círculo vicioso.

> [...] A parte contrária responderá: esta argumentação não pode ser correta, pelo simples fato de que teria como conseqüência a impossibilidade da lógica pura. Dizer que a lógica pura enquanto ciência precisa proceder logicamente é o mesmo que girar em círculo [...].

> Mas vejamos mais detidamente em que consistiria esse círculo. Se uma ciência supõe a validez de certas regras, isto pode significar que estas regras são premissas de suas demonstrações; mas pode significar também que são regras conforme as quais a ciência tem de proceder para ser ciência. O argumento confunde ambas as coisas: para ele é o mesmo inferir *segundo* as leis lógicas e inferir *das* leis lógicas. Mas o círculo só existiria se se inferisse das leis lógicas.

Ou seja, as leis lógicas num caso funcionam como premissas, e noutro caso somente como regra de operação, que partindo de alguma outra premissa demonstra sua própria validez. Isso é possível. Tentem vocês mesmos supor qual o caminho para chegar ao desenlace dessa coisa. Nós paramos num ponto onde parece que os dois argumentos são equilibrados.

Como você procederia, a partir daqui, se quisesse fundamentar a lógica pura? Isso já está insinuado no último parágrafo.

A tendência humana ao equilíbrio

É mais ou menos espontâneo ao ser humano buscar uma espécie de equilíbrio interno; tão logo o encontra, tão logo esse impulso lógico seja satisfeito, o indivíduo se acomoda, se tranqüiliza. Assim, quando lançamos uma pergunta, o cérebro já responde com uma combinação de palavras que de certo modo nos acalma e contorna o confronto com a pergunta. É uma fuga automática da possibilidade de contradição, a qual é sentida como uma ameaça. Você quer montar um esquema de palavras que encerre um sistema que suprima a questão, que impeça o desconforto da contradição. Diante disso, pergunte-se: e se o próprio comportamento humano for, em essência, contraditório? Em resposta, você poderá construir subterfúgios que dêem uma ordem provisória e contingente aos nossos atos e percepções, mas que não têm caráter algum de necessidade. Teremos ido parar mais longe ainda do verdadeiro problema, evitando-o, protegendo-nos dele.

O primeiro procedimento a adotar para nos prevenirmos contra essa tentação é admitir a hipótese de que o problema que nos propomos não tenha solução. Ou seja, é preciso matar a idéia de que tudo tem solução. Pode ser que Deus saiba a solução, mas eu não sei. Não se trata de matar a hipótese de que haja uma solução, mas matar a hipótese de que todo problema tenha uma solução de fácil alcance, ou mesmo que possa sequer ser alcançada, ainda que à custa de muita dificuldade. A idéia de que tudo tem solução — e em especial de que eu possa sempre descobri-la — é um dos piores preconceitos anti-filosóficos. Enquanto vocês tiverem o impulso de crer nisso, não conseguirão propor filosoficamente nenhum problema.

Sem dúvida é coisa muito difícil desfazer-se daquele impulso, pois ele responde a uma exigência de equilíbrio biológico. Alcançar a esfera do pensamento filosófico requer que esse equilíbrio seja rompido, a fim de que se alcance outro equilíbrio depois. Trata-se de passar do equilíbrio pragmático, próprio à vida cotidiana e prática, ao equilíbrio da vida teórica. Na esfera dos problemas da vida prática, resolvemos as questões prementes omitindo quase todos os problemas. Se você se preocupar com tudo, ficará doido. Precisa selecionar os focos de sua atenção e ignorar todos os demais problemas, coisa inválida na vida teórica. Ou seja, os fins que você busca na vida prática não são adaptáveis à vida da inteligência. Enquanto a sua inteligência estiver regrada pelos fins do seu equilíbrio psicofísico, não estará apta a captar o objeto tal como ele é em si mesmo. Se o seu pensamento funciona apenas como um órgão da sua psique, se ele funciona como um membro da sua homeostase que, diante de qualquer desequilíbrio, logo procura restaurar o equilíbrio prévio, ele não terá outro objeto senão você mesmo. Só com romper essa unidade do sujeito é que este se abre para o objeto. É preciso dar esse salto, que não se efetua sem crise.

Conhecimento e sacrifício

Quando nos propomos a resolução teórica de uma questão, a vitória ou a derrota deixa de ser uma questão de manutenção de nosso equilíbrio. Derrota e vitória passam a ser consideradas como hipóteses igualmente defensáveis, perante as quais você fica dividido até que a realidade — e não a sua homogeneidade interna — lhe ofereça uma resposta. Isso significa que *a conquista do pensamento objetivo é um sacrifício da alma*. Você vai chegar à vitória, mas é evidente que essa vitória vai lhe custar o seu equilíbrio num dado momento. Isso não quer dizer que no restante da sua vida prática você ficará desequilibrado. Você só sofrerá esse desarranjo integral se cair na burrada de levantar todas as questões filosóficas ao mesmo tempo; nesse caso, toda a sua vida prática será afetada. Você ficaria catatônico, mas não é isso que estou recomendando. Estou apenas dizendo que não existe nenhuma possibilidade de pensamento objetivo se o indivíduo evitar o sacrifício.

Em geral, as discussões são apenas auto-expressões de pessoas que debatem para manter a sua homogeneidade. É como uma luta de organismos na qual os objetos, as idéias discutidas, estão ali apenas como pretextos. Trata-se de buscar a vitória de uma psique sobre outra psique, e não de uma tese sobre outra tese. É uma luta psicológica, como as que vemos nos congressos, nos debates de TV, nas discussões de botequim, em discussão de marido e mulher, da qual uma psique vai sair inteira e a outra vai sair despedaçada, a menos que entrem em acordo. Mas e o objeto de discordância? Ele nem mesmo comparece à discussão. Isto porque a condição preliminar para cumprir a objetividade não foi cumprida. E essa condição é o sacrifício do ego.

Em termos astrológicos, na vida prática somos conduzidos marcianamente, reativamente, no sentido de defender a nossa integridade contra a invasão do objeto, contra a invasão do dado. Nós rejeitamos o dado. Nós só o aceitamos quando ele se coloca na nossa frente de uma maneira intransponível. Quando ele é um muro intransponível, você o aceita como fato consumado.

Normalmente não queremos pensar naquilo que a situação nos impõe, queremos pensar naquilo que o nosso organismo exige. A vida prática consiste em perseverar nesse estado de homogeneidade e fazer com que o mundo circundante adquira uma forma harmônica com o nosso desejo e com a nossa inclinação. Por exemplo, há uma cena de um romance de Thomas Mann na qual o personagem entra no quarto do filho, o qual está numa tal bagunça, que ele vê ali a própria confusão européia. Ele poderia passar dias descrevendo a bagunça, ele não iria tentar ordená-la. Na vida prática isso seria uma demência. Na vida prática você instantaneamente impõe ao meio um equilíbrio similar ao seu equilíbrio interno. Você o molda de acordo com a sua conveniência, você não se pergunta o que ele é. Quanto menos tempo pensar nele, tanto melhor para você.

Porém na vida teórica isso não é possível porque ela trata de assuntos que estão acima da intervenção dos indivíduos. Assuntos nos quais a nossa vontade não tem arbítrio e a única coisa a ser feita é olhar e dizer as coisas como elas são. Por exemplo, se um astrônomo quiser medir a posição de uma estrela, ele não vai deslocar a estrela daqui para lá, ele não pode empurrá-la. Portanto, só lhe resta medir com exatidão e dizer que ela está onde está, e não onde você desejaria que ela estivesse. O espírito da objetividade se desenvolve quando estudamos aquelas coisas nas quais não podemos intervir de maneira alguma. Por isso mesmo Platão dizia que a astronomia era o estudo apto por excelência a desenvolver a inteligência teórica, porque você não pode mexer nas estrelas.

Suponhamos que todo pensamento lógico estivesse submetido às leis psicológicas. Suponhamos ainda que fosse possível extrair das leis que regem o organismo humano as leis que devem reger este ou aquele objeto de conhecimento. Isto seria dizer que da psicologia humana você é capaz de deduzir o mundo — e é essa a verdadeira impossibilidade da tese psicologista. Ou seja, se não existe na lógica um elemento qualquer que seja totalmente independente do sujeito cognoscente, então não haverá lógica alguma. Não haveria passagem possível para a objetividade, o objeto não teria poder algum. O fato de os fundamentos da lógica estarem postos fora do funcionamento psíquico humano não implica que estejam colocados fora da consciência humana, que a consciência tenha de transcender os seus próprios limites (a idéia de que a consciência tenha de atingir algo fora dela também é contraditória: se a verdade estiver fora da consciência, então só será verdade o que eu não souber). Tem de estar na própria consciência humana o fundamento do conhecimento, porém de tal maneira que essa consciência não possa se mover livremente para onde bem queira, de acordo com as leis do equilíbrio orgânico do sujeito. É preciso que haja algo na consciência que lhe imponha dados que ela não possa negar.

É importante enfatizar a idéia de ruptura do equilíbrio biológico e observar como podemos operá-la de modo que não traga lesões à psicologia do indivíduo. O simples fato de você refrear as palavras que lhe ocorrem livremente não adianta nada. Você refreia umas, mas logo aparecem outras. E elas vão continuar aparecendo de qualquer maneira. O que temos de fazer é distinguir o pensar e o saber. Continuaremos pensando, mas sem acrescentar a crença ao pensamento, o qual terá de ficar mais leve, até um pouco mais lúdico. Não o valide necessariamente: deixe-o passar; você não tem de estacionar nele transformando-o em resposta.

Como real é aquilo que não é constituído por mim, aquilo sobre o que não tenho poder, a melhor maneira de me aproximar da idéia de objetividade é, ao invés de montar meus pensamentos como soluções, montá-los como problemas insolúveis. Você está mais próximo da realidade quando formula uma contradição insolúvel do que quando recorre à luz de uma dessas soluções miraculosas. Por exemplo, conheço melhor uma pessoa quando vejo nela dois aspectos que não consigo unificar de maneira alguma; conheço-a melhor assim do que quando a explico com uma frase sumária. Se digo que Rita é assim ou assado, de certo modo passei ao largo dela, não falei dela. Apenas amansei o meu movimento interior, acalmei o incômodo da minha psique, mas e se eu montar Rita como uma contradição e como um problema? Aí seu personagem começa a adquirir vida. É precisamente isso que um romancista faz. Se seu personagem agisse de maneira totalmente coerente, o romance acabaria nas primeiras páginas. O romance prossegue com base nas nuanças impossíveis de sintetizar. Pois bem, quando você começar a descrever uma pessoa não em termos de traços sumários, mas em termos das questões, dos problemas e das contradições que dela emergem, você acabará se aproximando mais dela como uma realidade concreta.

Montar contradições é uma maneira de você dar ao objeto uma consistência que não depende da sua mente, e é essa falta de autonomia da mente perante o objeto que garante a objetividade dele. Vamos supor que todos aqui na classe começassem a se comportar exatamente do jeito que eu imagino: eu imagino que o Marcelo sai voando, e na mesma hora ele sai voando. Se me obedecessem integralmente, vocês não se distinguiriam de personagens de sonhos. É justamente por não me obedecerem, por fazerem outra coisa que eu não estava esperando, que sei que vocês são reais. *Existir é resistir.*

Só se pode filosofar quando o problema não é imediato, quando você aprende a montar o que sabe a respeito do objeto sob a forma de contradições e não de explicações.

A questão do psicologismo, esta questão teórica, se liga profundamente à questão prática que estamos discutindo. Uma coisa é discutir a possibilidade do conhecimento científico, objetivo, em geral e abstratamente, e outra é discuti-la com relação a um indivíduo concreto e, em particular, a você. Na vida prática se mostra urgente compreender que a realidade não se dobra à nossa vontade nem pode ser abrangida, na íntegra, por nosso pensamento.

Condições pessoais de conhecimento

A fundamentação da possibilidade teórica do conhecimento não fundamenta de maneira alguma a possibilidade concreta que você tem de conhecer. A questão filosófica — se o conhecimento é possível ou se é impossível — na verdade é secundária em relação a essa outra questão pessoal de ordem prática. Não interessa saber que o homem em geral é capaz de conhecer, mas que eu mesmo sou capaz de conhecer, e saber ainda quais condições devo satisfazer para esse fim. Caso o homem seja capaz de conhecimento objetivo, é necessário que essa sua capacidade goze de condições, por assim dizer, ótimas. Quais são as melhores condições possíveis para que o sujeito realize o conhecimento — esse é o problema. Vejam que, quando Kant propõe a famosa questão crítica, perguntando-se se o conhecimento é viável ou não, ele não se refere, por exemplo, a um sujeito que está internado num hospital com 42 graus de febre, e sim a um homem são, normal, com toda a cultura à sua disposição. A própria distância entre o homem em geral e o homem que só vive de maneira individual e em situações específicas leva a que o problema crítico kantiano só atenda a uma parcela (aquela primeira, a do plano da universalidade) das dificuldades concretas do conhecimento.

Portanto, acho que faz parte do currículo da própria filosofia o desenvolvimento de condições pessoais ótimas para o conhecimento. Estas condições pessoais não se referem a habitação, saúde, vestuário, como é evidente; referem-se a algumas condições internas que é necessário cumprir. Uma delas é esta: você necessita dar o salto em direção ao conhecimento objetivo, o que é matéria de decisão pessoal; do contrário, mesmo que você prove que o conhecimento não é impossível, ele no mínimo permanecerá muito difícil de ser atingido.

A questão da possibilidade do conhecimento pressupõe que haja uma séria intenção de conhecer, e por estas observações que fiz hoje vocês perceberão que na maior parte dos casos não queremos conhecer absolutamente. Não devido, entendam, às emoções, que é comum pensar serem fatores que perturbam ou embotam a percepção. Ser objetivo não implica colocar a emoção entre parênteses. Não é esse o problema; ou, se fosse, seria questão de determinar quais emoções devem ser postas entre parênteses. Refiro-me aqui a um problema interno da inteligência, e ele não tem muito a ver com a emoção. É a própria inteligência que busca o seu estado de equilíbrio e foge de todo dado novo que o perturbe. *O próprio impulso lógico do ser humano é um obstáculo ao conhecimento*, porque esse impulso lógico advém da tendência de autoconservação, de integridade do organismo. O impulso que nos faz buscar o conhecimento é o mesmo que nos impede de obter o conhecimento. Você se satisfaz com aquilo que restaura o sentimento de homogeneidade, aquilo que restaura a sua tranqüilidade.

Sto. Tomás de Aquino dizia que "a certeza é o repouso da inteligência", mas nem todo repouso da inteligência é uma verdade certa. A certeza é apenas um sentimento, é a sensação interna de certeza, a qual não quer necessariamente dizer que você esteja na verdade. Talvez para encontrar a verdade você tenha de romper esse estado interno. A garantia única de que se cumpra a objetividade está em que o objeto seja de fato o objeto e não uma invenção nossa. Portanto, no objeto interessa precisamente aquilo que nele resiste a nós, aquilo que nós não poderíamos inventar e moldar de jeito nenhum, portanto *os aspectos mais dificultosos do objeto são os mais interessantes*, e não os mais fáceis.

Tomemos consciência disso: na maior parte dos casos não estamos interessados na verdade, pois não temos tempo para cultivar de maneira contínua esse interesse. Você vai ter de selecionar quais são os problemas nos quais irá pensar e quais aqueles em relação aos quais irá agir segundo o costume, provisoriamente deixando de lado o problema do erro ou do acerto. Isso, é claro, se torna especialmente problemático em uma época como a nossa, na qual parece não haver mais costume algum. Assim, todas as condutas e situações estão problematizadas. No dia a dia cada ser humano lida com tamanha quantidade de dilemas morais que fariam arrepiar o próprio Aristóteles. Da convivência com o seu cônjuge à educação do seu filho, e daí ao que você vai fazer de sua vida para lhe dar um sentido etc., há tantas perplexidades morais que uma vida só não seria suficiente para resolvê-las. Se você se determinar a enfrentar todos esses problemas ao mesmo tempo, irá se assoberbar, irá pensar e pensar sem resolver nada, e no fim das contas não terá proposto seriamente sequer um único problema.

Valha esta regra: quando surgir uma contradição na sua vida prática, desvie a atenção. A vida prática funciona enquanto você é o seu sujeito ativo. No entanto, se a sua coerência interna conseguir se expandir para fora e tomar todas as questões que se apresentam, inserindo-as num esforço total de compreensão, você deixará de ser ativo e ficará passivamente paralisado por sua incapacidade de resolver todas aquelas questões. Toda a vida prática irá se apresentar a você como contradição, e nesse ponto você não terá mais capacidade de iniciativa. Vire, portanto, as costas e se dedique a tratar só dos problemas mais fáceis. Entenda que as contradições da vida são mais fortes do que você.

O que deve se apresentar a você sob a forma de aporias são os problemas da esfera teórica. Aporias práticas são inventadas pelo demônio, são tentações que é impossível vencer. Pois a característica fundamental da vida prática, da *praxis*, é esta coisa inelutável: nela o que foi não volta mais, o que aconteceu não pode ser revertido. Mas no mundo teórico sim: *o mundo teórico é o mundo das possibilidades permanentes*. Do mesmo modo que transpomos critérios da vida prática para a vida teórica indevidamente, também fazemos o contrário ao montar de forma aporística — segundo, então, o modelo teórico — os problemas práticos, que assim serão insolúveis. São insolúveis porque a vida prática é contingência, é variabilidade, é infinidade de situações possíveis, você nunca está preparado para a vida. Prática, *praxis*, significa o que é costumeiro; nós sabemos resolver os problemas que são costumeiros, rotineiros, que já foram resolvidos mil vezes, e só. Quando aparece um problema radicalmente novo, você poderá resolvê-lo, mais cedo ou mais tarde, ou poderá simplesmente não encontrar solução alguma, e você terá de compreender que não existe nada de anormal nesse seu fracasso. A prática é o domínio no qual você mostra o seu poder quando possível — mas em grande parte dos casos é impossível. Fato, *factum*, é aquilo que está feito, aquilo que não volta atrás. É o elemento diante do qual você já perdeu.

Preleção XXIII
22 de maio de 1993

35. Do processo simbólico à dialética

O pensamento simbólico

A TENDÊNCIA HUMANA DE PERMANECER num estado de equilíbrio mostra um predomínio na inteligência da assimilação sobre a acomodação. Assimilação quer dizer tornar similar, ou seja, conservar dos dados apreendidos aquilo que é similar ao que eu já tenho. Tenho certas estruturas, certos esquemas de cognição, e assim do dado conservo somente aquilo que é coerente com os esquemas — é isso a assimilação, que conserva o similar, o homogêneo, e despreza o diferente, o heterogêneo.

Ora, o produto da assimilação sem a acomodação[1] é o que chamamos de *símbolo*. Quando você produz um símbolo, o faz porque ele é suficiente para que, partindo de um dado, você seja capaz de se referir a outro. Mas desse outro dado você só sabe aquilo que é similar ao símbolo, você não leva em conta seus aspectos diferenciais. Acomodação seria criar um novo esquema que dê conta do que é heterogêneo.

Na assimilação se trata de generalizações de esquemas que já possuímos, ou seja, de aplicação de regras e esquemas próprios a

---

1 Tomo de Piaget os termos "assimilação" e "acomodação" (que eu preferiria dizer "adaptação"), mas lhes dou finalidade diversa.

abarcar todos os novos dados. Só na hora em que a generalização falha é que você tem de fazer uma acomodação, tem de gerar uma nova lei, um novo princípio. Por exemplo, nas cadeias de analogia costumeiras na astrologia: quando você associa o ouro ao leão e o leão ao sol, e assim por diante, você está vendo entre esses vários seres somente o que possuem de similar. A diferença aí não importa; a posse esquemática de um só desses dados é suficiente para que, através de generalização, você atribua os mesmos esquemas a outros dados. Um mesmo esquema abarca o ouro, o sol e o leão. Para chegar a conceber a diferença entre o ouro e o leão, por outro lado, não partimos das mesmas qualidades que tornam o ouro leonino e o leão, áureo; é preciso alterar o esquema de apreensão.

O pensamento simbólico é a primeira e mais elementar expressão da razão. Não existe cisão entre pensamento simbólico e pensamento racional. O pensamento simbólico é a própria razão na sua primeira e mais elementar operação, que é a de fazer a assimilação predominar sobre a adaptação.

O que nos obriga a uma acomodação é a faculdade contrária, intuitiva, que nos chama a perceber um dado diferente e nos obriga a gerar novos esquemas e perceber diferenças entre os dados atuais e os anteriores. *A razão é a faculdade de estabilização do conhecimento, a intuição é a faculdade de sua ampliação.* A razão, por si só, realiza apenas assimilação. Ela estabiliza os dados disponíveis em certo momento (neutraliza suas contradições) e em seguida pára. É só o ingresso de novos dados incompatíveis que força o processo de acomodação a se impor sobre o de assimilação. Mas o simbolismo já é racional, é uma forma de generalização, de agrupamento de vários seres sob o mesmo símbolo. Ele, assim como o pensamento racional, é uma forma de estabilização dos dados, ainda que rudimentar. Dito de outro modo, *o pensamento simbólico já é a própria razão em operação* e basta para estabilizar o organismo.

Mas você cresce, toma nota de fatos imprevistos e sente a necessidade de criar novos esquemas capazes de absorvê-los. À tendência racional de realizar apenas assimilação, essa harmonização dos dados aos velhos esquemas, sobrevém a necessidade de acomodação ou adaptação, essa faculdade de gerar novos esquemas baseados nos dados adventícios e não nos esquemas anteriores.

Normalmente os nossos pensamentos só têm valor simbólico, em especial os pensamentos do dia a dia. Na vida prática nos orientamos com base no pensamento simbólico, que mostra apenas a nossa coerência interna e nada diz sobre os dados em si mesmos. Enquanto você estiver agindo segundo as vias costumeiras, é evidente que não realizará acomodação no sentido piagetiano, limitando-se à assimilação. Você emprega sempre os mesmos esquemas e isso lhe basta. A cada vez que produz um símbolo para cada situação, você se acalma, você insere esse novo quadro no fluxo costumeiro dos demais quadros já assimilados. Você dá unidade a essas experiências tão diversas ao encontrar um meio de simbolizar os fatos novos, isto é, de encaixá-los nos esquemas simbólicos já existentes.

É enganosa a impressão de comodidade, de estabilidade da mente proporcionada pelo sentimento habitual de certeza. A calma impede a procura da verdade, pois repele o risco e agitação necessários para alcançar o heterogêneo e não só conservar o homogêneo. Seguro de sua comodidade, você está em pleno solipsismo, só fala de você mesmo — e, quando acredita estar falando do fato, está falando na verdade apenas de si próprio. Isto é: você está sendo um idiota. *Idios* quer dizer *eu mesmo*; o idiota só conhece a si mesmo, é incapaz de transcender o círculo da assimilação, o círculo da homogeneidade. Ele jamais ficará perturbado diante de um fato novo, porque sequer perceberá que aconteceu um fato novo. Para o idiota tudo que lhe ocorre é uma auto-imagem de si mesmo, daquilo que ele já sabe a respeito de si próprio. Nega-se até a perceber coisas novas em sua própria consciência, pois se as aceitasse teria de assentir à presença do outro, do heterogêneo.

Dialética

Um sujeito assim conformado, cheio de firmeza e tranqüilidade, toma toda discussão como uma espécie de defesa da homogeneidade. O sujeito discute porque não quer ficar num estado de insegurança, *discute com o outro porque não quer discutir consigo mesmo*. Numa discussão como essa, cada um expressa a sua opinião e não admite a entrada da outra opinião, a qual não é considerada como uma possibilidade real, mas apenas como algo a que se deve resistir. No instante em que admito a sua opinião como uma possibilidade, obrigo-me a pensar como você pelo menos durante algum tempo, e pode ser que, ao fazê-lo, entre na minha cabeça alguma idéia que me era totalmente estranha, de modo que ficarei naturalmente inseguro, carente de um novo esquema cuja elaboração me custará uma trabalheira enorme. Pode até ser que essa trabalheira venha a restaurar a minha opinião anterior, porém nesse caso ela surgirá já ampliada. Perseverarei na minha opinião, mas terei assimilado a do outro. Certo juízo meu sobre determinados dados ficará assim inalterado, mas os esquemas que o enquadram terão se multiplicado e enriquecido.

Uma discussão assim realizada é de natureza dialética. Dialética é pensar junto, e pensar junto é usar o cérebro do outro como se fosse o seu próprio: você encarrega o outro de fazer o antagonismo. Em vez de você ter de sustentar o *sim* e o *não*, sustenta apenas o *sim* e permite que o outro sustente o *não*. Isso quer dizer que a parte negativa da argumentação está contida no conjunto do seu pensamento. No fim, quando você chegar a uma conclusão — ou não chegar a conclusão alguma —, terá certeza de que abarcou várias possibilidades de abordagem ao objeto em discussão e, por isso, estará seguro de ter alcançado uma *probabilidade razoável*. Ao contrário, se ficarmos cada um circunscrito só à autoexpressão, não sairemos da esfera do verossímil, ou seja, daquilo *me parece* verdadeiro, que é a esfera do pensamento retórico.

A probabilidade razoável impõe a passagem a um plano de obrigatoriedade: qualquer pessoa que examine esta mesma questão, a partir destes mesmos dados e destes vários aspectos, terá de chegar à mesma probabilidade, como se num cálculo matemático, com valor normativo, portanto. O conjunto de operações que compara e estabelece contraposições de posicionamentos e de argumentos, e que examina não só a consistência de cada um, mas também suas conseqüências possíveis — contrapondo as conseqüências de um às conseqüências de outro, os fundamentos de um aos fundamentos de outros —, se chama dialética.

Como se vê, a dialética requer esforços. É como uma ginástica, cujo movimento requer contradição. Você força um músculo contra o outro, os músculos contra a gravidade; se não o fizer, não terá feito ginástica, terá repousado na posição de estabilidade. Ao passo que na ginástica você só vai reencontrar a posição cômoda ao fim, acrescida, é certo, de um maior bem-estar, cuja posse primeiro requer esforço. A dialética é uma ginástica da mente.

36. *Uma aporia da tese psicologista*

[...]

§ 20. *Um vazio na demonstração da tese psicologista.*

Com estas e outras semelhantes argumentações, os antipsicologistas aparecem inegavelmente em situação desvantajosa. [...] Há, contudo, uma coisa que deveria excitar a admiração filosófica: o fato de que tenha existido e continue existindo uma discussão [...]. Se tudo fosse realmente plano e claro como asseguram os psicologistas, esta situação não seria muito compreensível [...]. A verdade não estará uma vez mais sendo cortada ao meio? Não terá encontrado cada uma das partes um bom fragmento de verdade, mostrando-se incapaz de delimitá-lo com rigor conceitual [...]?

Se cada um desses partidos em relação à natureza da lógica tivesse uma visão clara de suas próprias posições, seria fácil você perceber relações entre umas e outras. É difícil relacioná-las porque nenhum dos partidos tem clareza acerca do que está tratando.

> [...] Tomemos a questão anterior sobre os fundamentos teóricos essenciais da lógica normativa. Estaria realmente resolvida pela argumentação dos psicologistas? Quanto a isto, assinalamos em seguida um ponto débil. O argumento demonstra somente que a psicologia é co-participante na fundação da lógica. Mas isto não significa [...] que ela seja o fundamento essencial. Fica aberta a possibilidade de que outra ciência também contribua para a sua fundação [...]. Esse pode ser o lugar daquela "lógica pura", que [...] deve ter uma existência [...] independente de toda psicologia.

Fato e norma

A propósito disso, já nos referimos às noções de fato e norma. A negação kantiana da passagem do fato à norma não procede, porque existem fatos que por si mesmos demandam a norma. Do fato de você ter dois pés se deduz a norma de que você não deve se privar de nenhum deles; do fato de que você tem uma cabeça se deduz a norma de que você não deve cortá-la; e do fato de que você tenha dois olhos se deduz a norma de que você não deve furar nenhum dos dois.

Portanto, existe uma passagem do fato à norma, é notório que o fato pode exigir a norma, *mas nenhum fato pode por si só fundamentar a norma*. Há fatos que exigem a norma e que não podem sequer ser concebidos como fatos independentes da norma. Isto quer dizer que o real tem por si mesmo um conteúdo normativo, mas com base nisso não se pode dizer que os fatos da realidade fundamentem por si sós as normas.

Dada a premissa de que tudo o que existe deve perseverar na existência (o que já é uma norma), do fato de que você tem olhos se deve deduzir que eles devem ser conservados para exercer a capacidade de enxergar. Mas que a visão seja preferível à cegueira já é uma norma que não se deduz da pura e simples existência de olhos, até porque a existência da cegueira sequer é um elemento dado na existência dos olhos. A norma advém de uma relação entre a visão e a cegueira e não decorre da visão em si mesma.

Ora, uma relação entre uma coisa e outra não pode ser deduzida da mera existência de uma só delas. Por exemplo, quando você diz que é preferível fazer o bem ao mal, afirma algo que não decorre da mera existência de *bens*, mas da possibilidade de um *bem* e de um *mal*. Trata-se de uma comparação; essa norma é comparativa. Como você não pode fazer uma comparação entre duas coisas onde só está posta uma, tampouco poderá fundar uma norma de referência. Portanto, o fato pode requerer uma norma, com base nele você pode entender que *deve* existir uma norma, mas ele por si só não fundamenta norma alguma.

Toda norma estabelece uma relação, segundo vimos ao tratar da fórmula lógica própria aos sistemas normativos: para que A seja um bom B, é necessário C. É necessário, portanto, que estejam dados um A um B; da só existência de A não poderíamos estabelecer se ele é um B, um C ou um D.

Husserl quer nos dizer que os fatos psicológicos observados demandam a existência de uma lógica, mas não a fundamentam. Quando um psicologista diz que o pensamento lógico é apenas um caso especial do pensamento em geral, ele está dizendo o seguinte: se existe o pensamento, então deve existir entre as possibilidades do pensamento a do pensamento certo ou lógico. Sim, isto é requerido pela própria existência do pensamento; da existência do pensamento não podemos excluir a existência de um pensamento lógico. Eis aí um fato que requer uma norma, mas que nem por isso a fundamenta.

[...]

Capítulo IV
Conseqüências empiristas do psicologismo

§ 21. *Notificação de duas conseqüências empiristas da posição psicologista e sua refutação.*

>   Situemo-nos, por um momento, no terreno da lógica psicologista, admitindo que os fundamentos teóricos essenciais dos preceitos da lógica residem na psicologia. Qualquer que seja o modo como se defina esta disciplina [...], há unanimidade de que a psicologia [...] carece, até aqui, de leis autênticas e, portanto, exatas, e que suas proposições são somente generalizações da experiência, enunciados de aproximadas regularidades na coexistência ou nas sucessões dos fatos [...].

Bastaria isto para impugnar a tese psicologista. A psicologia é uma ciência e portanto tem um fundamento lógico; mas, por outro lado, ela não conseguiu criar nenhuma lei psicológica exata. Isso quer dizer que ela não possui o fundamento da sua própria cientificidade. Ora, se a lógica tem um fundamento psicológico e a psicologia é, ao mesmo tempo, uma ciência, então é absolutamente necessário que a psicologia, enquanto ciência, possua aquele fundamento. Esse fundamento teria a forma de leis psicológicas, as quais não foram estabelecidas pela psicologia — de modo que assim chegamos à impossibilidade de que a lógica seja fundamentada pela psicologia.

Isto refuta o psicologismo como tese filosófica de uma vez para sempre. Ninguém voltou a insistir nessa tese, o que não quer dizer que não continuem a praticá-la. Na sociologia e na antropologia contemporâneas vigoram teses de natureza psicologista, como a de que o meio social molda as categorias do pensamento considerado racional.

[...] Tão logo assumimos a tarefa de formular de um modo adequado seu sentido empiricamente legítimo, as chamadas leis psicológicas perdem o caráter de leis. Desta suposição resultam conseqüências muito graves para os lógicos psicologistas:

1) Sobre bases teoréticas vagas só podem fundar-se regras vagas. Se as leis psicológicas carecem de exatidão, o mesmo deve suceder aos preceitos da lógica. Mas justamente as chamadas leis lógicas em sentido estrito [...] — os "princípios" lógicos, as leis da silogística, as leis das muitas formas de raciocínio [...] — são de uma exatidão absoluta.

[...] a inesgotável multidão das leis matemáticas puras também entra na esfera das leis lógicas exatas. [...]

2)[2] Nenhuma lei natural é cognoscível *a priori* nem demonstrável com evidência intelectiva. O único caminho para demonstrar e justificar uma lei semelhante é a indução [...]. Mas a indução não demonstra a validez da lei. Ela demonstra somente a probabilidade mais ou menos alta desta validez.

Raciocinando dessa maneira, posso afirmar que 2 + 2 tem uma elevada probabilidade de dar 4. Talvez Marcel Mauss pudesse dizer que os estudos antropológicos vêm indicando até aqui que 2 + 2 muito provavelmente dão 4, pois, ao examinarmos as várias culturas, concluímos por indução que é assim... No entanto, mesmo o probabilismo depende de que se quantifique de maneira confiável a possibilidade. A probabilidade se sustenta na própria matemática, a qual é pressuposta como medida da probabilidade. Não faz sentido falar em indução que não se fundamente na exatidão da matemática. Até para enunciar uma probabilidade imprecisa, digamos que uma probabilidade entre 32,5% e 33,5%, é preciso que haja exatidão nos limites, é preciso que 32,5 seja 32,5 e que 33,5 seja 33,5.

---

2 Houve aqui pequena adaptação a fim de estabelecer de modo mais claro – naturalmente tendo em vista a finalidade didática da leitura original do texto em voz alta, para uma turma – o segundo grupo de conseqüências.

> [...] Por conseguinte, também as leis psicológicas deveriam ter, sem exceção, o traço de meras probabilidades. Nada parece mais patente, por outro lado, que o fato de que as leis "lógicas puras" são todas válidas *a priori*. [...]
>
> Mas talvez nossas leis lógicas sejam somente "aproximações" das leis do pensamento verdadeiramente válidas, ainda que inexeqüíveis para nós. Em se tratando de leis naturais, considerando-se seriamente e com razão tais possibilidades, nem a lei da gravidade é hoje considerada absolutamente válida [...]; sabemos *a priori* que há infinitas leis que podem e devem dar o mesmo resultado que a lei da gravitação de Newton, recomendada tão-somente por sua particular simplicidade [...].

Você toma determinados dados, faz determinados cálculos e chega a uma descrição aproximativa suficiente do objeto em análise. A par das leis pressupostas, poderia haver uma infinidade de outras que fornecem também um resultado suficiente, dentro de cujo espectro você escolhe o que lhe pareça o mais viável no sentido prático, e isso é o máximo a que uma ciência de indução pode chegar: uma descrição suficiente de um esquema, o conjunto de fatos, que poderia ser montado e explicado de outras maneiras também.

> [...] sabemos já que a simples busca de uma única lei verdadeira seria insensata, dada a inexatidão das observações. Esta é a situação nas ciências exatas de fatos. Mas de modo nenhum na lógica. O que naquelas é uma possibilidade justificada, nesta se converte num absurdo patente. Temos, com efeito, intelecção não da mera probabilidade das leis lógicas, mas de sua veracidade.

Veracidade na qual se assenta toda probabilidade e sem a qual você não poderia afirmar probabilidade alguma.

> [...] Por conseguinte, expressões como "esferas de inexatidão", "meras aproximações" e outras semelhantes perdem aqui seu possível sentido. Se aquilo que a fundamentação psicológica tem como conseqüência é absurdo, ela mesma é absurda.

Contra a verdade mesma que apreendemos com a intelecção, não pode prevalecer a mais poderosa argumentação psicologista: a probabilidade não pode lutar contra a verdade, nem o que se presume contra o que se intelige.

Probabilidade e evidência

Mesmo porque a probabilidade também pode ser verdadeira ou falsa, e se há possibilidade de que se realize um cálculo falso de probabilidade é porque existe a probabilidade do cálculo verdadeiro. A noção de probabilidade se fundamenta na noção de veracidade; eu não poderia fundamentá-la retroativamente, e mesmo que pudesse eu esbarraria num pequeno problema: as chamadas leis probabilísticas da psicologia, encarregadas de fundamentar a lógica, não foram descobertas ainda, e no entanto é nessas leis que se fundamenta a cientificidade da própria psicologia encarregada, por sua vez, de fundamentar a lógica... — o que é alucinante! É uma aporia da tese psicologista.

Percebam o movimento da argumentação de Husserl. Ele converteu a questão imediata, a respeito de ter a lógica ou não um fundamento psicológico, em outra questão mais fundamental — a respeito de a psicologia ter ou não capacidade de fundamentar a noção de pensamento correto perante a noção de pensamento em geral —, e assim foi remontando sucessivamente, de conversão em conversão, até um domínio em que fosse possível obter uma evidência imediata. Ele assim transfere a discussão do plano de uma questão específica para o plano dos próprios princípios lógicos, no qual é possível deparar-se com uma evidência (recordo: toda evidência nos surge sob a forma do princípio de identidade, isto é, com a força autoprobante de $A = A$). No plano dos princípios lógicos, nenhuma probabilidade pode pretender se impor sobre a evidência — esta última é que sempre se impõe. É isso que devemos fazer com qualquer questão de ordem teórica — transpô-la para o domínio dos princípios —, pois conscientizar-se dos princípios em jogo numa determinada questão é que é coisa difícil; essa conscientização traz quase de imediato consigo a solução do problema. É como numa equação, cujo fim é reduzir uma fórmula complexa a uma identidade simples: remontar da questão dada em sua especificidade até os seus princípios.

Preleção XXIV
16 de junho de 1993

37. Mais aporias da tese psicologista

[...]

§ 22. *As leis do pensamento como supostas leis naturais que causam o pensamento racional em atuação isolada.*

O PRÓPRIO TÍTULO DO PARÁGRAFO é muito interessante. Se descobríssemos quais são as condições que causam o pensamento verdadeiro, poderíamos dominá-lo como dominamos qualquer outro processo natural: sabemos as condições em que se dá tal ou qual reação química, e de posse do conhecimento dessas condições produzimos a reação química desejada. De igual modo, se a veracidade do pensamento dependesse de leis naturais, poderíamos provocar o pensamento verdadeiro colocando em ação as causas naturais que o produzem. Vejam que conseqüência terrível, não é? Poderíamos de antemão calcular a probabilidade do acerto em qualquer questão que se propusesse, presente ou futuramente. Tomaríamos, por exemplo, um grupo de 30 pessoas e colocaríamos as leis naturais em ação de modo que elas tivessem X% de probabilidade de encontrar a verdade. Mais ainda, poderíamos já agora conhecer a probabilidade do conhecimento da verdade em qualquer questão que no momento ignoramos completamente.

Como se vê, não as conseqüências, mas a própria estrutura lógica da proposta é absurda. A liberdade humana de conhecer seria, no fim das contas, negada, de maneira que seria necessário perguntar como então foi possível chegarmos neste momento a propor este problema.

> Este é também o momento de tomar posição frente a uma difundida concepção das leis lógicas, que define o reto pensar por sua acomodação a certas leis do pensamento. [...] Sendo as leis do pensamento leis naturais que caracterizam a índole própria do nosso espírito, a essência da acomodação, que define o reto pensar, residiria na atuação pura (ou não alterada por nenhum outro influxo psíquico como o hábito, as inclinações, a tradição) das ditas leis.

Isto é, existiria um pensar lógico inerente ao pensar natural. Tudo seria uma questão de deixar o pensamento seguir o seu curso pré-estabelecido, não interromper o seu curso espontâneo. O raciocínio lógico, a seqüência dedutiva, valeria por si mesma como uma lei natural, a qual levaria sempre a resultados certos a menos que intervenha alguma alteração devida a fatores externos.

> Exporemos somente uma dentre as graves conseqüências desta teoria. As leis do pensamento, consideradas como leis causais, só poderiam aparecer na forma de probabilidade.

Isso é assim porque só conhecemos leis naturais por meio de indução: observamos que certas seqüências de acontecimentos se dão de acordo com uma certa ordem e com uma certa conexão, num número significativo de casos, e com base nisso induzimos uma lei. Toda lei natural expressa uma probabilidade delimitada num determinado campo, isto é, afirma que dentro desse campo vige certa probabilidade X de que tal ou qual coisa aconteça.

Não existe nenhuma lei natural que possa ser dita absoluta. Ela está delimitada por um determinado campo e também por exceções — todos os campos se interpenetram de algum modo —, e não existe nenhuma lei natural que seja inflexível como as leis matemáticas. Ainda que expressas matematicamente, essas leis têm de assumir a forma de probabilidade, que é uma espécie de incerteza limitada.

Se as leis da lógica fossem leis naturais do pensamento, elas teriam de ter sido obtidas através de indução, e assim obtidas teriam de ser expressas probabilisticamente; de modo que seriam leis só aproximativas, jamais absolutas.

> De acordo com isto, não se poderia julgar com certeza sobre a retidão de nenhuma afirmação; pois se as formas de toda retidão são meramente prováveis, elas imprimirão necessariamente a todo conhecimento o selo da mera probabilidade. Estaríamos, pois, ante o probabilismo mais extremo. A própria afirmação de que todo saber é meramente provável seria só provavelmente válida; e assim *ad infinitum*. Como cada novo passo rebaixa um tanto o grau de probabilidade do anterior, deveríamos inquietar-nos seriamente com o valor de todo conhecimento. Por isso, podemos esperar que o grau de probabilidade das séries infinitas tenha a todo momento o caráter das "séries fundamentais" de Cantor, de tal modo que o valor limite definitivo seja um número real > 0.

A única coisa que você poderia saber é que o número que expressa a probabilidade do conhecimento é maior que zero: você tem aqui uma verdade, mas ela é apenas provável, de modo que sua validade plena depende de que outro dado seja verdadeiro; mas esse outro dado, por sua vez, é também uma verdade apenas provável, e assim o sistema composto por ambos os dados provavelmente verídicos possui uma probabilidade geral ainda menor. E assim por diante, com a probabilidade de acerto se tornando cada vez menor e tendendo a zero.

> [...] Supondo, ainda, que não existisse esta dificuldade, poderíamos perguntar: quando, onde, como foi provado que os atos justos do pensamento brotaram da atuação pura destas leis [...]?

A conexão de causa e efeito que marcaria no pensamento o caráter de leis naturais nunca foi encontrada.

Mais ainda, se as leis naturais do pensamento são as próprias leis lógicas, por que um sujeito raciocina logicamente e outro não? Não seriam as próprias leis lógicas que determinariam isso.

Assim, o funcionamento das ditas leis naturais, que seriam as leis da lógica, teriam de ser explicadas por outras leis, as quais ainda não foram descobertas.

> Onde estão as análises descritivas e genéticas que nos autorizem a explicar os fenômenos do pensamento por duas classes de leis naturais, de um lado, as que determinam exclusivamente o curso daqueles processos causais que fazem surgir o pensamento lógico, de outro, as que determinam o pensamento alógico?
>
> Algumas confusões fáceis de cometer parecem ter aberto o caminho a estes erros psicologistas. Em primeiro lugar, confundem-se as leis lógicas com os juízos (no sentido de ato de julgar), isto é, confundem-se *as leis como "conteúdos dos juízos"* com *os próprios juízos*. Estes últimos são acontecimentos reais, que têm suas causas e efeitos.

Quando você afirma o princípio de identidade num caso específico, sua declaração da identidade de uma coisa com ela mesma é o conteúdo do seu juízo, e não a causa do ato pelo qual você afirma aquela identidade. Antes de você afirmá-la, A já era igual a A e assim permanecerá. O ato necessita ser explicado, portanto, por alguma outra causa que nada tem a ver com o conteúdo do juízo.

Ora, ao supor que as leis lógicas são leis causais do pensamento, você afirma que é o conteúdo delas que provoca o fato do juízo. O fato de A ser igual a A faria com que você pensasse que $A = A$.

> [...] Mas se se confunde a lei com o ato de julgar, ou seja, o ideal com o real, a lei aparece como uma potência determinante do curso de nosso pensamento. Com facilidade muito compreensível, acrescenta-se, então, uma segunda confusão, a confusão entre a lei como membro do processo causal e a lei como regra deste processo.

Sim: pressupõe-se um processo causal do pensamento, o qual lhe teria levado num certo momento a descobrir uma lei; mas acontece que essa lei é ela mesma a regra que estrutura o próprio processo através do qual você a descobriu. Seria uma lei que determina à psique humana a fatalidade da descoberta dessa lei que a rege. Se a lei é a regra do processo causal, e ao mesmo tempo ela é um dos seus membros, se é ela que determina o conjunto do movimento do pensar e esse conjunto do movimento do pensar inclui como uma de suas etapas a descoberta dessa mesma lei, então essa descoberta é sempre fatal, ela está fadada a ocorrer.

Isso é um absurdo, porque é claro que você pode construir um pensamento lógico sobre milhões de assuntos que não são a lógica. Você pode construir um raciocínio lógico sobre a geometria, continuar raciocinando sobre figuras geométricas indefinidamente, sem nunca a partir disso, num movimento de retorno, esforçar-se para descobrir qual a regra da estrutura lógica implícita, porque o assunto em pauta não é esse.

No caso da lógica, ela é a regra que estrutura o processo, não um assunto do processo; ela é sua forma, não um de seus elementos.

> [...] Imaginemos um homem ideal no qual *todo* pensar transcorra como exigem as leis lógicas. O fato de que transcorra assim terá naturalmente sua explicação em certas leis psicológicas, que regularão de certo modo o curso das vivências psíquicas. [...] As leis causais, segundo as quais o pensamento transcorre necessariamente de tal modo que possa justificar-se segundo as leis normais da lógica, não são de modo algum o mesmo que estas normas. [...] O exemplo da máquina de calcular esclarece por completo a diferença. [...] Ninguém colocará as leis aritméticas no lugar das mecânicas para explicar fisicamente o movimento da máquina.

O psicologismo confunde o "hardware" com o "software": ele consiste em afirmar que um programa de computador faz, por si mesmo, o computador físico funcionar. Confunde-se aí informática com eletrônica.

> Os lógicos psicologistas desconhecem as essenciais e eternas [...] diferenças entre a lei ideal e a lei real, entre a regularidade normativa e a regularidade causal, entre a necessidade lógica e a real. Não há gradação capaz de estabelecer termos médios entre o ideal e o real.

Claro que isso, dito assim, é de uma evidência atroz. O problema é você reconhecê-lo quando está raciocinando de modo psicologista.

Toda a demência científica contemporânea se alimenta disto. Se o pensamento, fato natural no homem, se regrar apenas pelas leis naturais que o causam, ele estará perenemente fechado dentro de si, jamais poderá alcançar uma verdade. Você não teria, nesse caso, uma instância superior capaz de arbitrar se o seu pensamento é verdadeiro ou não. Você estaria preso à subjetividade para sempre, e é esse o drama contemporâneo.

O psicologismo solapa a possibilidade de julgar um pensamento. Se o pensamento é causado pelas leis naturais e se essas mesmas leis naturais são critério da veracidade, então o pensamento não pode ser de outro jeito senão daquele como é.

Vamos supor que você possa explicar os hábitos mentais, os critérios de veracidade de uma determinada comunidade humana a partir da sua vida social. Então, tal ou qual comunidade acredita em tais ou quais verdades porque sua vida social é tal ou qual, suas instituições são tais ou quais, seus costumes são tais ou quais, seus valores são tais ou quais.

Eu, por minha vez, olho isso desde este ponto de vista porque os valores da minha comunidade são estes ou aqueles, suas instituições estas ou aquelas, suas normas tais ou quais etc.

Assim, relaciona-se uma idéia ao meio social que a produz; e como sua causa, assim tomada, foi de ordem social, também sua validade dependerá dessa causalidade social.

Considere, por exemplo, uma comunidade humana na qual se mate regularmente recém-nascidos. Você explica isso em função de determinadas necessidades daquele meio social. Em Roma — prossigo com o exemplo — esse hábito tinha, digamos, uma função econômica, uma função quase de subsistência, pois o povo pereceria se tivesse de alimentar mais filhos. A função que esse ato tinha para a manutenção da ordem social é considerada seu fundamento racional. Mais tarde, quando esse procedimento é condenado, percebe-se que as famílias precisavam de mais braços para a lavoura. Parar de matar bebês passa a ser coisa imperativa, e esse se torna o fundamento racional dessa nova rotina.

Esse tipo de interpretação torna o pretexto social do ato sua única condição legitimadora; tudo, assim, só pode ser legitimado pela função que tem dentro de um conjunto social. *Mas isso é confundir causa com fundamento.* Se não existe nenhum outro critério lógico pelo qual você possa julgar o ato a não ser o critério de sua causa, o que quer que tenha causa estará certo e legitimado. Incorrer nesse erro é coisa similar a dizer que a geometria se fundamenta na agrimensura. Mas, ora, a validade dos princípios geométricos em nada depende da agrimensura, porque eles não são pertinentes apenas à atividade do agrimensor. A geometria pode ter sido descoberta por causa da agrimensura, mas as figuras geométricas têm uma relação intrínseca na qual agrimensor nem ninguém podem intervir.

Preleção XXV
17 de junho de 1993

38. A disparidade entre leis científicas e realidade concreta

Lemos em Husserl:

[...]

> § 23. Uma terceira conseqüência do psicologismo e sua refutação.
>
> Se o conhecimento das leis lógicas tivesse sua fonte nos fatos psicológicos, se as leis lógicas fossem, por exemplo, [...] aplicações normativas de certos fatos psicológicos, possuiriam necessariamente um conteúdo psicológico num duplo sentido: seriam leis para os fatos psíquicos e suporiam ou implicariam a existência destes fatos.

É evidente. Se essas leis tivessem sido obtidas por indução a partir dos fatos psicológicos, é claro que esses fatos teriam de existir. Portanto, se não existem os fatos psicológicos, muito menos poderão existir as leis lógicas a ser deles derivadas.

> Isto porém é falso. Nenhuma lei lógica implica uma *matter of fact*, nem sequer a existência de representações, ou de juízos, ou de outros fenômenos do conhecimento.

A soma 2 + 2 = 4 já era verdadeira antes que qualquer pessoa a pensasse; continuaria verdadeira mesmo que ninguém jamais a pensasse. Ela é independente de qualquer fato psicológico.

> Nenhuma lei lógica [...] é uma lei para os fatos da vida psíquica.
>
> [...] O que é passível de ser regulado seriam, então, fatos psíquicos, e a existência desses fatos seria uma hipótese da fundamentação das regras e estaria incluída no conteúdo das mesmas. Mas nem uma única lei do raciocínio corresponde a este tipo. Onde estão as formas do silogismo que permitem deduzir de uma lei um fato?

Não apenas as leis da lógica não explicam nenhum fato de ordem psicológica, como também não podem ser origem ou fundamento de fatos. Você não pode a partir de uma lei lógica deduzir que um determinado fato tem de acontecer; todas as leis lógicas são formais e, do ponto de vista operacional, meramente hipotéticas. Quando você diz que A = A., isso não implica que tenha de existir um A. De igual modo, nenhum cálculo aritmético lhe permite deduzir a existência de objetos que se regrassem de acordo com ele. Que 2 + 2 = 4 não implica que tenham de existir 4 laranjas ou 4 elefantes. Se na aula anterior lemos Husserl tratar da confusão entre o conteúdo do juízo e o ato de pensá-lo, aqui o vemos tratar da confusão entre a lei (a pretensa lei psicológica da lógica) e o seu objeto (os pensamentos que serviriam de base para a indução daquela lei).

> Não se deve objetar que em nenhuma parte do mundo se tenha podido chegar a falar das leis lógicas se nunca tivéssemos tido representações e juízos em vivências atuais [...]. [...] esta conseqüência não é tirada da lei, mas sim do ato de compreensão e de afirmação da lei [...].

A objeção de que se nunca tivéssemos tido conhecimento de nenhum fato tampouco teríamos chegado a conhecer as leis lógicas é falha. Ela não diz respeito à lei, mas às condições nas quais chegamos a ter conhecimento dela.

Equivale a dizer que, se não existissem laranjas, ninguém poderia as ter contado e chegado à conclusão de que 2 laranjas + 2 laranjas são 4 laranjas. As laranjas, aí, são um instrumento por meio do qual você tomou conhecimento de uma relação quantitativa entre laranjas e laranjas; mas essa relação em si mesma é outra coisa. As condições que permitem o conhecimento de algo nada têm a ver com esse algo tomado em si mesmo.

> [...] as hipóteses ou os ingredientes psicológicos da *afirmação* de uma lei não devem confundir-se com os elementos lógicos de seu conteúdo.
>
> As "leis empíricas" têm *eo ipso* um conteúdo de fatos. Como leis impropriamente denominadas, somente afirmam, dizendo a grosso modo que diante de uma experiência regrada podem ocorrer certas coexistências ou sucessões em certas circunstâncias, ou que, segundo estas, ocorrem com maior ou menor probabilidade. Isto implica a existência efetiva de tais circunstâncias, de tais coexistências e sucessões. Mas tampouco as leis exatas das ciências empíricas deixam de ter um conteúdo de fatos.

Por serem leis empíricas, são leis nascidas da experiência de fatos. O fato que não acontece — isto é, aquilo que não é fato — não pode, é óbvio, ser objeto de experiência. Toda lei empírica tem um conteúdo referente a fatos. Fatos não se dão de qualquer modo. Eles estão inseridos num mundo processual, têm existência cronotópica (espaço-temporal), e o que a ciência fará é vê-los sob algum aspecto de concomitância ou coexistência, neles sublinhando algum laço causal.

A lei da gravitação universal, por exemplo, que estabelece, entre outras coisas, que matéria atrai matéria na proporção de suas massas, nada mais faz que afirmar uma concomitância: dada a existência de um elemento material e dada a existência de outro elemento material, segue-se que uma determinada força se estabelece como relação entre eles, os quais passam a ser vistos sob um aspecto de sua concomitância. Se a coexistência não se dá e nem tampouco a sucessão, então a lei é falsa. Dito de outro modo, se afirmo uma coexistência, mas ela não acontece em parte alguma nem em tempo algum, então a lei que pretendo basear nela é falsa.

A lei é verdadeira na medida em que corresponde ou a 1) uma sucessão real, ou a 2) uma coexistência real ou a 3) uma coexistência e sucessão reais.

Se a lei for formulada matematicamente, ainda assim irá se referir a um conteúdo de fatos. As leis formais enunciadas por uma ciência se referem não a conteúdos formais, mas espaço-temporais, isto é, a fatos.

> Assim, todas as leis das ciências exatas sobre fatos são, sem dúvida, autênticas leis; mas consideradas desde o ponto de vista epistemológico são apenas ficções idealizadoras, ainda que ficções *cum fundamento in re*. Estas ficções cumprem a missão de tornar possíveis as ciências teoréticas, como os ideais mais ajustados e próximos à realidade; ou seja, de realizar o supremo objetivo teorético de toda investigação científica de fatos, o ideal da teoria explicativa, da unidade pelas leis [...].

O ideal científico

Qualquer ciência empírica visa a encadear os fatos em suas sucessões ou coexistências, como se compusessem uma cadeia lógica. Tendo por base os fatos observados, conseguirmos ordená-los segundo uma relação necessária, ou seja, à maneira de uma série silogística.

A ciência estaria realizada de uma vez por todas se os fatos restassem tão bem encadeados quanto as partes de um silogismo, com o que ela seria capaz de deduzir de antemão, a partir de uns poucos princípios, todos os fatos vindouros. Esse é o ideal de toda ciência — ordenar um fato num ponto da cadeia dedutiva, outro logo em seguida, e ainda outro, e assim por diante, todos formando uma linha dedutiva análoga à do cálculo matemático ou da seqüência silogística. Assim vistos, os fatos perdem sua gratuidade e se mostram apenas sob o aspecto de sua necessidade lógica.

É certo que a ciência que mais se aproxima desse ideal é a física teórica, mas é claro que nenhuma ciência o alcança já que se trata apenas de um ideal, de um limite ao qual o conhecimento científico tende.

Nenhuma ciência pode encadear os seus fatos tão perfeitamente bem, ou porque sempre faltam outros fatos supervenientes, ou porque não se observou um outro campo de fenômenos que se mescla àquele sob observação. Por isso, diz Husserl, as leis científicas são ficções idealizadoras. Uma ciência física descreve o mundo *como se* fosse uma seqüência de silogismos, e assim busca uma exatidão suficiente para orientar a experiência e fundamentar a técnica. Fato é aquilo que acontece em algum momento e em algum lugar. Se os fatos pudessem estar tão bem encadeados uns com os outros como estão os elementos de um silogismo, então a necessidade desses fatos já estaria dada previamente e não existiria a própria seqüência temporal. O que equivale a dizer que esses fatos não eram, na verdade, fatos, mas apenas construções conceituais.

As relações necessárias buscadas pela ciência constituem invariantes. Invariantes são relações repetíveis. Na hora em que expressa uma lei científica — por exemplo, matéria atrai matéria na razão direta de suas massas —, você está falando de uma relação invariante, a qual se repetirá de modo idêntico em todos os fatos da mesma natureza. Ora, esses invariantes são, por sua própria natureza, apenas aproximativos: não existe a mais mínima possibilidade de você observá-los até o último grau de exatidão. *Um invariante inteiramente exato seria aquele que coincidisse inteiramente com a unidade de medida com que o meço.* Toda unidade de medida é meramente ideal. Não existe nada que meça exatamente 1 centímetro ou 1 milímetro a não ser a própria medida de 1 centímetro ou de 1 milímetro. Todas as outras coisas, por mais idênticas que sejam, em sua extensão, a essas medidas, só as refletem de modo aproximado. Há sempre uma irregularidade, por ínfima que seja, a separar o objeto real medido da unidade de medida ideal. Nenhum objeto pode coincidir com a unidade de medida a menos que ele próprio seja a unidade de medida.

Outro dado a levar em conta é que as unidades de medida são separáveis, destacáveis. Podemos considerar um objeto sob o aspecto de sua extensão e não de sua espessura ou largura, a despeito do fato de que ele necessariamente tem alguma espessura ou largura. Se no caso de uma simples medição as coisas já são assim, imagine no caso das leis científicas mais abrangentes. *Não há no mundo nada que se passe tal qual pretende qualquer lei científica.* Os objetos podem se atrair na razão direta de suas massas, mas ao mesmo tempo estão passando por transformações físicas, por exemplo, ou sofrendo a ação de outras forças de natureza não gravitacional, transformações e forças essas que não são abrangidas pela lei da gravitação universal. Esta descreve o que se passaria entre objetos dotados de massa *caso* essas massas permanecessem absolutamente inalteradas durante o tempo de entrada em ação daquela mesma lei. O que jamais acontece.

Toda ciência recorta o campo do seu fenômeno artificialmente e nele examina determinadas relações que se aproximam, de modo apenas ideal, dos fatos observados. O desajuste entre a lei e o fato por definição jamais chega a zero, mesmo porque não pode haver identidade entre fato e lei, uma vez que a lei se aplica a todos os fatos e cada fato só pode ser único. Além disso, se houvesse um fato que adquirisse por si mesmo plena validade de lei universal e absorvesse em si todos os demais fatos, então a totalidade dos fenômenos se resumiria a esse fato único — o que é absurdo, pois a totalidade da existência estaria sendo vista apenas à luz do aspecto enfocado pela teoria cujo fato exemplar está posto em questão, e também porque a noção fictícia de fato único é incompatível com a noção real de fato, a qual é coisa sempre específica, jamais universal.

No lugar do conhecimento absoluto, que nos está recusado, nosso pensamento intelectivo extrai das singularidades e generalidades empíricas primeiro estas probabilidades, por assim dizer, apodíticas, que encerram todo o saber exeqüível no que concerne à realidade.

Como estão em questão fatos empíricos, o saber absoluto está de saída recusado. Todo fato tem de ser delimitado num campo determinado e não pode, portanto, responder por qualquer esfera de conhecimento absoluto. O raciocínio probabilístico depende de que os fatos aconteçam e possam ser observados individualmente.

Suprima todos os fatos, e você não poderá fazer cálculo probabilístico nenhum. Estabelecerá apenas relações lógicas puras, as quais não são de natureza probabilística — não são derivadas de indução, e sim de dedução. Husserl diz que as probabilidades são apodíticas. Sim: estabelecida a probabilidade, fica ela estabelecida como uma certeza. Uma verdade probabilística é uma probabilidade inegável. Você não pode negá-la, mas tampouco pode afirmar que as coisas decorrerão de acordo com o que ela descreve, pois se trata de mera probabilidade (a não ser que se tratasse de uma probabilidade de 100%, o que seria apenas um outro modo de afirmar uma verdade, e não uma probabilidade, acerca de um fato).

> Reduzimo-las logo a proposições exatas, que têm o caráter de autênticas leis; assim é como logramos construir os sistemas formalmente perfeitos das teorias explicativas. Mas estes sistemas [...] só têm valor de possibilidades ideais, *cum fundamento in re*, que não excluem outras infinitas possibilidades [...].

A explicação científica de um determinado fato consiste em agrupá-lo junto a outros fatos da mesma ordem dentro de um campo, em estabelecer certa probabilidade acerca de seu comportamento, em quantificar apodicticamente essa probabilidade e em, a partir dela, ordenar os fatos quantificados segundo uma seqüência silogística explicativa.

Na Medicina, por exemplo, quando você estabelece uma relação entre determinado sintoma e determinado vírus, você efetivamente afirma uma certeza que não se dirige contra o fato de que outras causas, potencialmente infinitas, também possam influir sobre o mesmo sintoma. Uma lei científica só exclui a possibilidade de sua proposição inversa, e mais nada. Todas as demais proposições concomitantes são possíveis.

A prova científica se limita àquilo que ela prova. Mesmo no caso de ter encerrado o fenômeno tão bem, de modo que seja mínima a probabilidade de haver interferência de outras causas, ainda assim o campo considerado não abrangerá a totalidade das condições que viabilizaram os fatos estudados. Até diante das causas cientificamente estabelecidas seria possível perguntar, por sua vez, por quais são suas causas — as causas dessas causas.

Impasses da visão de mundo científica

Também sob outros aspectos o saber científico, mesmo o mais certo, se mostra insuficiente. Você pode alcançar estabelecer cientificamente, com grande detalhe, a relação entre vários sintomas da gripe e os vários vírus da gripe, mas no curso de sua investigação não conseguirá alcançar um quadro definitivo do que seja a gripe em geral. Sem uma visão global, imediata e intuitiva do que seja a gripe, sua investigação não prossegue. Isto é, a visão da síntese confusa inicial não pode ser perdida de vista em momento algum; ela é um pressuposto do conhecimento. Esse é um dos motivos pelos quais as pessoas não podem pretender substituir a visão intuitiva pelos conhecimentos científicos. É através desse tipo de erro que se dirá que ver uma cadeira como cadeira é um erro; que se trata de uma ilusão, e que o verdadeiro ente ali presente é um aglomerado de partículas atômicas. Como se eu não pudesse responder que essa visão também é ilusória — trata-se de um aglomerado não de partículas atômicas, e sim de partículas subatômicas... E assim por diante. Nenhum conhecimento das partes pode substituir a visão de referência permanentemente dada pelo todo.

A dificuldade de compor um conjunto a partir dos fragmentos do mundo surge na medida em que você pretenda transformar tudo numa seqüência silogística global, o que é até uma impossibilidade prática, pois cada cadeia silogística necessariamente recorta uma determinada região do real e segue uma linha dedutiva que se limita a ela. E, se é um desdobramento apenas linear, fica evidente que essa cadeia não pode dar conta da realidade em que vivemos, na qual múltiplos e inabarcáveis linhas causais concorrem numa infinidade de fenômenos. A realidade, o mundo tal como experimentado, o mundo da vida (*Lebenswelt*), como o chama Husserl, é o campo no qual incontáveis significados são possíveis ao mesmo tempo.

Para a experiência humana comum e corrente, por exemplo, não existe a realidade estudada pela ciência física. Você vai a uma loja e compra uma cadeira, e de nada lhe serve a física atômica nesse momento: ela pode explicar a constituição mais microscópica da cadeira, mas não pode explicar as leis do mercado e o preço que tenho de pagar para levar a cadeira para casa. A percepção corrente, o senso comum, é válida; só não será válida como fundamento de todo o conhecimento. Mas todo conhecimento certo depende do senso comum. Uma coisa é real quando nenhuma ordem de significação ou de causa pode ser excluída dela (do contrário será coisa abstrata), e só a experiência concreta e intuitiva pode nos dar acesso às coisas em sua substancialidade. Concreto é aquilo que cresce junto (*cum crescior*), aquilo em que todas as ordens causais agem concomitantemente. A percepção é abstrativa, mas a intuição não é. Quando você reflete, você subentende o mundo real por baixo de sua reflexão. Basta você saber que a sua percepção é incompleta para saber que os objetos percebidos têm outros aspectos que não estão sendo contemplados. Isso quer dizer que uma visão concreta da realidade é coisa muito difícil de alcançar, e no entanto nós vivemos na realidade concreta, e bem ou mal é a intuição que de modo permanente nos evidencia isso.

A própria noção de mundo não pode ser alcançada por ciência alguma. Não existe, já disse, ciência do todo, e isso tem conseqüências portentosas. Husserl escreveu que a Terra é imóvel perante a experiência humana. A Terra é um fundo em relação ao qual o ser humano vive, sem nem por um instante sequer considerá-lo móvel; é só mais tarde, e num outro plano, por referência a outras observações realizadas a partir deste mundo imóvel, que ele descobre que a Terra se move.

Mito e experiência humana

Nesse sentido, podemos dizer que as conseqüências científicas são verdadeiras com relação a certas partes do real. As concepções antigas, mitológicas, embora erradas com relação a essas partes, são mais verdadeiras com relação ao todo. Não há nada de esquisito em dizer que o trovão é a voz dos anjos. Do ponto de vista do *Lebenswelt*, é muito mais exato do que você dizer que se trata de um efeito acústico de um determinado fenômeno eletromagnético.

O mito é mais abrangente e, por isso, pode se referir à totalidade da experiência humana de um modo muito mais verdadeiro do que qualquer teoria. A teoria só terá um sentido plenamente racional se for inserida numa imagem do mundo verdadeira quanto à função do homem no cosmos. Só a partir desse ponto a teoria se torna racional; antes disso será racional apenas com relação a este ou aquele ponto da realidade à custa de ser irracional em relação ao seu todo. Como no exemplo que dei da cadeira: a teoria física que trata de sua estrutura atômica só será verdadeira quando inserida — e não oposta — no quadro maior, no qual a cadeira, compreendida em sua materialidade (e não sob o aspecto físico, isto é, próprio à ciência física), terá forma de cadeira.

A função básica da filosofia é articular os conhecimentos de que o homem dispõe com um todo que lhe seja coerente; nisso consiste o esforço de assegurar o fundamento racional da totalidade do conhecimento humano.

Preleção XXVI
18 de junho de 1993

39. Formalidade das leis e sucessão dos fatos

Se as autênticas leis são um mero ideal na esfera do conhecimento de fatos, como acabamos de ver, este ideal se encontra idealizado na esfera do conhecimento "conceitual puro". A esta esfera pertencem nossas leis lógicas puras e as leis da *mathesis pura*.

A *MATHESIS PURA* É UMA ESPÉCIE DE "combinatória universal", o conhecimento (*mathesis* significa em grego "ensinamento" ou "conhecimento") de leis da possibilidade. A *mathesis* seria a metalinguagem de todos os conhecimentos possíveis: as leis que regulam a possibilidade e a impossibilidade, a anterioridade e a posterioridade, a continência e o conteúdo, e assim por diante quanto às demais relações puras. O que Husserl entende como lógica pura é, no fundo, essa *mathesis*.

> Estas leis não têm sua "origem", seu fundamento justificativo, na indução [...]. O que estas leis afirmam é plena e totalmente válido [...]. Nenhuma delas se apresenta como uma possibilidade teorética entre outras mil de certa esfera objetivamente definida.

Qualquer lei acerca de fatos sempre se refere só a uma possibilidade entre outras. Dadas as várias possibilidades, uma delas se patenteia, se mostra verdadeira, pois se dá nos fatos. Isto é: se uma lei é derivada de fatos, quer dizer que há outras possibilidades, mas somente uma dessas possibilidades se manifesta nos fatos. Isso valerá para qualquer lei indutiva. Várias hipóteses têm mais ou menos o mesmo grau de possibilidade. Quando, por outro lado, você demonstra que só uma dessas possibilidades irá de fato se efetivar, e que as outras na prática são inviáveis, não está descendo para a esfera dos fatos — está é subindo para a esfera da lógica pura.

> Qualquer uma delas é uma só e única verdade que exclui toda possibilidade distinta.

As leis lógicas dizem respeito à esfera de possibilidade pura. O que não é logicamente consistente é impossível. Não apenas é irreal; é formalmente falso. Há uma distinção entre verdade e realidade. Realidade é aquilo que se dá na esfera dos fatos, e verdade, de modo mais amplo, é aquilo que se verifica na esfera dos esquemas formais de possibilidade.

> Como é natural, não devemos compreender, dentre as leis de fatos, aquelas proposições gerais que aplicam aos fatos leis conceptuais puras, isto é, relações universalmente válidas por estarem fundadas em conceitos puros. Se 3 > 2, também os três livros daquela mesa são mais do que os dois livros daquele armário. [...] Mas a lei aritmética pura não fala de coisas, mas sim de números na sua pura generalidade.
>
> [...]
>
> § 24. *Continuação*
>
> Talvez tratem de escapar à nossa conclusão objetando que nem toda lei para fatos nasce da experiência e da indução. Todo conhecimento da lei descansa na experiência, mas nem tudo brota dela na forma de indução. [...] Em particular as leis lógicas são leis conformes à experiência, mas não indutivas. [...] Reconhecemos de imediato que o que encontramos no caso particular é universalmente válido, porque se funda tão somente nos conteúdos abstraídos. Desse modo, a experiência nos proporciona uma consciência imediata das leis de nosso espírito. E como não temos necessidade da indução, tampouco o resultado padece das suas imperfeições;

> não tem o mero caráter da probabilidade, mas sim o da certeza apodítica [...].

Talvez se possa tentar escapar desse argumento dizendo que nem todas as leis que têm fundamento na experiência nascem da indução. Isso seria um subterfúgio para afirmar que, em última análise, os fundamentos da lógica provêm da experiência, mas não através da indução.

> [...] Não obstante, a objeção não é suficiente. Não há dúvida de que o *conhecimento* das leis lógicas suponha como ato psíquico a experiência particular e tenha sua base na intuição concreta.[1]

Ou seja, Husserl admite que, se não dispuséssemos da experiência, tampouco teríamos o conhecimento lógico; aliás, não teríamos conhecimento de coisa nenhuma.

> Mas não se deve confundir os "pressupostos" e "bases" *psicológicas* do *conhecimento* da lei com os pressupostos, os fundamentos ou as premissas *lógicas* da lei [...]. Esta última é o resultado intelectivo da relação objetiva de princípio e conseqüência, enquanto a primeira se refere às relações psíquicas na coexistência e na sucessão.

Inteligimos uma lei lógica às vezes tomando como pretexto, como ocasião dessa intelecção, uma determinada experiência. Porém o elo que estabelecemos, o elo interno, num caso é um elo de coexistência e sucessão (próprio à oportunidade) e no outro é uma relação de princípio e conseqüência. A conseqüência está contida no princípio como uma espécie de exigência interna dele, desde que não se tomem as palavras "contida" e "interna" no sentido espacial, evidentemente, porém no sentido de uma transmissão de veracidade: se uma coisa é verdadeira, a outra também é. A transmissão não é verdadeira nem ao mesmo tempo nem sucessivamente, porém à margem de qualquer sucessão ou coexistência.

---

1 Paráfrase.

> A apreensão intuitiva da lei pode exigir psicologicamente dois passos: a visão das particularidades de intuição e a intelecção da lei referente a elas. Mas logicamente só há uma coisa.

Quer dizer que pode haver um transcurso de tempo, tal como no conhecimento por experiência. Mas aí só houve transcurso de tempo no *ato* de conhecer, quer dizer, o ato se dá em dois momentos, ao passo que a relação apreendida não se dá em dois momentos. A relação lógica é uma e ocorre como formalidade à parte do curso das ocasiões de conhecimento.

> Todo conhecimento "*começa* com a experiência", mas nem por isto "surge" da experiência. [...] Se há leis conhecidas com a intelecção, não podem ser (imediatamente) leis sobre fatos.

Se são leis captadas por pura intelecção, não são, em princípio, leis referentes a fatos, embora possam também se aplicar a fatos. São leis independentes dos fatos e que são verdadeiras em si mesmas.

> Até o presente, sempre que se admitiu a intelecção imediata de leis de fatos, o resultado foi que se misturaram verdadeiras leis de fatos — isto é, leis da coexistência ou da sucessão — com leis ideais, às quais é em si estranha a referência ao temporal, ou que se confundiu o vivo impulso de convicção, que trazem consigo as leis empíricas muito familiares, com a intelecção, que só vivemos na esfera do puramente conceitual.

Psicologicamente, são coisas muito parecidas. Husserl afirma que toda vez que alguém imagina ter captado intelectivamente uma lei referente a fatos terá se confundido: terá tomado uma lei ideal por uma lei de fatos, como ao intuir que $2 + 2 = 4$ achando que isso se refere a coisas, a 2 pessoas + 2 pessoas, 2 laranjas + 2 laranjas, por exemplo.

> [...] todas as leis lógicas puras têm um mesmo caráter. Logo, se demonstrarmos que a algumas delas é impossível considerar como leis de fatos, isto mesmo será necessariamente válido para todas.

> Pois bem, entre essas leis se encontram algumas que se referem a verdades em geral [...]. Por exemplo, é válido para toda verdade A que a sua proposição contraditória não é uma verdade. [...] É absurdo considerar como leis de fatos leis que são válidas para as verdades como tais. Uma verdade não é nunca um fato, isto é, algo temporal. Uma verdade pode ter a significação de que uma coisa é, ou um estado existe, ou uma mudança ocorre. Mas a verdade mesma se acha acima de toda temporalidade, isto é, não tem sentido atribuir-lhes um ser temporal, um nascer ou perecer.

Um fato que não acontece não é verdadeiro e por isso não é real. Ele só se torna verdadeiro a partir da hora em que acontece. Diferentemente, as relações entre verdades não acontecem. Elas são verdadeiras antes e independentemente de qualquer acontecimento, porque podem ser formuladas de modo puramente ideal e permanecerem verdadeiras mesmo que os fatos não tenham se materializado. Uma lei formal pode assumir forma hipotética ("Se A, então B"), mas um fato não pode ser formulado hipoteticamente. Ora, verdades formais — que, perceba-se, não se identificam com meras hipóteses — podem ser formuladas de modo hipotético sem perderem sua substância, mas coisa similar não ocorre com os fatos: ao narrar hipoteticamente um fato, você o desrealiza, o trata como se não fosse fato, de modo que ele perde sua substância.

> [...] Como leis reais, as leis das verdades seriam regras da coexistência e da sucessão. Então uma lei prescreveria o ir e vir de certos fatos, chamados verdades; e entre estes fatos deveria encontrar-se, como uma a mais, a lei mesma. A lei mesma nasceria ou pereceria segundo a lei; patente contra-senso.

Se isso fosse possível, deveria haver uma lei que regrasse o campo da coexistência e da sucessão e que adviesse temporalmente nesse mesmo campo; isto é, a lei que regraria a sucessão surgiria no curso da própria sucessão, e só a partir do momento de seu surgimento — e jamais antes — é que seria tomada como a verdade sobre esse campo.

Preleção XXVII
19 de junho de 1993

40. Um erro psicologista: a confusão entre "origem" e "fundamento"

ESTE TEXTO DE HUSSERL, a "Introdução" de suas *Investigações lógicas*, nos mostra que o progresso do conhecimento é muito ambíguo: pasma que o psicologismo, após ser tão bem refutado assim — no que foi talvez a mais completa refutação de uma teoria jamais feita —, continue sendo acreditado mais de um século depois.

As pessoas normalmente imaginam que, na história do conhecimento, tudo o que vem antes é absorvido e transcendido pelo que vem depois. A própria idéia de progresso implica que tudo o que veio antes seja reinserido numa outra forma mais abrangente. Não fosse assim, e não haveria progresso. Não é isso que ocorre, porém. Essa idéia bastante ingênua de progresso faz pensar que a absorção do conhecimento anterior seja coisa ligeira e pouco problemática. Não é. O progresso real é muito menor do que se imagina justamente porque, tão problemática e demorada pode ser essa absorção, muitas vezes se verifica apenas uma recaída num nível anterior, um retorno a um conhecimento que já tinha sido superado: um erro, em suma, que já havia sido elucidado — como o do psicologismo —, e que mesmo assim as gerações seguintes, ignorantes da elucidação, continuam a considerar coisa válida.

O progresso não é algo que esteja garantido de uma vez para sempre; não existe garantia de que as gerações seguintes absorverão o que se sabe num dado momento. É preciso que se exerça uma reabsorção constante do passado; uma sintetização — simplificação, de certo modo — de todo o conhecimento passado é condição indispensável para que exista algum progresso, e essa condição não se cumpre automaticamente. Ao contrário, é extremamente difícil, e se torna mais difícil a cada dia.

Não quero dizer que haja um grande número de pessoas que defendam aberta e conscientemente o psicologismo, e sim que há uma maioria de pessoas que, desatentas, não percebem a raiz psicologista das posições que defendem. Idéias incompatíveis convivem na mesma cabeça com uma facilidade impressionante. Quando, no século XIX, começa a se formar a corrente psicologista, logo surge o sociologismo; ou seja, você passa das leis do pensamento às leis da sociedade como fonte de explicação do conhecimento. Já mencionei o quanto essa vertente viria a ganhar influência com Marcel Mauss, segundo o qual noções como as de tempo, espaço e alma não existem em nós senão sob a forma que lhes é dada pela sociedade.

Assim, essas noções não apareceriam em nós por si mesmas e diretamente, mas através de uma determinada interpretação que recebemos da sociedade humana. Seriam produtos anônimos e coletivos, que às vezes surgem, por exemplo, de uma tradição mítica.

Mauss diz ainda que a discussão se desloca então dos conceitos em si mesmos até a sua origem social, na esperança de que, elucidando perfeitamente a origem social das causas, nós tenhamos elucidado o problema a respeito do espaço, do tempo etc. Ou seja, a discussão se desloca das coisas conceituadas até a origem histórico-social dos conceitos, como se assim se elucidassem as questões. Isso é impraticável: a própria sucessão histórica, base da emergência da "forma que a sociedade dá" ao tempo, é de antemão pressuposta como um dado objetivo!

Esse procedimento de explicação autocontraditório se disseminou bastante; Karl Marx é um dos muitos que costumeiramente dissolvem as questões metafísicas na história de suas discussões, com a alegação de que essas discussões refletem tais ou quais estruturas sociais, tais ou quais processos dinâmicos na sociedade, e só.

Isso é como tentar demonstrar o Teorema de Pitágoras verificando as condições sociais implícitas que permitiram a emergência do problema do triângulo retângulo na Grécia daquele período. Ainda que você tomasse consciência de todas essas condições, o teorema ainda assim não teria sua validade explicada, a qual é intrínseca e independe de meio social. Ou seja, você pode afirmar que determinadas condições históricas tornaram mais provável que alguém, naquele meio, naquele momento, tivesse sensibilidade para perceber essa verdade matemática, mas não que o meio social seja a causa de sua validade. Conhecer as condições sociais que favoreceram o surgimento da álgebra no Renascimento não é conhecer a validade dos conteúdos da álgebra. Seja como for, em nossa cultura se tornou um dogma a crença de que nenhum conhecimento pode ser compreendido fora do contexto social que o criou.

De fato, o processo histórico do conhecer não tem uma relação tão lógica assim com o ser, embora possa às vezes oferecer subsídios à compreensão formal de um problema. Muitas vezes o conhecimento da história de um debate ajuda a elucidar as idéias em jogo, principalmente quando são idéias erradas. A psicanálise, por exemplo, elucida as condições culturais que lhe fizeram criar certas idéias erradas. Mas o estudo das origens temporais da concepção que você tem nada diria a respeito da veracidade ou falsidade do seu conhecimento. O princípio, o critério de discriminação é a distinção entre o real e o ideal. Se se tratar de verdade numa esfera ideal, então pouco importam os fatos que levaram ao conhecimento dela.

Coisa análoga se pode dizer sobre as investigações biológicas e antropológicas sobre a origem da consciência humana. Se formos capazes de apontar a origem da consciência individual, seremos capazes de chegar à elucidação do seu significado — seremos capazes de dizer *o que é* a consciência? Buscar sua origem temporal e biológica, apreciando seus mecanismos cada vez mais complexos, como ela se estrutura em id, ego, superego etc., implica em tratá-la como um fato. Esse fato terá tido um início, um ponto a partir do qual, no desenvolvimento do indivíduo, seja possível acusar a presença da consciência.

O problema, contudo, é que a consciência individual está idealmente pressuposta em qualquer conhecimento que você tenha. Mesmo que ela seja uma falsidade, mesmo que você demonstre que ela é uma falsidade, que não existe consciência individual alguma, você terá necessidade dela para chegar a concluir isso. Logo, não é possível realizar nenhuma pesquisa no campo dos fatos que dê conta desse problema. Toda a pesquisa sobre a consciência, sobre o que ela é e como funciona, depende de que se reconheça a sua autonomia formal frente à origem cerebral, biológica e antropológica.

41. O testemunho humano

Autoconsciência, fundamento da objetividade

O recurso à experiência para elucidar problemas como o da consciência humana é em parte um subterfúgio covarde para atenuar a responsabilidade da consciência individual. Quando se trata de coisa que só você sabe, que só você sabe que sabe na ausência de qualquer prova objetiva externa, de maneira que você é o último e decisivo testemunho, você sente o enorme peso de ser responsável por todo esse edifício cognitivo, do qual é fácil desconfiar.

Em última análise, o conhecimento depende do testemunho humano, o qual não pode ser objetivo; ele pode ser intra-subjetivo, supondo-se que os vários indivíduos falem a verdade. Este, como se vê, é um fundamento ético da ciência. A ciência será verdadeira se as testemunhas do conhecimento falarem a verdade e forem suficientemente honestas para aceitá-la.

Os cientistas tendem a desconsiderar isso e a enfatizar a falibilidade fundamental dos testemunhos humanos, e portanto a defender a busca de algum testemunho mais fidedigno, confundindo-o com um fundamento "externo". Isso traduz uma vontade de abolir o sujeito como agente e alcançar uma espécie de visão totalmente externalizada, totalmente estática. Corresponde à vontade de se ver a partir de fora, coisa que só é legítima na medida em que você souber que ver-se a partir de fora é uma ficção. Se você começar a achar que a visão a partir de fora é mais verdadeira do que a visão a partir de dentro, você já estará mentindo, porque você jamais esteve fora, jamais fez as minhas ações, jamais teve as minhas percepções nem as de mais alguém. Você pode muito se esforçar para distanciar-se de si mesmo, mas na verdade só é capaz de ter as suas próprias percepções, de ser o senhor das suas próprias ações — você é o agente das suas ações e a única testemunha do que se passa dentro de você, e nós dependemos do seu testemunho para saber o que lhe ocorreu.

Não podemos permitir que a busca do conhecimento, ao pretender objetividade, se torne uma fuga da solidão humana. No Corão se diz algo mais ou menos assim: Deus falou para o homem que tinha procurado uma testemunha que pudesse atestar a existência de Deus. Ele vinha pedindo isso às estrelas, aos sóis, às montanhas, aos animais, e todos correram aterrorizados, e somente o homem aceitou este encargo, porque o homem é livre.

O homem é um ser que é capaz de conhecimento; por isso, exige-se dele uma imensa responsabilidade que não cabe a mais ninguém. O testemunho das galáxias não vale o testemunho humano. *A verdade não é objetiva; a verdade é a subjetividade da autoconsciência, e a autoconsciência é o fundamento da objetividade*, e não o contrário.

Buscar o fundamento objetivo da autoconsciência é o mesmo que buscar o fundamento gráfico da geometria. Com isso se rejeita a condição humana de sujeito cognoscente e se transfere sua responsabilidade para a sociedade humana, para as instituições de ensino, para os arquivos e bibliotecas, para o próprio mundo. Assim, foge-se da solidão do testemunho humano.

A insubstituibilidade do testemunho humano é um dado fundamental e constitutivo do cosmos. Não existe um cosmos objetivo que independa totalmente da presença humana pela simples razão de que, dentro desse cosmos, existe o ser humano; só num cosmos destituído da presença humana faria sentido buscar o conhecimento "objetivo" tal como há alguns séculos se compreende a expressão.

A idéia de que a verdade objetiva corresponderia ao modo como as coisas são independentemente do observador é autocontraditória. Tenho em mãos esta garrafa, e a verdade objetiva a respeito dela está em seu modo de ser independentemente de como a observo. Mas ora: esta garrafa, à parte de toda percepção de todo e qualquer ser humano, é imperceptível. Ela só tem determinados aspectos visíveis, por exemplo, porque somos capazes de vê-la. Daí que removê-la de todo horizonte humano expressa uma espécie de objetividade redutiva, privativa, que vai tirando as qualidades do objeto até reduzi-lo à suposta "coisa em si" — o problema se inicia com essa maldita idéia de "coisa em si".

A existência como relação

Coisa, se é mesmo coisa, não pode ser "em si". Você pode falar de "ser em si", mas não de "coisa em si". O "ser em si" é a própria existência a despeito das substâncias existentes. Já a coisa é esta ou aquela substância, é esta garrafa, é este copo. Nós podemos conceber a existência em si mesma, ou seja, a existência independentemente dos existentes, mas não podemos conceber os existentes como inteiramente em si mesmos.

Uma essência existe a partir do momento em que estabelece relação com outras essências no espaço e no tempo. Se ela não está inserida em nenhuma relação desse tipo, ela é uma "coisa em si" tanto quanto um quadrado é um quadrado da sua conformação espaço-temporal neste objeto quadrangular ou naquele outro. Ora, isso quer dizer que a objetividade pretendida na apreensão da "coisa em si" é aquela dada pela apreensão de uma essência lógica, a qual só pode ser conhecida em si mesma se independentemente da sua existência, isto é, apenas enquanto possibilidade lógica — ela não é uma "coisa", ela é uma possibilidade de coisa, o que é muito diferente.

Assim, ao procurarmos a objetividade na supressão do sujeito cognoscente, criamos um mundo fictício no qual nada é existente e tudo é só possibilidade lógica. Outro dado problemático dessa busca moderna pela objetividade está em ver como possivelmente objetiva só as relações do sujeito humano para com os demais objetos. Desconsidera que os demais seres possam assumir uma posição subjetiva perante o homem, que assim passa de sujeito a objeto. O indivíduo que vê uma pedra sabe que ela não o vê; sabe, assim, como ela se situa subjetivamente em relação a ele. Perceber a pedra é saber algo do que o objeto sabe a seu respeito.

Portanto, eu tenho alguma informação a respeito da informação que o objeto tem a meu respeito. Eu não sou o único sujeito cognoscente dado na relação, também o objeto é visto como sujeito cognoscente. Pois, se não o olhar dessa forma, não o conhecerei. Se eu nada sei sobre o que o objeto sabe a meu respeito ou sobre como ele pode agir em relação a mim, eu nada sei a respeito dele.

Isso se refere inclusive às coisas inanimadas. Eu sei que a pedra é uma pedra porque ela não latirá para mim como faria um cachorro; tampouco ela poderá me proporcionar leite, como uma vaca. Conheço o objeto na medida em que sei algo das relações que ele pode ter comigo, e portanto o vejo alternadamente como objeto e como sujeito, o que implica ver também a mim mesmo alternadamente como sujeito de um conhecimento e como objeto de um conhecimento que o objeto tem de mim. Isto está suposto em qualquer relação cognitiva, embora seja algo que escapou à filosofia durante muitíssimo tempo.

O que seria da pedra, em suma, se eu fizesse abstração de qualquer sujeito cognoscente? Eu teria de ignorar até o chão sobre o qual ela se encontra. O chão recebe informação da pedra; ela exerce peso sobre ele, age como sujeito sobre o chão, o qual aí padece como objeto. *Ser coisa é ter relações intercambiáveis de sujeito e objeto com outras coisas.* O que não tem relação com nada é só essência pura, a qual não existe; logo, é contraditório, como já disse, falar de "coisa em si". Não há objetividade alguma nisso. A objetividade consiste não em abolir o sujeito, mas em *estabelecer, em torno e a propósito do objeto, o conjunto das perspectivas que o articulam corretamente nas condições de espaço e de tempo em que se encontra.* Ser objetivo é conhecer a pedra a partir do ponto de vista do chão embaixo dela, da atmosfera que a cerca, da sua composição química e do seu próprio ponto de vista; é alinhavar essas várias perspectivas e com elas compor um todo concreto.

Tudo o que existe é fenômeno. E por que deveria existir algo por trás do fenômeno? Por que o fenômeno, a pedra, não basta? Por que a "pedra em si" seria mais real do que a pedra que efetivamente lhe acertou a cabeça? Também aqui se trata de objetividade privativa: o sujeito abole qualquer testemunho do fato e separa o acontecimento "em si" do fato que efetivamente se passou, não o considerando enquanto fenômeno. Então o fato "em si" seria aquele que não foi fenômeno para ninguém... O que, como disse, contradiz a própria noção de fato, já que ser fato é estar em relação.

A incompreensão do que seja a objetividade do conhecimento surge, por incrível que pareça, do sucesso das ciências naturais, com base nas quais você acredita que, recorrendo ao mundo dos fatos, irá obter uma explicação completa da realidade. Mas pouco se percebeu que as ciências naturais se revelaram eficientes não porque investigassem os fatos — coisa que sempre se fez no quadro da ciência antiga —, mas porque recuassem diante dos fatos e partissem para a matematização das observações. Os fatos não são o elemento distintivo da ciência pós-galilaica; na verdade, ela é muito mais abstrata do que a ciência que se fazia até então. Ela se afasta do mundo dos fatos e pretende, de modo ideal, abolir o testemunho humano, apegando-se à "objetividade" matemática. Ignora que só a autoconsciência, a subjetividade sincera, pode ser fundamento do conhecimento certo.

42. *A primazia do senso de identidade*

Capítulo V

As interpretações psicológicas dos princípios lógicos

§ 25. *O princípio de contradição na interpretação psicologista de Mill e de Spencer*

J. St. Mill ensina que o *principium contradictionis* é "uma de nossas mais antecipadas e mais imediatas generalizações da experiência". Ele encontra o seu fundamento primitivo no fato de que "crer e não crer são dois estados distintos do espírito", que se excluem mutuamente. Sabemos isto — prossegue literalmente — pelas observações mais simples de nosso próprio espírito. Percebemos também que a luz e a obscuridade, o ruído e o silêncio, a igualdade e a desigualdade, o andar para frente e o andar para trás, a sucessão e a simultaneidade, em suma, todo fenômeno positivo e sua negação, são fenômenos distintos que se encontram em uma relação de antagonismo extremo. "Considero", diz ainda, "o axioma em questão como uma generalização de todos estes fatos".

Quer dizer que, pela experiência repetida do ruído, do silêncio, da igualdade, induzimos uma lei.

> A única dificuldade neste ponto é compreender como pode parecer convincente semelhante teoria. A primeira coisa que surpreende é a patente incorreção da afirmação segundo a qual o princípio que diz que duas proposições contraditórias não são verdadeiras e, nesse sentido, se excluem, é uma *generalização* dos "fatos" indicadores de que a luz e a obscuridade, o ruído e o silêncio etc. se excluem; estes simplesmente não são proposições contraditórias. Não se compreende muito bem como Mill pretende estabelecer a conexão lógica destes supostos fatos de experiência com a lei lógica.

Acredito que isto poderia ter sido contestado no próprio nível em que Mill propõe a questão, isto é, do ponto de vista da origem das generalizações, coisa que Husserl não discute. Pergunto: como eu poderia perceber a repetição do mesmo fenômeno se eu já não possuísse a percepção da identidade?

Eu simplesmente não perceberia o homogêneo e nem compreenderia a definição de homogêneo e de heterogêneo. Teria só uma percepção atomística. Logo, o princípio da repetição e da identificação das mesmas essências por trás de fenômenos que são apenas semelhantes é uma predisposição inata no ser humano. Mesmo do ponto de vista empírico, o que Mill afirma seria inaceitável. Porém, a contestação que Husserl faz é bem mais elegante.

Isto me faz lembrar de uma afirmação muito equivocada de Piaget. Diz ele que uma criança, ao confundir o número de bolinhas sobre uma superfície com a distância que separa uma bolinha de outra, mostra não ter ainda senso de identidade. Assim, tomem-se seis bolinhas ordenadas com diferentes espacejamentos:

Caso 1

(6 bolinhas com um determinado espacejamento)

o o o o o o

Caso 2

(6 bolinhas com maior espacejamento)

o o o o o o

A criança olha para o Caso 2 e crê ver mais bolinhas do que no Caso 1. Ora, para fazer essa confusão, ela não deve se mostrar desprovida do senso de identidade; ao contrário, é justamente em virtude do senso de identidade que ela faz essa confusão!

Se você acha que a quantidade de bolinhas aumenta na hora em que o espacejamento é ampliado, significa que você é capaz de perceber a identidade da extensão. Se a extensão continuasse a mesma, você pensaria se tratar do mesmo número de bolinhas; como, contudo, aumentou a extensão, por um raciocínio errado você crê que também aumentou o número de bolinhas. Ou seja, o erro, aí, está fundado no princípio de identidade.

A criança que comete esse erro mostra desconhecer não a noção de identidade, e sim a distinção entre quantidade discreta e quantidade contínua, a diferença entre extensão e quantidade aritmética, pois esta última é uma abstração de que ela só será capaz mais tarde.

Preleção XXVIII
08 de dezembro de 1993

43. A resistência do objeto perante o sujeito

A noção de substância

EM SEU LIVRO *A TOTALIDADE E A ORDEM IMPLICADA*, David Bohm confunde o processo do conhecer com a natureza da coisa conhecida. Aí está o erro principal de sua tentativa de abolir o conceito de substância, tentativa partilhada por muitos intelectuais das últimas décadas. Quando afirma que o conhecimento através de conceitos é estático, uma vez que recortaria só figuras estáticas, e que o processo real do conhecer — vivenciado através das sensações — é um fluxo permanente, ele não só está dizendo algo intrinsecamente falso, porque as coisas não são de fato assim — como já mostrarei —, como ainda está sendo desatento a uma questão patente: do fato de que algo seja conhecido de forma dinâmica, através de um fluxo de impressões, não se pode deduzir que esse algo seja em si mesmo dinâmico.

Desenho um quadrado na parede, o qual permanece inalteradamente igual, mas não consigo ter duas impressões exatamente iguais dele em momentos diferentes. Assim, por que o conhecimento obtido sob a forma de fluxo deveria ser mais fiel à realidade do que um conhecimento que fosse de natureza estática? Essa suposição é de ordem psicologista: supõe que aquilo que é conhecido terá as qualidades do modo como o sujeito o conhece. Mas o que está em fluxo é o *conhecer*, não o *conhecido*.

Bohm, partindo do pressuposto de que o processo real do conhecimento é um fluxo, conclui que a realidade conhecida deva ser também um fluxo, coisa que em muitos casos ela não é. Tudo aquilo que sei sobre o meu modo de conhecer se refere somente a mim, e não ao objeto. As conexões do objeto só se revelarão independentes da minha modalidade de conhecer se eu for capaz de concebê-las idealmente, por abstração. Por exemplo, tenho a visão desta porta, e é claro que eu nunca tive duas visões dela que fossem exatamente iguais; a cada vez que a vi eu estava a uma distância diferente dela, sob uma iluminação diversa etc. A unidade deste objeto "porta" só existe idealmente, mas esta porta ideal está mais próxima da porta real do que as minhas sucessivas imagens dela.

Então por um lado há a consistência física do objeto em si mesmo; por outro, há as percepções que tenho dele, as quais são mutáveis; há ainda as alterações da própria constituição física do objeto, que nada têm a ver com as alterações do sujeito cognoscente e de suas impressões. Em nenhum desses três âmbitos pode estar a unidade do objeto. Ela só existe como ideal.

Isto se dá em qualquer conhecimento. Como David Bohm sabe que ele é David Bohm? Como ele sabe que o livro que estava escrevendo ontem é o mesmo que está escrevendo hoje? É só por uma unidade ideal. *A unidade do ser não é objeto de experiência*; no entanto, é uma pré-condição para que você tenha alguma experiência do ser: você só terá visões diferentes de um mesmo objeto se ele permanecer o mesmo, isto é, uno. Eu não confundo, por exemplo, várias visões de uma vaca com várias visões de um cachorro, do mesmo modo que não confundo a variedade de meus alunos com a variedade de roupas diferentes com que cada um se apresenta em dias diferentes. As várias visões que compõem minha percepção da unidade ideal de uma pessoa não permitem que eu a confunda com outra pessoa. Há alterações que percebemos como acidentais, como secundárias, alterações de qualidade que não afetam a substância.

Entretanto, se você abolir a noção de substância, como pretende Bohm, então não será possível percepção nenhuma. Se você supõe que por trás de cada alteração do sujeito há uma alteração concomitante do objeto, a ponto de este último perder sua identidade, então lhe será impossível até mesmo reconhecer as alterações, porque o objeto alterado será um novo objeto sem relação com o anterior.

Limitações propiciadoras de conhecimento

Outra bobagem do mesmo gênero é achar que as limitações inerentes à percepção humana nos afastam da realidade, ou seja, crer que pelo fato de nossa percepção ser limitada nós vivemos na falsidade, o que sugere que se tivéssemos mais sentidos, ou se os nossos sentidos fossem mais aguçados, perceberíamos a realidade melhor. Isto é absolutamente falso. *Nossos sentidos são limitados porque ter um sentido é ter uma limitação*, uma especialização na direção de um determinado tipo de estímulo que nos vem da realidade: é essa limitação que nos afina e nos sintoniza com certos aspectos da realidade, em vez de nos afastar dela. Os olhos não escutam, as orelhas não enxergam, e assim por diante. Se você tivesse noventa órgãos dos sentidos, não melhoraria em nada sua percepção da realidade, porque você poderia se enganar do mesmíssimo modo — na verdade, teria mais informações ao seu dispor e, assim, teria maior margem de confusão.

Podemos dizer o mesmo com relação à extensão artificial dos sentidos. Quando você inventa um equipamento para observar melhor certo objeto, com ele se estabelece um quadro conceitual dentro do qual as observações assim obtidas ganham significado. Desde que inventaram o microscópio até hoje, quantas hipóteses falsas não foram levantadas a partir de observações feitas no microscópio? Muito mais do que teriam sido levantadas através da observação a olho nu. As extensões artificiais dos sentidos tanto ajudam como atrapalham. Você precisa de todo um quadro conceitual, um sistema de critérios, para aproveitar uma observação obtida por microscópio. O acréscimo de um equipamento se traduz na entrada de mais dados, porém mais dados não significa mais verdades.

Um elemento agravante, a respeito da distinção entre conceito lógico como estático e intuitivo como dinâmico, está em que, tendo sido originalmente proposta por Bergson, Bohm em momento algum mencione o filósofo francês. Ele se dá ao trabalho de cruzar páginas e páginas a explicar essa distinção, quando bastaria ter dito que adotava ali uma perspectiva bergsoniana. Se ele explica tudo de novo e nem mesmo se refere a Bergson, é porque desconhece a origem da idéia que está propondo. Pensa tê-la descoberto em Krishnamurti — o qual oferece apenas um bergsonismo muito mal feito alegando se tratar de doutrina oriental.

Segundo Bergson, existem duas maneiras de você captar uma coisa: diretamente, ou seja, nela mesma; ou segundo suas relações. Nela mesma você capta através de uma identificação, e é isso que ele chama de intuição, uma espécie de simpatia entre você e o objeto. Mas você pode captar a coisa através das suas relações, e é isso que ele chama de razão, a qual captaria a coisa segundo as suas semelhanças e diferenças em relação aos outros objetos.

Essa distinção é impraticável. Primeiro porque a percepção de semelhanças e diferenças não é racional, mas intuitiva. Semelhanças e diferenças nos chegam como dados apreendidos, e não como conclusões de cadeias dedutivas: uma coisa está em cima de outra, está à esquerda de uma terceira, é menor que uma quarta, e assim por diante. São elementos que intuo diretamente na realidade, prévios a qualquer raciocínio que eu faça a respeito deles. Só as diferenças e semelhanças mais sutis, em geral as que fogem à experiência humana comum, necessitarão de uma análise posterior, a qual, de todo modo, terá de partir de dados intuitivos iniciais.

Linguagem e categorias de conhecimento

As considerações de Bohm sobre linguagem estão cheias de problemas. Em primeiro lugar, ele não sabe a diferença entre linguagem, língua e fala. Toda hora atribui à língua caracteres que são da fala. Língua, em si mesma, não existe; língua é um conjunto de possibilidades lógicas, possibilidades combinatórias que constituem, por exemplo, a língua portuguesa. A língua só pode ser analisada abstrativamente, e não historicamente. Só o que você pode observar e analisar é a fala. A fala seria o uso efetivo das possibilidades da língua por este ou aquele grupo em determinada época. Ou seja, a língua só existe como abstração, o que existe efetivamente é a fala.

Bohm atribui à língua caracteres que são da fala ao apontar naquela primeira o predomínio do substantivo sobre o verbo, do substantivo sobre o adjetivo, de modo que a língua (no caso, as línguas ocidentais) traduziria uma visão substancial e estática do mundo. Ora, mas na língua não predomina um tipo de palavra sobre outro; é só no seu uso que pode haver esse predomínio. A língua oferece as possibilidades de expressão, todas igualmente válidas, e só na realização dessas possibilidades, portanto na fala, é que pode surgir o predomínio de algum padrão sobre os demais.

Bohm, como muitos outros, faz essa afirmação para contrapor as línguas ocidentais à língua chinesa — tida por menos substancialista e mais colada ao fluxo de mudanças da realidade —, quando na verdade a língua chinesa é obviamente mais estática do que todas as línguas ocidentais. A língua chinesa não tem gramática, e não existe nela modo de representar puras relações. Todas as relações são substacializadas numa figura; a própria idéia de fluxo fica preterida. O fluxo é próprio às línguas que têm uma articulação mais complicada, com um monte de tempos verbais, como as neolatinas e germânicas. A simultaneidade de tempos verbais empregados numa única frase de uma língua ocidental é coisa impossível em chinês. Tanta gente se pergunta como expressar o equivalente ocidental de certas características da língua chinesa, mas poucos se perguntam como expressar na língua chinesa um parágrafo de Hegel. É imensurável o que será perdido nessa tradução. Em chinês não existe, por exemplo, a noção de verbo e substantivo; qualquer coisa pode ser verbo ou substantivo, conforme o lugar em que você ponha o caractere. Mas todos os caracteres têm sempre um significado concreto, já que originalmente foram símbolos. Ou seja, a língua não é totalmente abstrata, cada palavra é substancializada.

Abstração lógica e pensamento concreto

Bohm afirmará ainda que as línguas orientais preterem o "pensamento por categorias lógicas" que nos seria próprio. Mas o fato é que ninguém jamais pensou por categorias lógicas. Você pensa psicologicamente, pensa por cadeias analógicas, pensa de modo totalmente irracional. A lógica é um sistema ideal de conexões por meio do qual se pode conferir se o seu pensamento está construído de modo válido; ninguém, ao pensar concretamente, se vale da própria lógica para afirmar seus juízos.

Um computador pensa de maneira lógica; isto é, seu pensamento é limitado, é programado para se guiar apenas pelo formalismo lógico em que se baseiam os algoritmos. Assim, as operações que possam ser arbitradas por meio de uma cadeia lógica conhecida tenderão a ser realizadas com grande rapidez, ao passo que as operações que lidem com a sintetização de dados por canais desconhecidos tenderão a ser incompreendidas e não implementadas. O pensamento humano é impuro; nele intervêm simultaneamente recordações, sentimentos, percepção de dados contraditórios, saltos dedutivos. É um processo psicológico concreto, e não um processo lógico formal.

É também por esse motivo que um computador não pode ter autoconsciência. Autoconsciência implica responsabilidade, culpa, risco; o computador autoconsciente precisaria ter, por exemplo, responsabilidades civis — ir à escola, não descumprir as leis de trânsito, fazer compras no supermercado, votar num candidato a vereador. Pois é em meio a essas responsabilidades, a essas demandas tão desencontradas e simultâneas, que o pensamento humano se processa. A autoconsciência requereria do computador a sua inserção no mundo humano e um tipo de pensamento que não se guiasse apenas pela conseqüência lógica. A mente humana não capta no mundo as partes de uma cadeia silogística que vai aos poucos sendo montada. A inteligência intui um todo complexo, cujas várias partes — estas, sim — o pensamento racional poderá num segundo momento ordenar numa seqüência lógica. Isso quer dizer que a lógica representa no conhecimento um papel pequeníssimo. Você só a usa para compor certos esquemas na ausência de elementos intuitivos. A intuição é a verdadeira faculdade de apreender totalidades de sentido, coisa de que um computador é incapaz.

Preleção XXIX
09 de dezembro de 1993

44. Pensamento ideal e pensamento real

FICA BEM CLARA NO TEXTO DO HUSSERL a distinção entre o pensamento enquanto fenômeno real, que acontece a certos tipos de seres, e a consistência lógica do pensamento.

O fenômeno real do pensamento é ocasionado por uma multiplicidade de causas, conforme a atenção que você presta a isto ou àquilo, conforme o seu estado físico, conforme uma multiplicidade de causas reais, e isso tudo não tem nada a ver com a seqüência lógica do pensamento.

Pensamos de modo lógico apenas num número absurdamente insignificante de casos. Em geral, quando você pensa há o aporte de várias linguagens simultâneas, de várias abordagens, e se misturam intuição, recordação, sentimento, pressentimento, hábito de vontade etc. Além disso, o pensamento toma um rumo diferente conforme seja um pensamento voluntário, algo em que você quer pensar, ou conforme seja um devaneio, um pensamento levado pelo automatismo.

Entre outras coisas, interfere de maneira especial na condução do pensamento a vontade do indivíduo. O indivíduo pensa as coisas numa certa ordem porque quer pensar assim. Portanto, a ordem do pensamento real é, por definição, arbitrária. Uma máquina que pense como o ser humano é impossível; ela não poderia *querer* pensar, no mesmo sentido em que o ser humano, num determinado momento, decide pensar em algo bem específico. Você pensa certas coisas sobre um determinado assunto quando quer pensar a esse respeito, porque atribui alguma importância a isso, e essa importância, por sua vez, deriva da sua vida real, das suas responsabilidades, temores e esperanças. Somente o ser humano real tem o tipo de vontade capaz de conduzir o pensamento para cá ou para lá. Seu pensamento é sua responsabilidade. O indivíduo sabe que o seu pensamento pode ter conseqüências reais, pelas quais ele pode ser responsabilizado. Esse é mais um fator que interfere na direção do pensamento dos homens.

Isso importa em dizer que a distinção hoje bastante difundida entre pensamento natural e pensamento artificial é infundada. Na verdade, não existe pensamento natural: todo pensamento é artificial. É natural apenas a predisposição, a aptidão que o ser humano tem para pensar. Mas ele pensa através de conceitos, de palavras, de signos que ele não recebeu de presente da natureza, mas que são invenção humana. Se abordamos a informática através dessa maldita noção de pensamento natural contraposto a pensamento artificial, não chegamos a lugar algum. Todo pensamento é artificial, isto é, feito de artifícios. Portanto, a distinção a se fazer não é entre pensamento natural e artificial, e sim entre *pensamento real* e *pensamento ideal*. Real é pensamento biológico, ou seja, o pensamento pensado por um ser vivo, e o pensamento ideal, lógico, é um mero esquema que pode ser imitado por uma máquina. A máquina imita o pensamento ideal, não o pensamento real; imita o pensamento lógico, e por isso ela é uma máquina de lógica, não máquina de pensar.

É o conceito de lógica como arte de pensar que cria essa confusão em torno de pensamento artificial. Raimundo Lúlio foi o propositor da primeira máquina de pensar. Ele inventou um sistema universal de categorias mais completo do que o de Aristóteles, a partir do qual se realizariam divisões e subdivisões, estabelecendo todo um vasto campo de combinações possíveis de juízos. Embora não a tenha podido realizar, concebeu uma máquina que seria capaz de operar segundo esse sistema. Esse foi o primeiro computador da história, o qual na verdade não chegou a ser realizado.

A logicidade do pensamento não está na ordem real do que é pensado, mas na ordem ideal de sua consistência. O pensar lógico não é o pensar real, é o pensar ideal, que nunca é realizado pelo ser humano. Tome em consideração mesmo um filósofo treinado em lógica, a pensar logicamente sobre um tópico de lógica, e você o verá a todo momento transitando psicologicamente por imagens, evocações, sentimentos, sensações confusas, coisas que nada têm que ver com o assunto em consideração, mas que acidentalmente podem favorecer ou prejudicar a correção formal do pensamento. O importante aí não é que o pensamento do indivíduo seja lógico, mas que a consistência final das suas conclusões — não importa por quais meios alcançadas — seja compatível com as premissas. A lógica não é a ordem do pensar, é a coerência intrínseca do pensar, dos conceitos pensados de modo implícito. Reparem que nem mesmo os escritos — salvo raras exceções, como a *Ética* de Espinosa ou o *Tractatus Logico-Philosophicus* de Wittgenstein — se estruturam segundo a ordem lógica que vai das premissas às conclusões. As *Investigações lógicas* de Husserl não seguem uma ordem lógica, seguem a ordem de um processo dialético; até o ponto em que lemos, ele não avançou na direção do que considera correto, de modo que desdobrasse dedutivamente seus argumentos uns dos outros, até chegar às teses desejadas; ao contrário, ele até aqui tem só se oposto às outras teorias, mostrado suas inconsistências. Esse é um procedimento dialético e não lógico.

Intuição vs. capacidade de síntese

Ao pensarmos, na maior parte do tempo nos valemos da intuição. A intuição não é sintética nunca. Só se faz síntese de partes, isto é, só é possível reunir os elementos que forem tomados como partes. No entanto, se a intuição nos dá uma unidade de forma direta, então não houve síntese alguma.

Só há síntese onde há análise, ao passo que nada daquilo que você apreende por intuição direta é processo algorítmico, isto é, não pode ser desmembrado numa seqüência de operações, pois sequer há seqüência de operações — há uma operação única. Você, ao perceber em poucos segundos a intenção de uma pessoa, não estabelece uma seqüência de apreensões e juízos logicamente ordenados; não analisa os elementos disponíveis, recompondo-os numa ordem na qual entrem também todos os dados pretéritos de que você dispõe sobre aquela pessoa. Não. Você apenas apreende essa totalidade de dados num ato único do qual o sentido emerge — no caso, a intenção da pessoa em relação a você. A análise poderá corroborar ou não a apreensão unitiva operada através da intuição, mas não poderá ser realizada no curso do próprio ato intuitivo.

Quando, porém, você não é capaz de operar essa intuição unitária, talvez por lhe faltarem muitos dados, talvez por eles se apresentarem de maneira especialmente confusa, você então se lança a uma análise dos dados presentes, de modo que a partir deles — do sistema de conseqüências lógicas presente neles — possa realizar uma síntese. Mas isso já não será trabalho intuitivo; este, ao encontrar demasiadas dificuldades para se realizar, terá passado a vez ao trabalho lógico-analítico.

É devido à confusão entre intuição e síntese que as pessoas às vezes não entendem por que um computador não é capaz de imitar a inteligência humana. Ele imita só uma parte das operações que faríamos se pensássemos logicamente, ou seja, ele imita uma operação ideal, que nunca acontece na realidade. Tanto mais porque, mesmo quando fazemos uma síntese, não a realizamos segundo uma ordem lógica, e sim segundo uma ordem heurística, isto é, segundo aquilo que acidentalmente possa servir de fator propiciador do pensamento.

O fato de que todo pensamento concreto venha envolto em uma série de elementos acidentais não significa que o ato em si da intuição, formalmente apreendido, não deva se caracterizar pela diferenciação entre o que é essencial e o que é acidental com relação ao objeto apreendido. O objeto, como ensina a fenomenologia, é soberano. A análise do objeto requer que você primeiro analise o que você mesmo projetou sobre ele — talvez um determinado sentimento, ou quem sabe uma associação fortuita com algo que lhe aconteceu no passado —, para aos poucos ir limando sua compreensão e fazendo o objeto aparecer por inteiro, distinto de você. Esse processo é mais de autoconhecimento do que de conhecimento do objeto. Você tem de se conhecer para ser capaz de separar um objeto de outro, de reparar no que é próprio a um e não a outro, no que é próprio ao objeto e não a você. É pelo autoconhecimento que se realiza o que Husserl chamava de *epoché*: você abdica de qualquer juízo sobre o objeto, a fim de ver nele somente aquilo que ele mesmo propõe. Você se cala e o deixa falar.

O trabalho intuitivo se torna mais grave quando se trata da apreensão de signos. O próprio pensamento é um tecido de signos. Signo é um conjunto de interações que podem se realizar na intuição. Posso dizer "elefante" e você compreender de maneira esquemática a que me refiro, mas pode ser que você atualize a forma do elefante em sua mente (o que será também um tipo de atividade intuitiva). Isto é, o signo subentende sua atualização possível sob a forma de intuição. Se você não aprender a lidar com signos efetivando suas respectivas intuições, fará do seu pensamento um comércio de cheques sem fundo. Cada signo tem de possuir liquidez, tem de trazer consigo a possibilidade de ter efetivado seu conteúdo intuitivo. Em seguida você pode voltar a operar apenas no nível sígnico, mas agora ciente do laço intuitivo.

Como estudar filosofia

Sem isso, aliás, não existe aprendizagem. Cada conceito filosófico deve ser trazido do nível sígnico para o nível de sua apreensão intuitiva — é preciso que as pessoas, de algum modo, *vejam* de que se trata aí. Se, por outro lado, você continua raciocinando apenas com os signos, com os termos filosóficos, sem atualizar plenamente o seu conteúdo, logo você deixará de ter real compreensão dos termos envolvidos. Infelizmente estudar filosofia neste país significa exatamente isto: aprender um monte de termos com os quais você só sabe operar no sentido técnico, neles não reconhecendo nenhum conteúdo intuitivo efetivo, pois ninguém nunca lhe preme a efetivá-lo.

Conheci um professor da PUC que só falava em estruturês: todo seu vocabulário era padronizado segundo a corrente estruturalista. Se alguém não entendia algo e lhe pedia que explicasse de outra maneira, ele dizia: "Eu não desço do meu universo semântico" — o que muito se compreende, pois se descesse acabaria se esborrachando todo. Cada termo empregado só encontrava tradução, na mente dele, em outros termos da mesma linguagem, de maneira que seu raciocínio é apenas uma troca de palavras por outras palavras — o objeto a ser apreendido intuitivamente desaparece de todo. É cheque sem fundo por cheque sem fundo, num ato de estelionato intelectual.

É por isso que textos como este de Husserl, que é altamente abstrato, necessita a todo momento ser concretizado por meio de exemplos, conforme temos feito. O teste do texto filosófico é a sua tradução para outras linguagens: ou ele se mostra dúctil a essa conversão, no curso da qual seus conteúdos intuitivos apareçam, ou ele não possui nenhum referente claro e não trata de absolutamente nada. Um discurso lógico, por exemplo, deve resistir ao teste de ser dialetizado, de ser confrontado com as teses contrárias, do mesmo modo que um discurso dialético deve resistir ao teste de ter explicitada a sua estrutura lógica.

Isso é coisa ignorada nos departamentos de filosofia no Brasil. Neles não se ensina filosofia; ensina-se história da filosofia, e a meta essencial é lhe ensinar a lidar com textos filosóficos e mais nada. Mas a filosofia não está nos textos, filosofia não é filologia. Filosofia é algo que você pode até fazer se valendo de textos, mas não é o próprio exame dos textos. A filosofia objetiva determinado conhecimento. O texto deveria servir apenas de material de apoio para que se faça referência a certos objetos, os temas filosóficos.

Não estamos estudando para conhecer a filosofia de Husserl, estamos estudando para conhecer o conceito de veracidade, de lógica, de real, de potencial, de fato, de ideal, de fenômeno. Não é o autor que nos interessa, é o fenômeno a que ele se refere. Claro que temos na mente do autor uma superfície que reflete e ilumina certa área do fenômeno, mas é no sentido deste último que vai nosso interesse. Não faz sentido em filosofia "estudar Nietzsche", "ser especialista em Kant". Você lê os livros dos filósofos para se aproximar, como eles se aproximaram, de determinados fenômenos que estão na realidade e não no estudo escolar da filosofia. As obras dos demais filósofos lhe servem de treino para enfrentar problemas reais. É preciso estudar filosofia como filósofo, e não como apreciador de textos filosóficos.[1]

---

1 Cf. meus artigos "Quem é filósofo e quem não é" e "Ainda os filósofos" em *A filosofia e seu inverso & outros estudos*.

Preleção XXX
10 de dezembro de 1993

45. A impureza formal do pensamento real

[...]

> § 26. Sobre alguns erros fundamentais do empirismo.
>
> [...] O empirismo extremo *anula a possibilidade de uma justificação racional do conhecimento mediato*. Por isto, anula sua própria possibilidade como teoria cientificamente fundada.

NÃO É POSSÍVEL EXTRAIR da experiência o fundamento racional que valida a própria experiência. Todas as regras advindas da experiência são obtidas por meio de indução. Toda indução parte de alguns fatos e tira uma conclusão a respeito deles, a qual é válida somente para o grupo de fatos em questão. Logo, é impossível concluir algum princípio universal lançando mão de indução, a começar pelo princípio de identidade: você obteria no máximo um princípio de universalidade empírica, isto é, uma regra universal empírica que vale apenas para um campo de fenômenos considerados. A indução tem um poder generalizante limitado por uma universalidade empírica. A própria indução teria de se basear no princípio que ela mesma tenta fundamentar, o princípio de identidade, ou do contrário o levantamento indutivo seria impossível — não haveria maneira de identificar a unidade de determinados fenômenos regidos por uma mesma regra. Os princípios lógicos são de saída pressupostos pela indução.

> Não tem sentido exigir que se justifique pelos princípios todo conhecimento mediato, se não somos capazes de conhecer de um modo imediato e intelectivo certos princípios últimos.[1]

Claro, porque o conhecimento imediato tem de ser justificado. Ou eles são conhecidos imediatamente ou não podem ser conhecidos de maneira alguma.

> [...] Mas o empirismo extremo que, no fundo, não concede plena confiança senão aos juízos empíricos particulares, renuncia *eo ipso* à possibilidade de justificar racionalmente o conhecimento mediato. Em vez de reconhecer que os últimos princípios são intelecções imediatas, acredita conseguir algo mais derivando-os da experiência e da indução, ou seja, justificando-os de um modo mediato. Se perguntarmos pelos princípios *desta* derivação e por quais meios *a* justifica, [...] o empirismo responde recorrendo à experiência quotidiana, ingênua e isenta de crítica. Ele acredita dar a esta uma maior dignidade, explicando-a psicologicamente ao modo de Hume.

Na experiência imediata podemos ter intuição do princípio de identidade, mas isso não quer dizer que ele tenha nessa experiência imediata o seu fundamento. A experiência imediata pode ser a ocasião na qual você toma consciência do princípio, e só; a ocasião de um conhecimento, isto é, sua origem temporal, não é o mesmo que o seu fundamento.

> [...] Como genuíno psicologismo, revela em todas as partes a propensão a confundir a origem empírica e psicológica de certos juízos universais com a justificação dos mesmos.

> O resultado não é melhor para o empirismo moderado de Hume, que trata de salvar, como justificada *a priori*, a esfera da lógica e da matemática [...]. Os juízos mediatos sobre fatos não admitem, com toda universalidade, *nenhuma justificação racional*, mas *somente uma explicação psicológica*. [...] As premissas psicológicas da teoria são elas mesmas juízos mediatos sobre fatos; carecem, pois, de toda justificação racional.

---

1 Idem.

Dizer, como Hume, que existem juízos fundamentados *a priori* não resolve o problema no que diz respeito à totalidade dos demais juízos. Ainda nesse caso seria preciso esclarecer como aqueles juízos *a priori* se relacionariam com os juízos justificados só empiricamente — já que nestes últimos não poderia, como vimos, residir nenhuma causa de sua validade universal, e já que seria preciso recorrer a princípios *a priori* mais abrangentes para abarcar tanto os *a priori* como a miríade dos empíricos.

[...]

§ 27. *Objeções análogas contra as restantes interpretações psicológicas do princípio lógico. Equívocos como fontes de erro.*

[...] A inteligibilidade das leis *lógicas* se mantém firme. Mas se se entende seu conteúdo ideal como psicológico, se altera totalmente seu sentido originário, ao qual está vinculada a inteligibilidade.

Ora, uma coisa é dizer, por exemplo, que $A = A$, e outra coisa é dizer "Eu penso que $A = A$". No primeiro caso se trata da identidade de A consigo mesmo; no outro, de considerar esse mesmo dado como conteúdo de consciência de um determinado sujeito. Uma coisa é o juízo de que um quadrado tem quatro lados, e outra é o meu pensamento de que um quadrado tem quatro lados. A quaternidade do quadrado não se confunde com a representação do quadrado na minha mente. É a distância que separa um fato sobre um objeto de um fato sobre mim.

No entanto, o pensamento de que um quadrado tem quatro lados e o pensamento de que tem cinco podem me ocorrer por meio de procedimentos mentais análogos — psicologicamente não há diferença. Ou seja, o modo pelo qual produzo o pensamento verdadeiro é o mesmo pelo qual produzo o pensamento falso. Não é investigando como penso que descobrirei algo com relação ao objeto.

Leis exatas se converteram, como vimos, em vagas universalidades empíricas [...].

Universalidade empírica é uma generalização indutiva, como vimos.

> Se há algum caso em que se justifique falar da intelecção que nos confere o poder de alcançar a verdade mesma, é certamente ao formular o princípio que diz que duas proposições contraditórias não são ambas verdadeiras. Se há algum ponto que devamos negar que tal intelecção esteja justificada, é, sem dúvida, a interpretação psicologista do mesmo princípio [...], por exemplo, que "a afirmação e a negação se excluem no pensamento" [...].

Sobre contradições

Dizer que dois juízos se excluem, que são contraditórios, é dizer que eles são contraditórios *logicamente*, no seu conteúdo ideal, mas não *psicologicamente*, não no pensar. Nada nos impede de crer em duas sentenças contraditórias sem nos apercebermos disso.

Por exemplo, do ponto de vista lógico a negação de uma negação é uma afirmação. Mas, do ponto de vista psicológico, não é. Por exemplo, suponhamos que eu sentisse raiva de um indivíduo a ponto de desejar suprimi-lo. Mas, em seguida, digamos que eu sentisse ódio de mim pelo fato de detestar alguém dessa maneira. Estaria, nesse caso, negando a negação que endereço à existência daquela pessoa, mas isso de modo algum se traduziria na afirmação de um endosso dela e de suas posições.

A todo momento coexistem em nossa mente pensamentos que se negam mutuamente. O estado de dúvida é, por exemplo, precisamente isso. Isto é, pode ser que num determinado momento dois ou mais juízos incompatíveis entre si surjam como dignos da mesma confiança. O fato de que a verdade não possa deixar de estar presente de algum modo, e de que sejamos idealmente capazes de discerni-la, não quer dizer que nos processos reais do pensamento não venhamos a ter um comportamento contraditório.

> [...] É evidente que o sim e o não se excluem no correto julgar; mas com isto se enuncia uma proposição equivalente à lei lógica, não uma proposição psicológica. [...] [a proposição enunciada] não diz absolutamente nada sobre se os fatos de juízo contraditórios podem coexistir ou não *realiter*, seja em uma consciência ou em várias.

Tome o repertório de idéias correntes numa época qualquer e você perceberá que na opinião pública coexistem contradições abissais. Veja a hoje tão disseminada crença no relativismo; a maioria das pessoas que opinam em público tende a dizer que tudo é relativo, que tudo está circunscrito a determinadas circunstâncias históricas, e assim por diante. Mas essas pessoas são, em geral, as mesmas que manifestam uma crença absoluta na democracia. Não deveria, por uma questão de coerência, também a democracia ser vista como relativa? O democrata relativista não deveria considerar a possibilidade de aceitar uma ditadura? Em suma, a opinião pública é feita de um monte de contradições, é a prova de que elas podem ser aceitas de modo simultâneo.

> [...] a menos que se interprete a "consciência" como "consciência em geral" [...]. Um princípio lógico primitivo não pode pressupor o conceito de normalidade, o que seria inconcebível sem remontar-se a este princípio.

"Normalidade" não é um conceito lógico; é um conceito psicológico. As leis lógicas, se não podem ser validadas psicologicamente, mostram-se então indiferentes à normalidade ou patologia da psique. A correção da lógica independe da sanidade da consciência que dela se vale ou não.

> No efetivo julgar pode ocorrer uma coisa distinta: não há nenhuma lei psicológica que force aquele que julga a submeter-se ao jugo das leis lógicas.

De fato, nada nos obriga a obedecer às leis lógicas. Existe um monte de mecanismos, de forças, de compulsões psicológicas que fazem o pensamento funcionar e que são indiferentes às leis lógicas. Uma pessoa pode ter fobia de barata, mas não de tigre, embora, a rigor, o tigre seja incomparavelmente mais capaz de lhe infligir medo e danos reais. Uma argumentação perfeitamente válida, do ponto de vista lógico, nem por isso a convencerá a deixar de lado seu medo de baratas.

> Mas ainda não terminamos com as interpretações possíveis. [...] uma perniciosa ambigüidade da palavra *impossibilidade* — que pode significar não somente a *incompatibilidade objetiva segundo a lei*, mas também uma *impotência subjetiva* de levar a cabo a união — contribui não pouco para favorecer as tendências psicologistas. Não *podemos acreditar* — afirmamos ainda — na coexistência de contradições, por mais que nos esforcemos. E este *não poder acreditar* é uma vivência evidente [...].

Isto é um argumento psicologista: podemos pensar o argumento psicologista, mas não podemos acreditar profundamente nele.

> [...] Respondemos o seguinte [...]. O intento vão, a resistência sentida etc. são vivências individuais, limitadas a uma pessoa e a certo tempo, ligadas a certas circunstâncias não definíveis exatamente. Como poderiam, pois, fundar a evidência de uma lei geral que transcende a pessoa e o tempo? Não confundamos a evidência assertórica da existência da vivência particular com a evidência apodítica da validez de uma lei geral.

De uma determinada asserção, como a de que "Não posso acreditar simultaneamente em duas sentenças contraditórias", não posso derivar o fundamento da validade objetiva apodítica de uma lei universal. Essa lei pode se expressar em meu pensamento e no de outras pessoas, mas ele não se funda no fato de que alguém pense desta ou daquela maneira. Sua universalidade é qualitativamente distinta de sua veracidade quanto a indivíduos particulares e não se submete a ela.

> Pode a evidência da existência desse sentimento, interpretado como incapacidade, garantir-nos a intelecção de que o que não logramos efetivamente neste momento nos está recusado para sempre por uma lei?

Se você sente num determinado momento certa impossibilidade, o que lhe faz crer que ela se deve a uma lei universal? Por que aquilo que lhe é vedado neste momento deve ser eternamente impossível para todos em qualquer momento?

> [...] Podemos descrever assim a *verdadeira situação*: temos a evidência apodítica [...] de que não são verdadeiras, de uma só vez, as *proposições* contraditórias [...]. A lei desta incompatibilidade é o autêntico princípio de contradição. A evidência apodítica se estende logo a uma utilização psicológica. Temos também a intelecção de que dois *juízos* de conteúdo contraditório não podem coexistir [...].

Uma coisa é você dizer que duas situações objetivas opostas não *podem* coexistir em virtude de um princípio lógico. Outra coisa é você dizer que juízos que são produtos do seu pensamento contraditório não *devem* coexistir.

Uma coisa é o seu juízo de que um quadrado não pode ter cinco lados, outra coisa é o próprio quadrado. A lei lógica não se refere ao juízo, e sim à situação objetiva — não, entenda-se, o real empírico, mas o real ideal, ou seja, o real considerado na sua universalidade.

> § 28. *A suposta dualidade do princípio de contradição, segundo a qual este deveria ser considerado ao mesmo tempo como uma lei natural do pensamento e como uma lei normal de sua regulação lógica.*
>
> [...] F. A. Lange, em seus *Estudos lógicos*, defende esta concepção de um modo singularmente persuasivo. [...] Mas, quando lemos que as verdades da lógica, como as da matemática, derivam da intuição do espaço; que as simples bases destas ciências "são as bases de nossa *organização* intelectual", e que portanto "a re-

gularidade que nelas admiramos *procede de nós mesmos* [...]", não podemos deixar de chamar psicologismo à posição de Lange, só que de um outro gênero, um psicologismo no qual entram também o idealismo formal de Kant [...] e as demais espécies da teoria das faculdades do conhecimento ou das "fontes do conhecimento" inatas.

As considerações de Lange dizem assim: "[...] O espírito humano acolhe em seu seio as maiores contradições, enquanto pode abrigar os termos opostos em distintos círculos de idéias e mantê-los separados; mas, quando uma afirmação se refere ao mesmo tempo que sua contrária a um mesmo objeto, desaparece essa capacidade de união, surge uma completa insegurança, uma das duas afirmações se vê forçada a ceder à outra. [...] Esta lei *psicológica* da contradição é um produto imediato da nossa organização e atua previamente a toda experiência, como condição de toda experiência.

Este autor citado por Husserl, Lange, afirma que podemos pensar um montão de contradições desde que elas se refiram a aspectos diferentes de um mesmo objeto. Por exemplo, podemos ao mesmo tempo considerar um sujeito covarde e corajoso; será covarde quando o relacionamos a determinado tipo de situação, será corajoso quando o relacionarmos a outro tipo de situação. Ou podemos achar uma pessoa alta e baixa ao mesmo tempo; será alta quanto nos vier à mente em comparação com certo parâmetro (talvez seu irmão mais novo), será baixa quando nos ocorrer em comparação com outro parâmetro (talvez seu pai).

Porém, prossegue Lange, tão logo referimos esses mesmos termos contraditórios a um mesmo objeto visto a partir de um mesmo ângulo, o nosso espírito repele a aproximação de juízos assim contrários. Portanto, existiria uma impossibilidade psicológica de pensar os termos contraditórios com relação a um mesmo objeto sob um mesmo aspecto. Diz Lange que essa impossibilidade é uma lei nossa, prévia à experiência, uma forma *a priori* do entendimento. Por isso Husserl chama sua posição de psicologismo kantiano: é o mesmo psicologismo de que temos tratado, só que aqui situado nas próprias formas *a priori* pelas quais a inteligência se relaciona com o mundo.

> Sua influência é objetiva e não necessita chegar à consciência para atuar [...] (*Estudos lógicos*, pp. 27 e s.).

Isto é importante: segundo Lange, não precisamos sentir a impossibilidade da contradição; nós nos afastamos dela, quase que naturalmente, por uma espécie de instinto derivado daquela impossibilidade prévia.

> Não negamos os fatos psicológicos expostos na obra de Lange; mas falta-nos aqui tudo quanto justificasse falar de uma *lei natural*. [...] o que se nos oferece como "lei natural de contradição" reduz-se de fato a uma grosseira universalidade empírica, submetida como tal a uma esfera de imprecisão que não pode fixar-se de modo exato. Ademais, só se refere aos indivíduos psíquicos *normais* [...]. Rechaçamos do modo mais resoluto a confusão dessa vaga universalidade empírica com a lei absolutamente exata e puramente conceitual, que tem seu único posto na lógica [...].

A idéia de que não podemos pensar uma contradição não pode ter se originado da própria lógica. Originou-se da experiência. É uma impossibilidade de pensar, mas não uma impossibilidade total em si mesma.

Provar que algo não pode ser pensado não equivale a provar a impossibilidade intrínseca desse mesmo algo. A necessidade alegada pelo autor, essa "lei", é de natureza extrínseca, empírica. Concluir que "Não podemos pensar dois juízos contraditórios ao mesmo tempo" é diferente de concluir que suas respectivas proposições não possam ser, em si mesmas, verdadeiras ao mesmo tempo.

> [...] Esta efetiva anulação só concerne, evidentemente, aos juízos vividos por um mesmo indivíduo em um mesmo momento e ato.

Isto é, a simultaneidade dos juízos contraditórios não diz respeito à sua presença numa mesma mente, como coisas afirmadas por uma mesma consciência, e sim a coisas contraditórias afirmadas por uma mesma consciência *num mesmo momento*. Se afirmadas em momentos diversos, é possível que sua contradição não se manifeste à mente daquele que as afirma. Posso hoje pensar que um quadrado tem quatro lados, e posso amanhã pensar que tem cinco, desde que eu me esqueça de que hoje havia pensado de modo diverso.

> Semelhantes distinções são essenciais para os fatos de que aqui se trata; a lei lógica, ao contrário, não é afastada por elas. Esta lei não fala da luta entre juízos contraditórios, atos temporais, reais, de natureza determinada, senão da incompatibilidade que existe por lei entre essas unidades intemporais, ideais, que chamamos proposições contraditórias. A afirmação de que tais proposições confrontadas não são ambas verdadeiras não contém nem sequer a sombra de uma afirmação empírica sobre nenhuma consciência e seus atos de juízo.

Duas proposições podem surgir como contraditórias à mente de um indivíduo e, no entanto, serem verdadeiras, apesar da percepção equivocada que ele teve delas. As proposições são verdadeiras ou falsas, contraditórias ou coincidentes em si mesmas, e não na mente de quem as pensou.

[...]

§ 29. *Continuação. A teoria de Sigwart.*

Houve eminentes pensadores partidários da teoria do duplo caráter dos princípios lógicos já antes de Lange, [...] sobretudo Sigwart, cuja extensa influência sobre a lógica moderna justifica o exame detalhado de suas manifestações neste ponto.

"O princípio de não-contradição [...] se oferece como lei normal com o mesmo sentido que como lei natural e expressa simplesmente a significação da negação".[2]

---

2 Idem.

> [...] "a diferença entre o princípio de identidade considerado como lei natural e considerado como lei normal não reside em sua própria natureza, senão nos pressupostos que implicam. No primeiro caso se aplica ao que é presente em um dado momento da consciência; no segundo, ao estado de presença universal e imutável do conteúdo total e ordenado das representações para *uma* consciência, estado ideal que empiricamente não pode realizar-se nunca por completo".

Sigwart admite então dois sentidos do princípio de não--contradição. O primeiro seria nossa impossibilidade de pensar dois juízos contraditórios ao mesmo tempo; o segundo seria a impossibilidade da contradição em si mesma. Porém, essa contradição em si toma para ele a forma de uma contradição que fosse percebida por uma consciência universal. É o mesmo que dizer que não podemos pensar uma contradição porque tampouco Deus poderia. Portanto, ele faz uma dupla pressuposição: em primeiro lugar, que tenha de haver uma consciência que pense a contradição; em segundo, que essa consciência seja universal.

> [...] Sigwart só pode querer dizer que ele [o princípio] se funda no sentido da negação, que ele expõe o que implica a significação do conceito de negação; em outras palavras, que negar o princípio seria despojar de toda significação a palavra "negação". Mas isto não pode constituir nunca o conteúdo mental de uma lei natural [...]. Os princípios que se fundam em conceitos [...] não podem dizer nada sobre o que podemos ou não podemos fazer com consciência num mesmo momento. Como Sigwart ensina noutras passagens, os princípios são supratemporais; não podem, pois, ter por conteúdo essencial nada que diga respeito ao temporal, isto é, a fatos.

Ora, ao falar de fatos do pensamento, o autor passa obviamente a tratar do que acontece no curso temporal, do que é vário e contingente. A lei de que ele trata, contudo, universal que é, não pode se referir a fato nenhum, pois todo fato é específico. Daí que o fato de que uma determinada consciência possa ou não pensar uma contradição não é derivável a partir de um princípio universal.

> [...] a lei natural, que fala do temporal, e a lei normal (o autêntico princípio da não-contradição), que fala do intemporal, são completamente heterogêneas [...].
>
> Tampouco acho muito útil a referência feita por Sigwart à consciência em geral. [...] as leis lógicas não têm nenhuma relação essencial com este ideal, que é, mais propriamente, inspirado nelas.

De fato, o ideal de consciência universal não pode ser invocado para servir de fundamento a leis lógicas. Ocorre justamente o contrário: é com base nas leis lógicas que conseguimos conceber, por uma espécie de metáfora, por uma espécie de ampliação, a idéia de uma consciência universal capaz de pensar essas mesmas leis. Ou seja, esse apelo à idéia de consciência universal equivale a dizer que quem funda o princípio de não-contradição é Deus. Mas como, afinal, se poderia conceber Deus sem o princípio de não-contradição? Como poderíamos saber que Deus é Deus se não dispuséssemos do princípio de não-contradição? De nada adianta, portanto, transferir o problema da não-contradição de uma consciência particular para uma consciência universal.

Mais ainda, a idéia de consciência universal, para além das consciências particulares, supõe as noções de totalidade e parcialidade, e todo e parte também pressupõem o princípio de identidade.

O princípio de identidade não requer nada além dele próprio para ser inteligido, e é justamente esse o problema. Porque naturalmente queremos estabelecer analogias, queremos encontrar algo que o fundamente. Mas o princípio de identidade não tem fundamento; ele é o fundamento. A mente se desconforta perante o princípio de identidade porque nele encontra o seu limite. Se o transgredir, cairá na falsidade. Isto é, o princípio de identidade não se impõe à mente, mas ao mesmo tempo não lhe permite ir além dele. Não se impõe porque você pode pensar uma contradição, mas se o fizer incorrerá em falsidade.

A mente humana, a psique, é em grande parte serva da vontade. Você quer pensar apenas aquilo que está de acordo com os seus desejos. Mas chega um ponto em que você percebe que certas coisas não se dobrarão à sua vontade. O seu saldo bancário não se ampliará com o seu simples desejo. Você não será imortal simplesmente porque quer. Esse é o duro aprendizado da infância. Quando criança, você deseja um monte de coisas impossíveis e aos poucos, ao fracassar, percebe que se trata de impossibilidades que devem ser aceitas. Você se acostuma a só aceitar a realidade através do fato consumado. De certo modo, você ainda não está pronto para aceitar a realidade — aceita apenas a realidade dos fatos. Só quando alcança a aceitação de verdades ideais — a maior parte das pessoas não treina para ser capaz disso — é que você começa a passar da ignorância para a sabedoria. E o cerne das verdades ideais é o princípio de identidade. Aceitá-lo equivale a uma revolução da mente humana.

Longe de nos ser natural, a constatação da universalidade do princípio de identidade é difícil e gera desconforto. As verdades ideais são desconfortáveis para a mente porque afirmam impossibilidades universais e absolutas, que contrariam o nosso sonho de onipotência. Preferimos aceitar um fato consumado, que nos é imposto fisicamente, a aceitar de modo prévio uma realidade que jamais me será imposta pelos fatos. Fato algum, entendam, é capaz de lhe impor o princípio de identidade. Aceitá-lo é um ato de livre decisão sua. Só essa aceitação lhe permitirá situar-se na realidade.

A mente vive entre a solicitação de verdades universais e de fatos particulares, e sente em especial a solicitação dos desejos. Mas é preciso realizar o que Buda descreve como "matar o desejo", o que não quer dizer eliminá-lo, coisa que seria impossível; mas matar o desejo enquanto senhor dos pensamentos. A inteligência deve obedecer não aos desejos, mas à verdade — temos de descobrir que ela é persuasiva, embora a princípio não pareça.

A verdadeira aptidão filosófica é marcada por essa passagem à aceitação das verdades ideais. São as verdades que não possuem garantia alguma no plano dos fatos; não existe meio de prová-las que não consista no próprio ato de inteligi-las. Você terá tanto mais capacidade filosófica quanto mais for capaz de dirigir sua mente no sentido da intelecção de verdades ideais.

Preleção XXXI
11 de dezembro de 1993

46. Missão de uma nova intelectualidade brasileira

A DISCUSSÃO QUE TEMOS FEITO aqui tem por pano de fundo a situação cultural do Brasil hoje. Estamos tratando do ideal de ciência, do fundamento da teoria pura da ciência, e já mais de uma vez aludi à responsabilidade pessoal de cada indivíduo enquanto testemunha sincera do conhecimento.

Podemos nos perguntar, à luz desse ideal e dessa responsabilidade, como se formaram e como atuam os intelectuais brasileiros que moldam a opinião pública.

Existe uma grande uniformidade nas fontes e idéias dessas pessoas. Em primeiro lugar, a maior parte delas é formada no ambiente universitário, no qual certo grupo de figuras dominantes dá o tom e o marxismo é a corrente de pensamento prevalecente. Ter formação marxista não significa ter estudado marxismo; significa apenas não ter estudado mais nada. Se você perguntar às pessoas de formação marxista se leram pelo menos um pedacinho de *O Capital*, descobrirá que pouquíssimas delas leram. Menos ainda serão as que leram Hegel, por exemplo. Portanto, não são pessoas de uma formação marxista profunda, são apenas pessoas formadas numa atmosfera marxista. Esta atmosfera se caracteriza não tanto pelo caráter marxista das idéias a respeito dos tópicos abordados por Marx quanto pelas conseqüências daí extraídas para o julgamento dos eventos da atualidade.

Para essas pessoas, a ideologia comunista exerceu um papel educativo e formativo; foi, na verdade, a única formação que receberam na vida. O comunismo não se apresentou para elas como uma ideologia política entre outras, e sim como a própria atmosfera na qual emergiram para o mundo e se entenderam como gente pela primeira vez na vida. Não tinham outra opção. O senso de pertinência ao movimento revolucionário é um traço constitutivo de suas personalidades.

Seu horizonte mental, então, é demarcado pelos tópicos e pelos autores de maior interesse para a tradição marxista. Ora, para Karl Marx, a filosofia praticamente começa com Hegel, de modo que a quase totalidade dos intelectuais brasileiros tem o seu horizonte estreitado pela Revolução Francesa — retroage no máximo até aí, ponto além do qual, no passado, não existe nada de interesse. É como se o mundo começasse ali. O que aconteceu antes se perde na noite dos tempos, como se fosse de uma antiguidade pré-histórica. Ninguém nesse meio se lembraria de ler um autor anterior a esse período com o propósito de concordar ou discordar dele; o lê no máximo como um documento histórico.

Se lessem um discurso de um aborígene da Nova Guiné do século II a.C. falando contra ou a favor de alguma coisa, dificilmente tomariam alguma posição, pois as questões que o aborígene debate não lhes interessam. Tenderiam a reinterpretar aquela remota situação segundo parâmetros completamente diferentes, mais ou menos como um psicanalista interpreta o discurso do seu paciente: não lhe interessa se o paciente tem ou não razão, interessa-lhe apenas o seu discurso como projeção de sua psique. Portanto, o seu discurso é desde logo relativizado.

Tome, por exemplo, alguma questão que os escolásticos discutissem — digamos que a questão da qual se originou o cisma da Igreja do Ocidente e da Igreja do Oriente: se o Espírito Santo procede só do Pai, ou se procede do Pai e do Filho. Um intelectual brasileiro dificilmente tomará partido numa questão como essa, pois ela remete a categorias que para ele não existem mais, categorias que lhe são incompreensíveis. Na melhor das hipóteses, o problema lhe parecerá o reflexo de uma forma de pensar de outra época, algo desprovido de qualquer atualidade. Também assim lhe pareceria a disputa do Império Bizantino sobre as imagens, sobre se as igrejas deveriam ou não ter imagens. Para um intelectual moderno pode parecer muito esquisito que alguém tenha se interessado seriamente por essa questão. Ele tenderá a contornar o mérito do problema e apenas situar historicamente as condições de seu aparecimento.

Desse modo não é possível compreender o passado. Só o compreendemos se o reatualizamos; aquilo que não é atual não pode ser compreendido. É o que diz Benedetto Croce: toda história é a história do presente. Se não presentifico uma questão, ela permanecerá obscura por mais que eu me refira ao seu conteúdo.

Assim é também a nossa relação com os outros seres humanos. Vejo que uma pessoa sofre porque alguém — um namorado, talvez — a abandonou. Posso compreender seu sofrimento como uma possibilidade a que também estou sujeito; ou posso compreendê-lo apenas de maneira intelectual e distanciada. No primeiro caso tenho uma compreensão profunda; no segundo, uma compreensão meramente nominal, a qual na verdade não é compreensão propriamente dita. Toda compreensão deve ser, no caso das relações humanas, uma compaixão; mas não compaixão no sentido de sentir pena, e sim de sentir junto, sentir como se fosse algo que se passasse conosco. Ora, com relação ao passado, a capacidade de presentificá-lo, de senti-lo, de perceber seus dilemas como dilemas atuais, vai ao cerne da compreensão histórica e é o verdadeiro sentido do estudo humanístico. Se para mim as questões que afetaram o profeta Abraão não são alternativas presentes, eu as vejo de uma maneira completamente estereotipada, colocadas num passado que para mim é um pouco artificial.

A verdadeira cultura humanística traz para o presente todo o passado humano, de modo que os ensinamentos de Lao-Tsé, as alternativas políticas de Júlio César ou os versos de Dante tenham valor agora, sejam matéria de posicionamento presente. Nesse sentido, a intelectualidade brasileira é todinha inculta, e se há exceções eu as desconheço. Eu não conheço sequer um sujeito que se sinta à vontade na antiguidade, a não ser que se trate de alguém profissionalmente dedicado a isso — talvez um professor de grego, que se sentirá muito à vontade lendo Platão, mas em compensação se sentirá deslocado no presente. Mas eu não conheço uma pessoa que, vivendo o presente, a vida e cultura brasileiras do presente, seja capaz de emendá-las com o passado humano.

Para dizer a verdade, cheguei aos 46 anos e todas as pessoas de verdadeira cultura de que tive notícia no Brasil estão mortas. Era o caso de Otto Maria Carpeaux; ele, ao escrever sobre qualquer coisa, tornava tudo atual. Não se restringia ao horizonte da intelectualidade brasileira, que em geral não retroage além do fim do século XVIII; é só nesse minúsculo mundo histórico que ela se sente à vontade.

A proposta pedagógica que desenvolvo junto a vocês pretende romper esse círculo de ferro que delimita de modo muito estreito o pensamento brasileiro, a fim de ver as coisas sob uma perspectiva universal. Não que tenhamos que relativizar o presente. É claro que a cultura presente tem a sua opinião sobre o passado, e eu posso compreender esse passado em função da cultura presente; mas também posso fazer o contrário, *posso julgar o presente em função do passado*. Faço isso na medida em que, por exemplo, parto das idéias dos filósofos antigos — que tipo de desenvolvimentos humanos eles esperavam, consideravam preferíveis — e chego a contrastá-las com as situações em que efetivamente vivemos. Trata-se de saber o que Platão pensaria de nós, o que Sto. Tomás de Aquino pensaria de nós.

Realizar apenas aquela primeira operação, a de ver o passado à luz do presente, é uma forma de *cronocentrismo*: você coloca o momento presente no centro da História e a partir dele tudo julga, ao passo que o fato é que você na verdade não sabe se ele é centro ou a periferia, pois você jamais está de posse do conjunto da História. Pode ser que o momento presente pareça insignificante perante um momento futuro; mas nós sabemos que o momento que criou Platão não foi e não é insignificante. É mais lícito você considerar a hora presente à luz de Platão do que fazer o contrário.[1]

O predomínio absoluto do presente sobre o passado é adotado como um dogma indiscutível, e a perspectiva contrária é afastada como se fosse impossível. A História não é *one-way*, como se somente um tempo pudesse julgar o outro e jamais ser julgado por nenhum outro tempo. Isto é pior do que o etnocentrismo, porque na escravidão do presente consiste a própria ignorância: se estou preso ao presente, não consigo pensar de acordo com o passado nem com as possibilidades do futuro; eu me isolo no momento que me cerca e tudo mais é esquecimento. É nesse sentido que Theodor Adorno afirma que "a história da filosofia é a história do esquecimento", isto é, a filosofia muda ao longo do tempo não porque umas teorias refutaram outras, mas porque umas teorias foram esquecidas e outras ocuparam seu lugar. Assim vista, a ideologia do progresso esconde, na verdade, uma decadência terrível. Ao invés de acumular conhecimento, você tende a perdê-lo, e o seu horizonte histórico, ao invés de se ampliar, estreita-se cada vez mais.

Reparem na intensidade do debate contemporâneo a respeito de novas questões, novas obras, novos autores; os cadernos de cultura

---

1 Faço mais algumas observações sobre "cronocentrismo" em "Os mais excluídos dos excluídos. O silêncio dos mortos como modelo dos vivos proibidos de falar". Cf. *O futuro do pensamento brasileiro: estudos sobre o nosso lugar no mundo.* 4ª ed., Campinas: Vide Editorial, 2016.

só tratam daquilo que parece novidade. Mas terá já todo mundo no Brasil lido James Joyce, por exemplo, a ponto de podermos mudar de assunto? É rápida a substituição de temas e de focos de atenção, o que prende você no círculo de ferro do presente.

Ora, quem vive preso apenas no presente e não é capaz de fazer um recuo histórico, a fim de formar em torno do presente um círculo de referências de mais de dois mil anos, não é um homem civilizado, é um bárbaro, está isolado no seu tempo como o caipira está isolado na sua província. Isso significa que o trabalho total da intelectualidade brasileira é o trabalho de caipirização do presente — é um esforço brutal para concentrar atenção somente na produção intelectual contemporânea, que é na verdade o que essas pessoas mesmas produzem num ato de confirmação mútua: uma confirma o que a outra disse, e não se vai além disso.

Se você parte do princípio de que somente o mundo posterior à Revolução Francesa tem atualidade — aliás, esse princípio não é declarado, é simplesmente praticado —, então tomará todos os preceitos da revolução como dogmas absolutos. A própria idéia de questioná-los parecerá escandalosa.

Digamos que você questionasse a necessidade de haver leis escritas; parece algo absurdo, e no entanto durante a maior parte da história humana não houve lei escrita alguma. Ou suponha que você se recuse a admitir a existência de alfândegas. Vejam o filme *O tirano da aldeia* (1969), de Volker Schlöndorff, baseado no romance *Michael Kohlaas* de Heinrich von Kleist. Quando instituíram pela primeira vez uma alfândega, houve uma revolução popular que causou enorme morticínio na Alemanha. Nós, contudo, hoje achamos a alfândega uma coisa normal. Inclusive criamos um crime chamado contrabando, ato que só passa a ser criminoso a partir da instituição da alfândega. Antes não se pensaria em termos de contrabando; você levava suas mercadorias para onde quisesses, comprava e vendia onde quisesses. Mais ainda, contrabando é fazer comércio contra os interesses de um governo nacional, o que supõe que você não possa se comportar contra um governo nacional. Essa idéia tampouco é natural e incontroversa; passaram-se milênios até que as pessoas reificassem essa crença.

Quantos anos têm essa idéia de *nação*? Cerca de duzentos anos, sagrou-se com a Revolução Francesa. Quando os romanos falavam em *populus romanus*, referiam-se apenas à coletividade do povo que vive dentro dos limites do império romano; cada indivíduo era considerado isoladamente, as pessoas não compunham uma unidade. A unidade do povo romano era somente quantitativa, uma coleção de gente que vive num certo território.

A partir da Revolução Francesa a nação passa a ser entendida como uma unidade *em si mesma*. Essa pessoa jurídica assume uma personalidade nacional e se constitui numa unidade superior à mera soma dos seus membros. Ela cria vida própria. Quem explica bem a construção desse mito é Bertrand de Jouvenel ao afirmar que a Revolução Francesa marca a passagem da concepção nominalista de Estado para a concepção realista. Mesmo Hobbes e Rousseau ainda sabiam que o Estado não passava de um aglomerado artificial e quantitativo. Só com a Revolução se passa a crer no Estado como uma força histórica que transcende a mera soma dos seus indivíduos, tornando-se uma substância em si mesmo. Digo isso para lhes mostrar como as idéias que delimitam historicamente o pensamento brasileiro têm um alto grau de artificialidade e de exigüidade histórica.

A influência imensa do Partido Comunista sobre a cultura brasileira nas últimas décadas, e em especial a importância que o gramscianismo teve no meio comunista — mesmo as pessoas que não conhecem Gramsci estão praticando a teoria dele, no sentido de criar o intelectual coletivo[2] —, transformou o debate de idéias

---

2 Cf. "Sto. Antonio Gramsci e a salvação do Brasil". In: *A Nova Era e a Revolução Cultural*. 4ª ed. rev. e muito aum. Campinas, SP: Vide Editorial, 2014, pp. 55–87; "O imbecil coletivo". In: *O imbecil coletivo I: atualidades inculturais brasileiras*. 9ª ed. rev. São Paulo: É Realizações, 2006, pp. 85–95.

brasileiro no debate interno do Partido. Debate interno no qual você pode abordar as questões que bem entender, mas sem que os pressupostos fundamentais sejam jamais discutidos, até porque eles em geral não são nem reconhecidos como tais: uns poucos indivíduos apenas os conhecem, e os demais, a imensa maioria, estão apenas ansiosos por participar do debate. Você é reconhecido como um intelectual na medida em que participa desse debate. Assim, a intelectualidade brasileira está deseducando as pessoas, trancafiando-as nos limites do debate gramsciano.

***

Os indivíduos que ocupam o primeiro plano dos meios de comunicação, todos eles de esquerda, são os mesmos que vivem falando mal desses mesmos meios de comunicação, sem os quais na verdade eles não teriam vivido um único dia. Eu posso falar mal dos meios de comunicação de pleno direito, pois estou totalmente fora deles; mas esse pessoal, quando desce o cacete nos meios de comunicação, dá a impressão de que os canais de televisão e os jornais seguem todos uma política direitista, conservadora, retrógada, que não lhes daria chance alguma. Na verdade, são apenas eles — gente como José Celso Correia Martinez, Augusto Boal, Antonio Candido — que têm espaço nessa mídia. Vocês já viram algum programa da Globo condenar terminantemente a pornografia? Já viram lá alguma defesa firme da família? Eu nunca vi, por exemplo, um homem da TFP dar entrevista na televisão. Isso mostra a incapacidade da esquerda de enxergar as verdades mais óbvias, mostra como ela vive da propagação de mentiras.

Essa esquerda acredita que o comissário do povo é sempre um sujeito pessoalmente honesto. Para Gramsci, o "novo Príncipe" não é um indivíduo, é o Partido, o qual é inquestionável. Isso implica que tudo o que você fizer em nome do Partido, mesmo as mais sórdidas operações que Maquiavel preceitua ao Príncipe, estará justificado. O comissário, nesse sentido, é um íntegro. Como era na Revolução Russa: o comissário político não entendia nada de guerra, mas ele fiscalizava a fidelidade do comandante militar às linhas do Partido — era o dedo-duro, a consciência do Partido, era quem cobrava as pessoas que saíssem da linha justa. É um sujeito sem consciência própria e totalmente identificado com a doutrina, alguém que se caracteriza pela impessoalidade, pela honestidade, por se levar integralmente a sério. Ele não tem senso de humor nem senso das nuances e age imbuído de total boa consciência, a qual se ancora numa chancela total àquilo que do Partido (ou do movimento) emana. E no entanto esse indivíduo é um monstro moral...

Estamos formando um monte de comissários do povo. São todos, em si mesmos, íntegros, mas não é íntegra a totalidade do movimento a que servem. Como nós atualmente só entendemos corrupção no sentido pessoal — o sujeito que rouba para si —, então quer dizer que a prática de todas as desonestidades possíveis com finalidades políticas se tornou coisa legítima; você pode mentir, pode enlamear a reputação de pessoas. Você pode inclusive fazer uma vasta campanha de combate à corrupção, como a que derrubou Collor, e ao mesmo tempo mascarar a corrupção do movimento revolucionário, já que essa, coletiva que é, não tem sido entendida como corrupção.

Essa situação é raiz de graves acontecimentos futuros. Quando toda uma faixa social começa a aceitar a mentira como um procedimento legítimo, quando a moralidade consiste em mentir a favor da esquerda, torna-se perfeitamente possível que surjam pessoas interessadas em controlar a informação, em retificar o passado, exatamente como se fez na União Soviética.

Para reverter esse quadro, teria sido necessário formar uma intelectualidade em outras bases muitos anos atrás, uma intelectualidade verdadeira, que não fosse apenas gramsciana, que não refletisse apenas o debate interno do Partido, e sim uma intelectualidade capaz de ver as coisas numa dimensão histórica maior, capaz de atualizar as questões do passado.

A inexistência de uma elite intelectual faz com que nada tenha um parâmetro claro de avaliação. Não há pessoas cuja palavra pese alguma coisa, pessoas cuja vida inteira foi dedicada à verdade e para as quais a retórica é desnecessária. Não nos cabe persuadir, nos cabe simplesmente falar. Hegel era contrário a qualquer argumentação. E ele estava muito certo: dizia que nos basta expressar o juízo; tão logo o tenha expresso, você não precisa se empenhar em provar nada. Ou o juízo afirmado se prova por si mesmo, ou não se prova de maneira alguma.

Filósofos como Husserl triunfaram sobre muitos retóricos, mas não foram capazes de deter inteiramente uma corrente de pensamento como o psicologismo. Husserl, na verdade, foi o único sujeito que se levantou seriamente contra isto e levou às últimas conseqüências a sua crítica. Foi coisa de grande repercussão na filosofia, mas digamos que, no final das contas, tendo em vista a durabilidade e atualidade dos erros psicologistas, ele cumpriu só cerca de 20% do trabalho de destruição desse vício. É muito. Mas a maré de estupidez é grande demais para que alguém nade sozinho contra ela. Temos de levar a tarefa adiante.

Este livro foi impresso pela Gráfica
Santuário. Os papéis usados para compor
este livro foram *chambril avena* 80g
para o miolo, e para a capa, cartão
triplex 250g.